СВЯТИТЕЛЬ
ФЕОФАН ЗАТВОРНИК

ВОПЛОЩЕННОЕ ДОМОСТРОИТЕЛЬСТВО
ОПЫТ ХРИСТИАНСКОЙ ПСИХОЛОГИИ

ORTHODOX LOGOS PUBLISHING

ВОПЛОЩЕННОЕ ДОМОСТРОИТЕЛЬСТВО. ОПЫТ ХРИСТИАНСКОЙ ПСИХОЛОГИИ

святитель Феофан Затворник

Икона на обложке книги:
«Святитель Феофан Затворник», *Макс Мендор 2025*

© 2025, Orthodox Logos Publishing, The Netherlands

www.orthodoxlogos.com

ISBN: 978-1-80484-219-5

This book is in copyright. No part of this publication may be reproduced, stored in a retrieval system or transmitted in any form or by any means without the prior permission in writing of the publisher, nor be otherwise circulated in any form of binding or cover other than that in which it is published without a similar condition, including this condition, being imposed on the subsequent purchaser.

СВЯТИТЕЛЬ
ФЕОФАН ЗАТВОРНИК

ВОПЛОЩЕННОЕ ДОМОСТРОИТЕЛЬСТВО

ОПЫТ ХРИСТИАНСКОЙ ПСИХОЛОГИИ

ORTHODOX LOGOS PUBLISHING

СОДЕРЖАНИЕ

Вступление	7
Биография: Святитель Феофан Затворник	10

Воплощенное домостроительство.
Опыт христианской психологии

Письма о христианской жизни	20
I	21
II	24
III	27
1) Сознание воли Божией в деле предпринимаемом	29
IV	33
2) О склонении воли к делу обязательному, – втором приеме при совершении христианином дел своих	33
V	37
3) Молитва в составе дел христианских	37
4) Невидение добрых дел	38
VI	41
VII	51
VIII	56
IX	60
X	64

XI	73
XII	82
XIII	87
XIV	93
XV	96
а) Грех как дело	96
XVI	101
XVII	106
XVIII	113
XIX	118
б) Теперь о грехе как расположении	118
XX	123
в) Наконец, слово-другое о грехе в последнем отношении, то есть грехе как *состоянии, или греховном настроении*	123
XXI	131
XXII	136
XXIII	143
XXIV	149
XXV	159

Прибавления

А) О начале христианской жизни	161
1) Начало нравственной жизни вообще	161
2) Начало нравственно-христианской жизни	174
а) Общение с Господом Иисусом Христом	175
аа) Покаяние	178
бб) Вера	181
вв) Благодать (содействующая)	184

3) Главное начало нравственно-христианской
жизни и ее характер 187

Б) Подробное указание действий христиански
благодатной жизни и жизни греховной
на все способности человека 190

1) О способностях познавательных 190

а) О высшей способности познания, или разуме . . 190

б) О рассудке 202

в) О низших способностях познавательных 220

г) О наблюдении 221

д) О памяти и воображении 226

е) О воспоминании, или воспроизводительном
воображении 226

ж) О фантазии 227

з) О сне 231

2) О деятельных силах человека,
или о состоянии сил деятельных 233

а) О совести 233

б) О воле 244

в) О низших пожеланиях 263

3) О силах чувствующих, или сердце 266

а) О сердце как точке соприкосновения
или седалище симпатии 267

б) О сердце как центре сил существа
человеческого 272

аа) Сердце как приятелище и вместилище
духовных чувств 272

бб) Сердце как вместилище душевных чувств . . 274

вв) О низших, чувственно-животных чувствах . . 280

4) Отношение к телу 282

Примечания 287

ВСТУПЛЕНИЕ

В XX веке, когда психология как наука обрела собственные методы и предмет исследования, святитель Феофан Затворник (Говоров) обратился к глубинным пластам души не посредством академических приёмов, а сквозь призму древнего православного подвижничества. Его труд «Воплощенное домостроительство. Опыт христианской психологии» представляет собой уникальный синтез богословия, аскетики и элементов эмпирического разбора человеческой психики. Уже само название указывает на центр композиции – «домостроительство», т. е. устройство внутреннего «дома» человека, тело которого и душу он рассматривает как храм, в котором жилище обретает Бог, если человек соблюдает божественные «чертежи» и духовные «уставы».

Книга состоит из двух основных частей. Первая – «Письма о христианской жизни» (главы I–XXV) – написана в форме наставлений и пояснений к отдельным аспектам христианского делания: от «Сознания воли Божией» и «Склонения воли» через «Молитву» и «Невидение добрых дел» к обширному рассмотрению греха как действия, расположения и состояния. Это не просто нравственные поучения, но психологическое исследование: святитель анализирует мотивации, привычки и душевные состояния, сопровождающие и добродетель, и падение. Он показывает, как внутренние «двигатели» ума, рассудка, воображения и памяти влияют на наши поступки, и как можно, посредством духовного воспитания, преобразить каждую способность в орудие благодати.

Вторая часть – «Прибавления» – развивает тему «начала христианской жизни» и предлагает полную «программу» духовного домостроительства. Раздел А рассматривает ступени вступления на путь нравственно-христианской жизни: покаяние, вера, действие благодати. Раздел В детализирует психологические «способности человека»: познавательные силы (разум, рассудок, память, воображение, фантазия, сон), деятельные (совесть, воля, нижние желания) и чувственные (сердце как центр духовных и душевных чувств, низшие животные чувства). Святитель Феофан глубоко заслушивается в тайны «сердца» – седалища симпатии и вместилища всего одухотворённого внутри человека – и объясняет, как через него проходит вся борьба между добром и злом. Размышления завершаются «отношением к телу», в котором воплощён человек, и связыванием душевных состояний с телесными праксисами.

По сути, «Воплощенное домостроительство» – это христианская психология в аскетическом ключе. Священник и богослов Феофан не пугает читателя сложной терминологией, но использует ясные «чертежи» – опыты и метафоры «домостроительства», «строительства башни» горнего храма души. Он показывает, как духовная жизнь «вживается» в каждую мысль, каждое желание и каждое движение воли. Книга адресована и тем, кто стремится к глубокому духовному росту, и тем, кто хочет систематизировать свой внутренний опыт, чтобы лучше понимать собственные реакции, желания и страхи.

В «Опыте христианской психологии» чувствуется органичное соединение двух начал: восточно-христианского устава и наблюдений над душевными процессами. Здесь нет отрыва от Традиции: все выкладки Феофана Затворника обращаются к Священному Писанию и творениям Отцов. Но вместе с тем мы видим, как аскетические правила облекаются в научный анализ: градация способностей человека, выделение познавательных, деятельных и чувственных сил – всё это созвучно тому, что позднее получило развитие в западной психологии.

Главное же: цели «домостроительства» – не самоусовершенствование ради себя, а воплощение в человеке Царства Божия, где сердце становится храмом, где дух приобретает свободу от страстей, а воля участвует в стройке «горнего Иерусалима».

При всех глубинах и объёмах книга остаётся доступной для вдумчивого читателя благодаря живому языку, образности и постоянным примерам из монашеской практики. Это произведение призывает не к абстрактному созерцанию, а к действию: духовному труду в поте лица, к ежедневной «кладке» каждого камня в основе внутреннего храма. Пусть же, читая «Воплощенное домостроительство», каждый обретёт верный чертёж своей души, способность разглядеть свои «способности» и обратить их к божественному назначению.

СВЯТИТЕЛЬ ФЕОФАН ЗАТВОРНИК

Святитель Феофан Затворник (Георгий Васильевич Говоров) (1815–1894) – выдающийся подвижник Православной Церкви XIX века, богослов, духовный писатель, переводчик, епископ и затворник. Один из самых влиятельных духовных наставников своего времени, чье наследие продолжает оказывать глубокое воздействие на православное богословие, пастырство и духовную жизнь верующих.

Дни памяти: 10 (23) января, 16 (29) июня (Перенесение мощей)

I. Детство, отрочество и юность: Формирование будущего светильника Церкви (1815–1841)

В миру Георгий Васильевич Говоров, будущий святитель Феофан, родился 10 января (29 декабря по ст. ст.) 1815 года в селе Чернавка Елецкого уезда Орловской губернии. Его отец, Василий Тимофеевич Говоров, был благочестивым сельским священником, служившим во Владимирской церкви того же села. Мать, Татьяна Ивановна, также происходила из священнической семьи и была женщиной глубоко верующей и благонравной. Семья Говоровых была большой и дружной, проникнутой духом православной веры и любви.

Первоначальное образование Георгий получил в родительском доме. Родители с младенчества прививали ему любовь к Богу, молитве и церковному богослужению. Отец часто брал сына в храм, где юный Георгий с благоговением и радостью участвовал в службах, прислуживая в алтаре. Он рано научился читать и с увлечением погружался в духовные книги, впитывая дух православной традиции.

В 1823 году, в возрасте восьми лет, Георгий был определён в Ливенское духовное училище. Здесь он проявил незаурядные способности и усердие, став одним из лучших учеников. Через шесть лет, в 1829 году, он успешно окончил училище и поступил в Орловскую духовную семинарию. В семинарии его таланты раскрылись еще полнее. Георгий отличался не только блестящими успехами по всем предметам, но и глубокой вдумчивостью, скромностью и стремлением к знаниям. Рассказывают, что он, несмотря на отличную успеваемость, сам выразил желание повторно пройти обучение в философском классе, чтобы глубже усвоить предмет.

По окончании семинарии в 1837 году, как лучший воспитанник, Георгий Говоров, по благословению епископа Орловского Никодима, был направлен за казённый счёт для продолжения образования в Киевскую духовную академию — одно из ведущих богословских учебных заведений Российской империи. Годы, проведенные в Киеве (1837–1841), оказали огромное влияние на его духовное становление. Он с неизменным прилежанием изучал богословские и философские науки, здесь же в нем раскрылась и окрепла способность к писательскому творчеству. Особое значение для него имела близость Киево-Печерской Лавры. Он любил уединяться в тиши ее святынь, предаваясь благоговейной молитве и размышлениям. Радостные впечатления от тех посещений и глубокое почитание преподобных отцов Печерских сохранились в его памяти до конца земных дней. Именно в этот период в нем окончательно созрело желание посвятить свою жизнь монашескому подвигу.

II. Приобщение к монашеству и начало пастырского и преподавательского служения (1841–1847)

В октябре 1840 года, еще будучи студентом академии, Георгий Говоров подал прошение о пострижении в монашество. 15 февраля 1841 года ректор академии, преосвященный Иеремия (Соловьёв), впоследствии митрополит

Киевский, совершил постриг. Георгий получил новое имя – Феофан, в честь святого Феофана Исповедника, епископа Сигрианского.

5 апреля 1841 года инок Феофан был рукоположен во иеродиакона, а 1 июля того же года – во иеромонаха. В июне 1841 года он блестяще завершил курс Киевской духовной академии, защитив магистерскую диссертацию на тему «Обозрение подзаконной религии» и получив степень магистра богословия.

Уже в августе 1841 года отец Феофан получил свое первое назначение: он стал ректором Киево-Софийского духовного училища и одновременно преподавателем латинского языка. Несмотря на административные обязанности, он находил время для углубленного изучения творений святых отцов Церкви, что стало делом всей его последующей жизни.

В 1842 году последовало новое назначение – инспектором и преподавателем психологии и логики в Новгородскую духовную семинарию. Как преподаватель, отец Феофан стремился не просто передать знания, но и воспитать в своих учениках живую веру и стремление к богоугождению, подчеркивая, что истинная мудрость не в сухой научности, а в жизни по заповедям Божиим.

В январе 1844 года иеромонах Феофан был переведен в Санкт-Петербургскую духовную академию на должность бакалавра (преподавателя) по кафедре нравственного и пастырского богословия. В декабре 1845 года он также стал помощником инспектора академии. Его лекции отличались глубиной мысли, ясностью изложения и живым языком, привлекая множество слушателей.

III. Служение в Русской Духовной Миссии в Иерусалиме и дальнейшая деятельность (1847–1859)

Значимым этапом в жизни святителя Феофана стало его служение в составе Русской Духовной Миссии в Иерусалиме. В 1846 году он был включен в число ее членов, а в октябре 1847 года Миссия под руководством архимандрита Порфирия (Успенского) отправилась в Палестину, прибыв в Иерусалим в феврале 1848 года.

Шесть лет, проведенных на Святой Земле (1847–1853), стали для отца Феофана временем интенсивного духовного и интеллектуального труда. Он отточил знание греческого языка, изучил французский, арабский и еврейский языки. Это дало ему возможность в подлинниках изучать древние рукописи святоотеческих творений, хранившиеся в монастырских библиотеках Востока, особенно в Лавре святого Саввы Освященного. Он глубоко ознакомился с богослужебной практикой Восточных Церквей, а также с вероисповеданиями инославных конфессий (католичества, протестантизма, армяно-григорианства). Этот опыт обогатил его богословские познания и впоследствии нашел отражение в его многочисленных трудах и переводах, в частности, в работе над «Добротолюбием».

Деятельность Русской Миссии была весьма плодотворной, но с началом Крымской войны (1853–1856) ее участники были вынуждены вернуться на Родину. В 1854 году иеромонах Феофан вернулся в Россию.

По возвращении, в апреле 1855 года, отец Феофан был возведен в сан архимандрита и назначен преподавателем канонического права в Санкт-Петербургской духовной академии. Однако уже через несколько месяцев, в сентябре 1855 года, последовало новое назначение – ректором Олонецкой духовной семинарии в Петрозаводске. Здесь он, помимо преподавательской и административной работы, активно занимался благоустройством семинарии, включая организацию строительных работ.

В 1856 году архимандрит Феофан был направлен настоятелем русской посольской церкви в Константинополь (Стамбул). Это служение позволило ему продолжить изучение греческого языка и святоотеческого наследия, а также ближе познакомиться с жизнью современного греческого православия.

В июне 1857 года, уже снискавший широкую известность своей ученостью, духовным опытом и аскетическим устроением, архимандрит Феофан был вызван в Санкт-Петербург и назначен ректором Санкт-Петербургской духовной академии. На этом посту он пробыл недолго, но успел внести свой вклад в развитие академической жизни, в частности, участвовал в деятельности академического журнала «Христианское чтение». В этот период он все активнее занимался переводами и составлением отеческих трудов, закладывая основу для своих будущих капитальных работ, включая «Добротолюбие».

IV. Епископское служение (1859–1866)

Стремление к уединенной молитвенной жизни все более овладевало душой архимандрита Феофана, однако Промысл Божий судил ему еще послужить Церкви на высоком архиерейском посту.

21 июня (1 июня по ст. ст.) 1859 года в Троицком соборе Александро-Невской Лавры состоялась его хиротония во епископа Тамбовского и Шацкого. В новой роли святитель Феофан проявил себя как ревностный и мудрый архипастырь. За неполные четыре года управления Тамбовской епархией он многое сделал для подъема духовной жизни и образования: открывались церковно-приходские школы и училища, включая женское епархиальное училище, устраивались катехизические курсы для народа, возрождалось благолепие богослужения. По его инициативе с 1860 года начали издаваться «Тамбовские епархиальные ведомости». Он часто совершал богослужения, проповедовал, объезжал приходы, вникая в нужды духовенства и паствы. Однако административные заботы и суета архиерейской жизни все более тяготили его, сердце стремилось к молитвенному уединению и богомыслию.

В июле 1863 года епископ Феофан был перемещен на Владимирскую и Суздальскую кафедру. Здесь, как и в Тамбове, он продолжил свое просветительское и издательское служение. При нем также увеличилось число церковно-приходских школ, а с 1865 года, по его инициативе, стали выходить «Владимирские епархиальные ведомости». Он много проповедовал, его поучения отличались глубиной и доступностью, находя живой отклик в сердцах верующих. Но внутренняя потребность в уединенном молитвенном подвиге не оставляла его.

V. Уход на покой и затворничество в Вышенской пустыни (1866–1894)

После семи лет архиерейского служения, в 1866 году, преосвященный Феофан, чувствуя непреодолимое влечение к иноческому уединению, подал прошение Святейшему Синоду об увольнении от управления епархией и разрешении удалиться на покой в монастырь. Просьба 51-летнего архиерея, полного сил, знаний и организаторских способностей, показалась членам Синода необычной. Однако, выслушав его убедительные доводы о стремлении всецело посвятить себя молитве и богословским трудам, Синод удовлетворил его прошение.

Для своего уединенного подвига святитель избрал Успенскую Вышенскую пустынь Тамбовской епархии (ныне Рязанская область), которую он посещал ранее и которая приглянулась ему своим тихим и уединенным расположением. Первоначально он был назначен настоятелем этой обители, но и эта должность, связанная с административными хлопотами, не вполне соответствовала его стремлению к полному безмолвию. Поэтому через некоторое время он подал прошение об освобождении и от обязанностей настоятеля, которое также было удовлетворено.

С 1872 года святитель Феофан полностью предался затворничеству. Он затворился в специально устроенных для него кельях, сведя к минимуму общение с внешним миром. Круг его посетителей ограничился духовником и келейником. В своих кельях он устроил маленькую домовую церковь в честь Богоявления Господня, где ежедневно сам служил Божественную Литургию (в первые годы – по воскресным и праздничным дням, а в последние годы своей земной жизни – ежедневно).

День затворника был строго расписан. Помимо молитвы и богослужения, значительную часть времени он посвящал чтению Священного Писания и творений святых отцов, интенсивной переписке (он получал и отвечал на огромное количество писем от людей разного звания, искавших его духовного совета) и литературно-богословским трудам. Он переводил с греческого языка, составлял толкования на книги Священного Писания, писал многочисленные поучения и наставления о духовной жизни. Святитель не чуждался и физического труда: занимался иконописью, резьбой по дереву, токарным делом, шил для себя одежду, следуя древним монашеским установлениям о необходимости сочетания молитвы с трудом. Его скромная келья стала источником духовной мудрости и утешения для тысяч людей по всей России.

VI. Кончина и почитание

6 (18) января 1894 года, в праздник Крещения Господня (Богоявления), в день своего тезоименитства по монашескому постригу, святитель Феофан Затворник мирно отошёл ко Господу в своей затворнической келье.

Отпевание архипастыря-затворника состоялось 11 (23) января 1894 года в Вышенской пустыни при огромном стечении народа, прибывшего со всех концов России, чтобы проститься с великим учителем и молитвенником. Тело святителя Феофана было погребено в Казанском соборе Вышенского монастыря.

Почитание святителя Феофана как угодника Божия началось еще при его жизни и особенно усилилось после его кончины. Его могила стала местом паломничества, а его труды – настольными книгами для многих поколений православных христиан.

В 1988 году на Поместном Соборе Русской Православной Церкви святитель Феофан, Затворник Вышенский, был причислен к лику святых. Его святые мощи были обретены и ныне почивают в Успенском соборе Вышенского монастыря, привлекая множество паломников и являясь источником благодатных исцелений и духовной помощи.

VII. Духовное наследие и значение

Святитель Феофан Затворник оставил после себя огромное литературное наследие, включающее десятки томов оригинальных сочинений, переводов и писем. Его труды охватывают широкий круг богословских, аскетических и нравоучительных тем.

Толкования Священного Писания: Особое место занимают его подробные толкования на Послания святого апостола Павла (к Римлянам, Коринфянам, Галатам, Ефесянам, Филиппийцам, Колоссянам, Фессалоникийцам, Тимофею, Титу, Филимону, Евреям), а также на Псалтирь. Эти толкования отличаются глубоким проникновением в смысл библейского текста, святоотеческой основательностью и практической направленностью.

Нравоучительные сочинения: Широко известны его книги «Начертание христианского нравоучения», «Путь ко спасению (Краткий очерк аскетики)», «Что есть духовная жизнь и как на нее настроиться?», «Письма о христианской жизни», «Внутренняя жизнь», «Душа и Ангел – не тело, а дух». В этих работах святитель подробно излагает учение о духовной жизни, борьбе со страстями, молитве и пути к богообщению.

Переводы: Величайшей заслугой святителя Феофана является его капитальный труд – перевод на русский язык и издание пятитомного «Добротолюбия» – сборника аскетических писаний святых отцов IV–XV веков. Он также перевел «Невидимую брань» преподобного Никодима Святогорца (адаптировав ее для русских читателей), «Древние иноческие уставы» и другие святоотеческие тексты.

Письма: Обширное эпистолярное наследие святителя (около 8 томов «Собрания писем») представляет собой бесценную сокровищницу духовной мудрости. В своих письмах он отвечал на самые разнообразные вопросы веры и жизни, давая конкретные советы и наставления.

Труды святителя Феофана Затворника неразрывно связаны с возрождением православной духовности в России XIX века. Он стал одним из крупнейших духовных учителей, чьи писания и поныне не утратили своей актуальности, оказывая огромное влияние на богословие, пастырство и духовную психологию. Его учение о «внутренней жизни», о необходимости трезвения, непрестанной молитвы и борьбы с помыслами является руководством для всех, стремящихся к подлинно христианской жизни.

ВОПЛОЩЕННОЕ ДОМОСТРОИТЕЛЬСТВО.
ОПЫТ ХРИСТИАНСКОЙ ПСИХОЛОГИИ

ПИСЬМА О ХРИСТИАНСКОЙ ЖИЗНИ

Письма о христианской жизни, где объясняются общие основные понятия о христианской жизни и деятельности, именно: о лице, действующем по-христиански; об отличительных чертах христианских действий; о добродетели христианской и грехе, с их последствиями

I

Кажется, вы и те, кои около вас, слишком поверхностно смотрите на жизнь христианскую, и все дела, исправные по виду, у вас стоят на одной линии. Что до других, то не нам их судить, а что до себя, то надо верно знать, истинно ли хорошо то дело, которое нам кажется хорошим, а главное – христианское ли оно?! Ведь христиански доброе дело не то, что всякое другое дело. Как христианин не то, что всякий человек; ибо приемлет в себя с неба особенную силу, как бы особый элемент в состав свой: так и дела истинно-христианские должны иметь в составе своем особые начала, каких не бывает в делах других людей. И польское серебро тоже есть серебро, но оно совсем не то, что наше русское серебро. Так и в нравственных делах: и христианское дело будто то же, что и все другие, да не то же: в нем дух другой. Чтоб это было вам яснее, изображу вам лицо, действующее по-христиански, или укажу характеристические черты христианской деятельности.

Лицо, способное и обязанное к нравственным действиям, должно быть в себе, в своем разуме, или должно сознавать себя, настоящее свое положение и свои отношения. Кто вне себя, не в своем уме, не сознает себя – того действия не имеют достоинства нравственного,– каковы действия слабоумных, расстроенных в уме, погруженных в сон или еще не опомнившихся. Такое, впрочем, сознание должно быть не таково только, каково общее сознание естественное, в коем человек отличает себя, как себя, в том круге, где существует; но должно быть еще сознанием собственно нравственным, называемым *самосознанием*,— в коем человек сознает себя лицом, обязанным к целесообразной деятельности, к делам ответным, подлежащим отчету. Почему дети, еще не дошедшие до такого самосознания, во всем худом извиняются и своим добром подают только надежды, хоть еще нерешительные; равно как, наоборот, подвергаются сильному укору взрослые, когда позволяют себе забываться и действовать не по-человечески и не по своему положению и месту.

Прилагая последнее свойство к христианину, должно обязать его к особенному некоему самосознанию,— именно христианскому. Что оно должно быть в нем особенное, видно из того, что в перерождении он стал иным — новым, не мысленно, но делом; почему должен был переродиться и в самосознании. Что должно входить в состав сего самосознания,— видно из того, каким он вошел в купель Крещения или покаяния и каким вышел из него, или чем стал в нем. Погибал,— и вот избавлен; был в ранах, — и вот исцелен; был отвержен,— и вот принят в сыновство; своевольничал,— а теперь связал себя послушанием, по обету. Все сие должно отзываться в его сердце и составлять в совокупности одно то, чем оно чувствует себя во Христе Иисусе. В чувстве исцеления и свободы,— он должен сознавать себя Христовым рабом, работать и трудиться как бы от Его лица, пред Ним и ради Него,— до того, чтоб с Апостолом говорить: *живу не ктому аз, но живет во мне Христос* (Гал. 2, 20). Сие самосознание христианское так бывало сильно во многих из первенствующих христиан, что на все вопросы мучителей они отвечали только: я раб Христов, я раб Христов.

И вот первая черта христианской нравственности, или первое свойство лица, действующего по-христиански! Раб, сознавая себя рабом, действует в отношении к господину как раб; сын, сознавая себя сыном, действует пред отцом как сын; так что потеря сего сознания есть вместе начало их уклонения от своего порядка. И христианин с сознанием себя рабом Христовым должен исходить на деятельность. С погашением сего сознания его действия, если и не становятся худыми, то теряют в большей или меньшей мере характер *христианских* и поступают в разряд дел общенравственных. Между тем христианин есть лицо не общенравственное только, а нравственное по-христиански.

Если таким образом, от такого самосознания получает свой характер вся деятельность христианина, то свет его должен гореть в душе его, не погасая, не умаляясь, а возрастая, по самый конец жизни. Потому-то Преосвященный Тихон[1] вот какое правило написал для всей своей паствы! – «Краткое увещание, что всякому христианину от младенчества до смерти всегда в памяти содержать должно.

Помни: 1) что при Крещении Святом чрез отца и матерь крестную отрекся ты сатаны и всех дел его, и всего служения его, и всей гордыни его и сие учинил троекратным отречением... 2) отрекшися сатаны, ты обещался троекратно же служить Христу Сыну Божию, со Отцом и Святым Его Духом. И так ты на Крещении в службу Христу записался и присягнул так, как воины и прочие царю земному в службу записуются и присягают...

...сие в памяти содержать, домашним внушать, а особенно малым детям, чтоб, помня свое обещание, от малых лет приучались они к благочестию»[2].

Вот первое! А что еще нужно,– о сем после.

II

Вы знаете уже, как христианин смотрит на себя, когда исходит на делание свое. Теперь я скажу вам, как он обходится с самыми делами своими. Несмотря на то, что человек сознает себя лицом, и лицом нравственным, не все, однако же, происходящее от него и в нем, причитается ему, как лицу, или есть нравственно. Нравственные действия отпечатлеваются особенными свойствами. Во-первых — они суть неизбежно действия *сознаваемые*: ибо исходят от лица, сознающего себя,— и ему причитаются. Как же может причитаться что ему, когда он о том и не знает? Например, обращение крови, питание и ращение тела, равно привычные движения рук, ног и других членов. Не всякое, впрочем, и сознаваемое действие должно быть приписываемо человеку, как лицу. Множество бывает в нем действий, кои, хотя и сознаются им в себе, однако ж происходят совершенно без его ведома, не им самим производятся. Таковы все естественные движения его сил и потребностей. Итак, к сознанию должна еще присоединиться *самодеятельность*,— то есть *самоначинание, самоизбрание*. Чтоб известное дело приписать к какому лицу, необходимо, чтоб оно *им самим* было *начато и произведено* намеренно: причем, так как сие лицо сознает себя нравственным, характер *нравственности* переходит и на самое дело. Сей характер может перейти и на те действия, кои происходят не по его воле, но не иначе как, когда он даст на них свое *вольное согласие*, ибо в таком случае он усвояет их себе,— избирает, делает своими. С сей минуты они начинают причитаться ему и им самим, и другими. Так, гнев родится сам собою; но, когда человек согласился на него, тогда уже сам начинает гневаться. Напротив, если кто, чувствуя невольное движение гнева или другой страсти, не соглашается на то, а преодолеть их напрягается, то они не вменяются ему, хотя находятся в нем. Сей акт согласия очень многозначителен в жизни и, можно сказать, столько же, если не более – многообъемлющ, как и самоначинание. Ибо на его долю причитается не только то, что происходит внутри нас или что производится нами, но и другими – независимо от нас. И чужое дело, в коем как-нибудь вмешалось наше согласие, тоже причитается нам. Отсюда следует, что все то вменяется лицу человека и есть нравственно, что сознательно им избрано и на что сознательно он согласился. Очевидно после сего, что для человека, чтоб выдержать характер нравственного лица, обязательно – быть господином своих дел, распоряжать ими по усмотрению своему и своей цели,– а не быть ведому течению внешних обстоятельств или своих внутренних душевных движений.

Но какую смешанную и жалкую картину представит нравственная жизнь человека, если пересмотреть ее с сей точки зрения?! Как многое делается в неведении, забвении и невнимании? Это часть, потерянная для доброй нравственности, хотя не для суда. Как многое унижается или тоже похищается такими случаями, в которых то сознание подвергается насилию, как например, в гневе и страхе, то самодеятельность подрывается, как в страстях и греховных привычках? Между тем внешние происшествия, располагающие к свободным начинаниям, и внутренние движения, выманивающие согласие, не всегда согласны с законом и всегда почти беспорядочны. Почему нравственная деятельность человека *скудна, смешанна* и даже безобразна? Причина сему прямая в потере нравственной силы. *Сия сила воскрешена или восстановлена в христианине благодатию Божиею.* Почему, вступая на поприще нравственной деятельности, христианин, с сознанием своего долга работать Христу,– имеет одну исключительную цель ходить в воле Его: дал обет на то, пламенеет ревностью, а главное, принял силу. Стоя на прочном основании, он властно располагает своими делами и направляет их все к показанной цели, не позволяя никакого уклонения. Вот как именно поступает он!

1) С первого раза узнает для себя требования христианского закона,— размышлением, чтением, слышанием, беседою,— сколько может и сколько сумеет; 2) построивает соответственно сему знанию весь порядок своей жизни – и внешней и внутренней,— по крайней мере, в общих и главных ее частях; и: 3) наконец, правит собою и своими делами по своему плану,— не увлекаясь, как сказано, ни внешним ходом соприкосновенных происшествий, ни внутренними движениями своей природы.

Сего требует и желание сердца, решившегося работать Господу во всех путях жизни, и то свойство облагодатствования, по коему человек воцаряется в себе и становится полным своим владетелем и распорядителем. Не иное заповедует и Господь, когда повелевает Апостолам – трезвиться, бодрствовать,— себе внимать. Ибо этим очевидно заповедуется сознательное и осмотрительное распоряжение своею деятельностью, распоряжение своеличное, хотя в произвольном подчинении воле Божией. Что другое внушает и Апостол, когда учит созидаться в храм духовен, в святилище Богу? Ибо это значит устроять свою жизнь по известному плану, вести ее стройно, в постепенном возвышении и усовершении, в полном убеждении, что она ведется по чертежу небесному – Божественному, каков есть закон христианский, изображенный в слове Божием Самим Господом и Апостолами.

Вот вторая черта! Есть и еще одна... подождите!

III

Было сказано, что христианин есть распорядитель всей своей деятельности. Теперь посмотрите, как он ведет каждое свое дело отдельно... Сначала скажу вам, как делается каждое дело вообще, а потом, как строится дело христианское.

Внешнее дело есть плод внутреннего действования. Прежде, нежели оно обнаружится, ему должно совершиться внутри. Там, где нравственную деятельность человека предают механическому соотношению его сил, способ внутреннего образования нравственного дела объясняют различным сочетанием действий рассудка и воли или степеней желания и оборотов рассуждения. Здесь рассудок с волею принимают несколько оборотов и, соответственно тому, изменяются в деятельности.

Сначала: 1) *обращаются они к предмету* или делу; и здесь рассудок видит его и *представляет сознанию* в призрачном или истинном совершенстве, за что *воля находит его угодным и желала бы* его; потом, когда рассудок объявит получение сего предмета или совершение дела *возможным* и для сил, и для лица человека, воля действительно *вожделевает* его и *деятельно* готова стремиться к нему.

Потом: 2) от предмета переходят они *к средствам*. Тут дело рассудка – *совещание*, пересмотр средств, сравнение хороших с лучшими и указание более приспособительных, которые тотчас волею и *избираются*. Сие *избрание*, сочетавшись с деятельным желанием, рождает *решимость*.

Далее: 3) задуманное надобно приводить в исполнение: рассудок собирает разные представления для *возбуждения* воли и укрепления,— воля действует, приводя в движение подчиненные ей низшие силы;

4) наконец, дело сделано: *рассудок* приобретает из того *опытное*, практическое познание относительно сего дела, воля же наслаждается, успокаиваясь в достижении цели, или опытно вкушает благо из него.

Так естественно доходит человек от первой мысли о предмете до окончательного наслаждения им, по совершении дела. Но это история или, лучше, форма без содержания. Какое же содержание должен вложить в сию форму христианин или какой именно образ совершения дел свойствен ему? Точно, и у него есть такие четыре оборота то к предмету, то к побуждениям, то к средствам, то к тому, что должно быть по совершении дел; но все сие имеет у него особый смысл, особенный дух и свойство, соответственно его настроению главному и цели. Именно: христианин возобщен с Богом и ревнует о том, чтоб пребывать в сем общении деятельным исполнением воли Его, силою благодати, в чувстве рабства Господу Иисусу Христу. Следует, что все его дела должны как бы от Бога исходить и к Богу возвращаться. Этот общий закон выражается в следующем ходе совершения дел истинно-христианских: *сознавши* законность известного действия, или, что то же, *волю Божию* на него, и восчувствовавши внутреннее обязательство совершить его, христианин должен *склонить* к нему и волю, и сердце свое; затем, по испрошении помощи Божией *в молитве*, с чувством крепости своей от Бога, совершить его, всегда, однако ж, смиренно сознавая *несовершенство и ничтожность* как сего действия, так и всех других и успокаиваясь окончательно только в Господе и Спасителе нашем Иисусе Христе.

Это всеобщая программа на всякое христианское дело: 1) сознание в нем воли Божией; 2) склонение на него своей воли и сердца; 3) молитва о помощи к совершению его; и: 4) невидение его и других своих добрых дел. Поясню вам несколько подробнее каждую из сих черт.

1) Сознание воли Божией в деле предпринимаемом

Все дела свои христианин должен совершать с ясным сознанием их законности или того, что на них есть воля Божия, чтоб ходить таким образом во свете, *как сыну света и дня, а не нощи и тмы* (ср.: 1Сол. 5,5). К *этому обязывает* его: а) существо обета в Крещении. Если, ради спасения в Господе Иисусе Христе, он всего себя предал Богу, то с сим вместе предал Ему и все свои дела, внутренние и внешние. Почему не должен позволять, чтоб вошло в жизнь его что-либо такое, в угодности чего Богу и Господу он не был бы уверен. Он и создан во Христе Иисусе *на дела благая, да в них ходит* (ср.: Еф. 2, 10); б) без сего он не может быть уверен в Божественном к себе благоволении, не может смело стоять пред лицем Божиим и *весело взирать на небо* (ср.: Иов. 22, 26): чем, собственно, и обнаруживается, что он стоит у своей цели последней или находится в общении с Богом. Ибо не иначе как, когда *сердце наше не зазрит нам, дерзновение имамы к Богу* (1Ин. 3, 21), учит апостол Иоанн. Почему: в) прямою заповедию для него положено – *не бывать несмысленным, но разумевать, что есть воля Божия* (ср.: Еф. 5, 17).

Итак, всегдашним правилом его деятельности должно быть: в каждом действии, которое исходит от твоего сознания и должно быть причтено тебе, спеши сознать волю Божию и не иначе приступай к совершению его, как по точном определении, что оно не только не противно воле Божией, но и угодно Ему; действия же, не определенные законом, запечатлевай сам сею волею, чтоб таким образом вся жизнь твоя была по Богу.

При сем всякий готов спросить, как узнать волю Божию в частных случаях?

Средство к тому, чтоб узнать волю Божию на то или другое дело, первое и главное, *совесть*, просвещенная словом Божиим и благодатию Божиею руководимая. Ибо она на то и определена; это ее существенное дело. Кто с совестию своею обходится добросовестно, не противоречит ей, не искажает и не заглушает ее своими толками, тот редко может говорить: не понимаю, что делать. Если и действительно встретится какое недоумение, то у него тотчас решают его, как и должны решать,— *самоотвержение и любовь*.

Помощь совести великую подает преобразование или *устроение* жизни своей по сознанному и уясненному закону, как сказано прежде. Ибо, если кто действительно уяснил все обязательные для себя действия, как для христианина, понял дух истинно-христианской жизни, и потом соответственно тому установил и все свое поведение в своем месте, в свое время, от своего лица, и на все вообще наложил печать воли Божией; если при сем все несвойственное христианину, что нашел он в своей жизни внутренней и внешней, изменено им и перестроено, с благоразумием, однако ж, и без угождения и без малейшей поблажки самости и страстям, а особенно развращенным обычаям века; если все это сделано как должно, то всякое после сего действие его будет уже не иное что, как выражение воли Божией.

Далее, действительная жизнь, в духе истинно-христианском, хотя не без ошибок, всегда вразумительных, обогатит опытами и практическим разумом.

В иных случаях тому, кто положил себе на сердце ходить в воле Божией, Дух Святой, живущий в нем, в час действования откроет, как поступить, по Господню обещанию Апостолам (см.: Лк. 12, 12). Только неблагонамеренность отгоняет Сего руководителя. *Но кто есть человек, бояйся Господа, законоположит ему на пути, егоже изволи* (ср.: Пс. 24, 12), поет Давид.

Наконец, каждый имеет духовного отца, и закон повелевает слушаться и обращаться к нему за советами. Как скажет, так и поступи; и поступишь по воле Божией.

Такая деятельность всей жизни христианина сообщает характер осмотрительного внимания к своему внутреннему и внешнему поведению и, вместе, заботливой боязливости, не сделать бы чего против воли Божией. Смелость вообще всеми святыми Отцами почитается началом уклонения от пути правого. Почему они советуют поддерживать постоянную страшливую заботу о добре.

(Есть суетливость ложная – scrupulosa[3]; не о той дело; то болезнь совести.)

В сем отношении все люди главным образом делятся на три класса: *одни* всегда и во всем действуют по своей воле, не стесняясь никакими правилами, идут, то есть, *путем широким*; другие во всем стесняют себя волею Божиею и идут *тесным путем*; третьи хотят соблюсти невозможную средину: это ни теплые, ни холодные.

Смотря с сей точки зрения на дела человеческие, надо заключить, что погрешают: а) все те, кои действуют вообще без должного внимания к себе и главной цели своей жизни – или действуют как случится, по заведенному порядку и течению обстоятельств. Это обличает в них равнодушие и даже презрение к воле Божией – *нерадение*;

б) кои действуют, не будучи уверены в правоте своих действий, с темным и неопределенным сознанием сообразности или несообразности действий с волею Божиею. Ибо всё, *еже не от веры*, говорит Апостол, *грех есть* (Рим. 14, 23);

в) кои действуют при сомнении; кои, то есть, в то еще время, как их сознание колеблется между тою и другою стороною, решаются на действие и совершают его под сим беспрерывным колебанием. Таковых *совесть, немощна сущи, сквернится* (ср.: 1Кор. 8, 7);

г) равно как и те, кои позволяют себе действовать опрометчиво, при смятении духа, во время увлечения или какою-нибудь мыслию новою и разительною, или каким чувством, тем более страстию. Обыкновенно они сами себя считают правыми, например – гневающиеся, ревнующие не по разуму; нередко их сторона и на самом деле оказывается правою. Но, кроме того, что сия правота есть случайность,– главное у них не угождение Богу, а себе, своим страстям и своему эгоизму;

д) особенно же те, кои разными предлогами хотят увольнять себя от исполнения сознанной воли Божией и разными представлениями разуверяют себя даже в самой законности законного дела. Такие очевидно действуют против совести,– и их дела суть очевидное преступление. Довольно пока! Последующие пункты пришлю после.

IV

Желалось бы, чтоб вы усугубили внимание к тому, что читать будете. Это:

2) О склонении воли к делу обязательному, – втором приеме при совершении христианином дел своих

Напоминаю о сем потому, что редкий считает сей пункт значительным, тогда как на деле он не малозначителен.

Коль скоро познана законность действия, или воля Божия на него, тотчас должно христианину склонить к нему волю свою и расположить сердце. Первую потому, что она не всегда покорна, второе потому, что иначе дело без сердечного участия будет дело бездушное.

Справедливо, что давший обет во всем угождать Богу – должен чувствовать большую или меньшую готовность исполнять всякую познанную волю Его: но такая легкая подвижность на добро, свободная, не воспрещаемая, есть всегда благо духовное, стяжаемое долгим трудом и многими подвигами. Обыкновенно же в воле гнездятся свои расположения, склонности и страсти, не позволяющие ей охотно спешить на добро и отвлекающие в противную сторону; иногда же она бывает в состоянии непонятного своенравия, когда, при всей силе обязательности, не хочет делать что должно. Потому належит[4] необходимость – самому себя нудить на добро, как бы силою влечь и преклонять к нему, уговаривать и убеждать свою душу.

Очевидно, что здесь многое, если не всё, зависит от восприятия закона сердцем, от коего рождается чувство обязательства или сознание нравственной необходимости действия. Как вообще чувство сердца лежит в основании действий воли, так и в нравственной жизни чувство обязательства составляет самую крепкую точку опоры для склонения воли на дело. Человек, в котором, действием Божественной благодати в Крещении или покаянии, запечатлена пламенная ревность к богоугождению, или неуклонному хождению в воле Божией, который, следовательно, жаждет воли Божией, такой человек тотчас и действует, как скоро сознает обязательство, несмотря ни на какие препятствия. Посему, если бы, с одной стороны, сия ревность никогда не хладела и не воспящалась[5], а если б, с другой — нравственное чувство всегда обладало таким совершенством, чтоб живо и верно осязало силу обязательности действий и было так чувствительно к воле Божией, чтобы в нем отражались самые малые следы ее: то сими двумя силами можно бы заменить все наставления в нравственности и все руководства к благочестию, так как это и бывало у некоторых подвижников. Но так как и ревность на самом деле бывает у человека в разных степенях повышения и понижения, и нравственное чувство, по своим природным свойствам, у одного бывает живо и возбудительно, у другого тупо и медленно, у одного более привычно к одним, у другого к другим делам, иногда бывает верно, иногда не верно (ибо есть и ложный нравственный вкус),— и вообще человек в сердце своем встречает великую неровность и неправоту (почему молится: *дух прав обнови* [Пс. 50, 12]), по коей оно или незаконно чувствительно к одному, или незаконно холодно к другому: то во многих случаях ему надлежит необходимость силою как бы налагать на себя обязательство и внедрять сие чувство в сердце.

Такое управление сердца и воли производится посредством *побуждений*, или такого рода мыслей и истин, кои имеют силу разварить[6] сердце,— делать его мягким и удобосклонным.

Где находить такие мысли, определить нетрудно. Чем сочетавается свобода с законом? Главным образом чувством зависимости своей от Бога (см. «О начале христианской жизни»[7]). Следовательно, все мысли, ударяющие на сие чувство зависимости и приводящие его в движение,– должны стоять в ряду побуждений воли. Какие же это именно мысли, видно из пути обращения христианина. Так как обращение сие, начавшись чувством зависимости, воскрешено в покаянии и, чрез веру в Господа Иисуса Христа, запечатлено обетами в Крещении, то сии самые истины и другие, соприкосновенные им, и должны иметь силу поддерживать, возочищать и возобновлять погасающую ревность и вместе склонять волю на добро. Итак:

а) приведи на ум обеты Крещения и помяни блага, дарованные тебе при сем: оправдание, возрождение, всыновление Богу и снаследие Христу. Не запятнай чистой одежды сей;

б) вспомни домостроительство спасения, как Единородный *Сын Божий* ради тебя пришел на землю, воплотился, страдал, умер, воскрес, вознесся на небо и седит одесную Отца и там ходатайствует о тебе; и блюдись оказаться неблагодарным. Вспомни также, как Дух Святой сошел на Апостолов и, чрез них учредивши Церковь Святую, выну[8] пребывает в ней, чтоб приводить верующих ко Христу,– и как тебе самому сообщен Он в Таинствах; и блюдись оскорбить Его нечистотою;

в) помяни благородство твое, коим почтен ты в творении и возрождении, и тут же гнусность греха и святость добродетели, как тот искажает, а сия освящает внутреннее твое;

г) поставь себя мысленно пред очи Бога Творца и Промыслителя твоего, Который держит тебя в деснице Своей и дарует все, что ни есть в тебе и чем ты ни обладаешь, Который везде есть, все видит до сокровеннейших помышлений твоих, Который, сколько благ и благость Свою являет беспрерывно, столько же и праведен и правду Свою готов являть в каждое мгновение;

д) помяни последнее: *смерть*, неминуемую, но безвестно восхищающую; суд нелицемерный за каждое слово, дело и помышление; *ад* и муку вечную, не имеющую меры и конца; *Царство Небесное* с неизреченными сладостями.

В сих помышлениях, как в атмосфере какой, должно содержать душу, и ревность к богоугождению не погаснет. По крайней мере, в нужном случае, каждое из них сильно вызвать ее и восстановить в должной силе. Старайся только доводить мысли сии до чувства, а не держать в виде холодных представлений; а для сего обращай их пред сердцем тою стороною, какою могут они на него воздействовать, собирай все поразительное, переходи от одного к другому и не оставляй труда, пока не одолеешь себя и не восстановишь внутри должный порядок и должную подчиненность. Быть не может, чтоб добросовестное делание такое не принесло плода. Есть, впрочем, особенная для каждой души всепобедительнейшая мысль, которая мгновенно одолевает упорство воли. Старайся найти ее, чтоб править ею, как рулем, корабль души своей.

Особенно сильно в сем случае внимание к предлежащему[9] частному случаю. Кто поспешно выяснит себе связь его с главным законом, с одной стороны, и неизбежность действовать – с другой,– тот поставляет себя как бы в каких теснотах, почему по нужде воодушевляется и напрягает силы. Уметь также найти в деле сторону, лестную для сердца, не с грехом, а невинно, образовать вкус к нему – принадлежит к числу мудрых распоряжений человека в отношении к себе.

Вообще надо уговорить себя. Впрочем, как во внешних правительствах действуют иногда убеждением, а нередко и властию, заставляющею делать иное и против воли,– так можно и для воли своей и сердца человеку употреблять, кроме первого, и последнее средство. Хочешь не хочешь, приятно или неприятно, делай. На то есть воля Божия; иначе нельзя.

Немножко распространилась наша ныне речь. Остальное – коротко; получите в непродолжительном времени.

V

Немножко я замешкался. Поспешу вам очертить последние два приема, какие употребляет христианин в делании дел своих, именно: *молитву* и *невидение*, незамечание дел своих добрых.

3) Молитва в составе дел христианских

Есть молитва – одна из обязанностей христианина к Богу, и есть молитва как часть в составе истинно-христианских дел. Самонадеянный во всем полагается на себя. Христианин истинный всего ожидает от Бога, почему начинает, продолжает и оканчивает каждое дело молитвою. И вся вообще жизнь его по преимуществу есть жизнь молитвенная, как заповедует Апостол: *непрестанно молитеся... Всякою молитвою и молением, молящеся во всяко время духом* (ср.: 1Сол. 5, 17; Еф. 6, 18).

При сем он молится ко Господу: а) о вразумлении, чтоб духом премудрости Своей внушил, что именно угодно Ему в многообразных стечениях обстоятельств (см.: Иак. 1, 5), как молился Ему пророк Давид: *пути Твоя Господи скажи ми и стезям Твоим научи мя. Настави мя на истину Твою и научи мя* (ср.: Пс. 24, 4–5); б) молится об *укреплении слабых сил своих*, да *Бог Господа нашего Иисуса Христа даст ему по богатству славы Своея силою утвердитися Духом Его во внутреннем человеке* (ср.: Еф. 3, 16). Возгревши молитвою ревность к богоугождению, он чувствует, как вся может о укрепляющем его Христе, и в чувстве сей крепости благонадежно совершает благие дела;

в) молитвою, наконец, *приносит Богу в жертву* и себя и дела свои, смиренно умоляя, чтоб покрыл, милостию Своею, как сие дело, так и все другие дела и всю жизнь. Как вначале он всего себя предал Господу, гак и после всякое помышление, слово и дело Ему приносит, как *жертву правды* (Пс. 4, 6), Ему благоугодную (см.: Евр. 13, 16).

Таким образом, молитва при добром деле показывает, что это есть истинно-христианское дело; дело же без молитвы есть не христианское. «Невозможно тому быть, чтоб без молитвы житие христианское было», говорит Златоустый[10] (у Преосвященного Тихона[11]). «Глава всякаго благаго тщания и верх добрых дел есть всегдашнее в молитве пребывание, чрез которую и другия добродетели приобретаем»[12], учит святой Макарий...[13]

Приложением молитвы к добрым делам и понуждением себя на них, несмотря на сопротивление сердца, по святому Макарию, христианин скоро востекает на верх добродетелей и начинает творить заповеди Божии уже без всякого труда, с охотою и услаждением[14].

4) Невидение добрых дел

Последнее же существенное свойство и как бы заключение христианских дел есть невидение их, как бы незамечание. Христианин, и все сотворивши, говорит, что он раб *неключимый* (ср.: Лк. 17, 10); почему окончательную надежду спасения полагает в Господе Иисусе Христе. «Таково основание христианства, что хотя бы кто совершил все дела правды, то он не должен останавливаться на них, надеяться на них и думать, что он уже много сделал»[15]. «Посему, и вкусивши христианства, думай, что ты еще не прикасался к оному, и сие должно быть неповерхностно, но как бы насаждено и навсегда утверждено в мысли твоей»[16].

Возможность такого расположения объясняется живым сознанием силы Божией в себе или того, как она совершает в нас добрые дела. Если Бог действует в нас, *и еже хотети и еже делати* (ср.: Флп. 2, 13); то что и видеть в себе своего или на чем остановиться вниманием? Посему душа боголюбивая, праведно приписывая все дела свои Богу, себя чувствует постоянно ничтожною и презренною[17]. С другой стороны, душа, воистину боголюбивая и христолюбивая, хотя и многочисленные сотворит добродетели, так себя ведет, как бы ничего не сотворила ради *ненасытимого ко Господу желания* . Она никогда не мнит себе быти нечто; но, чем более духовно богатеет, тем недостаточнейшею себя считает, ненасытным к небесному Жениху духовным желанием воспламеняясь, как говорит Писание: *ядущии Мя еще взалчут и пиющии Мя возжаждутся* (ср.: Сир. 24, 23)[18] . Плод спасительный сего тот, что:

а) христианин непрестанно начинает только жить по-христиански, считая ничем все прошедшее, как свидетельствует о себе и апостол Павел: аз себе не у помышляю достигша: едино же, задняя убо забывая, в предняя же простираяся, со усердием гоню к почести вышняго звания Божия о Христе Иисусе.— Не зане уже достигох, или уже совершихся: гоню же аще и постигну, о немже и постижен бых от Христа Иисуса (ср.: Флп. 3, 12–14);

б) христианская жизнь посему есть беспрерывное покаяние. Всякое мгновение он возносит покаянное воззвание к Богу о помиловании и очищении то помыслов, то движений сердца, то другого чего незамеченного.

Таким образом, действительно всякое дело христианское от Бога идет и к Богу возвращается. Если на каком-нибудь из показанных пунктов душа что-нибудь присвоит себе, то попрепятствует образованию истинно-доброго дела. Из того произойдет – призрак добра. Действуя же так, как показано, христианин беспрерывно предает себя Богу во всем и, следовательно, беспрерывно находится в общении с Ним.

Судя по всему прописанному, можете убедиться, что христианское дело не то же, что всякое другое,— ибо есть особого рода повороты сознания, ума, воли и сердца, кои запечатлевают действия христианина особым характером. У христианина свое состояние личности, свое отношение к деятельности и свой порядок совершения каждого дела, как это вы видите. Вонмите сему и судите себя по сему. А других судит Бог.

VI

Удивился я тому, что вы пишете, будто я написал совсем не то, что вы ожидали. Правда, что в предыдущих письмах речь касалась более действующего лица, а не самых дел; но разве характер действующего лица не переходит на самое дело и не кладет на него своей печати? А о том, как определять нравственное достоинство дел, я не считал нужным говорить вам, полагая, что это вы знаете хорошо сами. Но, добре: напишу и об этом, что смогу. Потерпите только, если писание мое покажется вам немного суховатым.

Если смотреть на дела отвлеченно, то достоинство их определить не трудно. Дело по заповеди хорошо; дело, противное заповеди, худо. Ибо заповедь свята. Сказано: *твори милостыню*; милостыня и есть доброе дело, и наоборот. Но когда рассматривать дела, самым делом совершенные нами или другим кем, то, кроме сей сообразности или несообразности их с заповедями, надо обращать внимание и на другие стороны, как то: на цель и обстоятельства. В сем отношении давно принято положение, что нравственное достоинство действия определяется его: I) предметом, II) целию и: III) обстоятельствами.

I) Каждое из наших действий, внутренних и внешних,– то есть наши мысли, чувства, желания, слова, движения, поступки, имеют свой *предмет*. Большая часть из сих предметов возведена в неизменное правило и закон, так что не желать и не делать их нельзя. Они составляют круг: 1) *обязанностей наших*. Несколько предметов предлагаются в виде: 2) *советов*. Не малое, наконец, число остается без определения их значения. Они ни добры, ни злы сами по себе; потому как: 3) *безразличные*, считаются позволительными всякому. Заповеди или обязанности составляют основание, устройство и твердость нравственного царства; советы – выше закона (см.: Иоанн Златоуст); то, что позволительно,– ниже его.

Дело заповеданное и, следовательно, обязательное, от совета и действия безразличного – отличается внутреннею или совестною понудительностью на него. Можно решительно сказать, что к чему есть такое понуждение внутреннее, или касательно чего сознает себя человек состоящим в нравственной необходимости, то есть его обязанность. Ибо такое сознание есть действие совести; совести же решительно должно повиноваться,– и по той мере, как она связывает. Напротив, что предлагается в виде совета, как лучшее, то только приятно располагает к себе, но не нудит; в отношении же к действиям безразличным и чувство наше нравственное безразлично, то есть оно ничего о них не говорит: действуй как хочешь. Но вернее и надежнее различать их по указанию откровенного слова Божия, которое есть кодекс уложений духовных: а) что там заповедано или указано, как закон, тем беспрекословно должна связать себя совесть наша или принять то в обязанность; б) что там указано, как совет, то и принимать надо, как совет; в) что оставлено без определения значения, то таким и считать должно.

1) Общее основание нравственной необходимости, свойственной *заповедям, или обязанностям*, есть сознание воли Божией на них. Как во внешнем мире воле сей никто противиться не может: так и во внутреннем, нравственном мире должно быть молчаливое послушание Божественной воле. Совесть по природе сочетана с волею Божиею; потому, коль скоро ей указано будет, что на то и на то есть воля Божия, она тотчас склоняется на то, стоит за то и нудит нас не нарушать того. Впрочем, поставляя то или другое дело в обязанность, Господь не хотел ограничиваться одною волею Своею или одним титлом [19] вседержительства, но к каждому из таковых дел

благоволил приложить и другие, ближайшие, основания, непосредственно вытекающие из свойств самого дела и его соприкосновенностей. Сии ближайшие основания суть посредства, чрез кои воля Божия впечатлевается в нашем уме и сердце в свойственной делу степени. Потому в истолковании обязанностей своих можно, конечно, ограничиваться тем, что на то или другое дело есть воля Божия; но приличнее или соответственнее нашей природе изыскивать и сии основания ближайшие: ибо чрез них воля Божия связывает нас; с другой стороны, с точки зрения воли Божией,— все обязанности представляются равными; между тем как они имеют неодинаковую важность, которая может быть распознаваема только посредством ближайших оснований.

Судя по сим ближайшим основаниям, а частию и по другим соприкосновенностям, обязанности наши, или дела, которые совершать мы чувствуем себя внутренно понуждаемыми, получают разные оттенки. Первый из сих оттенков кладется их *происхождением*. В сем отношении есть обязанности *совестные*, такие внушения, для коих достаточно одной совести, хотя бы не было никаких сторонних указаний. Их называют *естественными*, ибо мы с ними рождаемся. Есть обязанности *положительные*, такие, кои после уже наложены на совесть и стали в ряд ее собственных обязанностей. Сила обязательства сих последних зависит от того, что они воспринимаются самою совестию в закон и, можно сказать, с этой минуты перестают быть чисто положительными. Правда, некоторые из них суть только развития естественных, совестных; однако ж от сего и те, коим не к чему, так сказать, привиться в совести, не теряют ничего от свойственной им силы, а иные даже становятся выше всех естественных. Из положительных — одни *Божеские*, и притом *непосредственные*, каково Откровение Господа нашего Иисуса Христа и святых Его Апостолов, содержащееся в слове Божием и в священном Предании Церкви, и *Божеские посредственные*, каковы постановления Соборов Вселенских. Другие — *человеческие*, и притом *церковные* и *гражданские*. Последние происходят от лица государя, а первые от церковной иерархии. Обязательство на те и другие вытекает из Божественного происхождения властей и совестного нашего им подчинения. Преданный Церкви и престолу все исходящее от них принимает с благоговением и творит то, как им угодно, то есть по силе обязательства, какое они налагают.

Особый в сем отношении класс правил составляют *обычаи*, и церковные, и гражданские. Так приятно влекут они к себе, так покойно в них духу нашему, по чувству безопасности, огражденности и вековой неизменности. Обычаи вообще должны быть священны для нас: от них зависит твердость нашей жизни; отторгшийся от них влается[20], как ветром. Но собственно в число правил законных и обязательных они вступают не безусловно: именно для сего необходимо, чтоб они были согласны во всем с нравственным законом и духом христианства: чем сильнее их действия, тем опаснее погрешность в сем отношении.

Память предков обязывает к молчаливой покорности. Опыт показывает, что нарушение таких обычаев всегда в близкой связи с развращением нравов. Что отсюда исключаются все обычаи века развращенные, это разумеется само собою. Но и вообще строго должно помнить различие между обычаем и заповедию, или законом. Потому что развращающийся в сердце и уме всегда почти начинает с презрения к обычаям, а потом, по неведению, хотя не без желания, и всё уже начинает почитать обычаем, то есть и веру, и нравственность, и также начинает их презирать. Так надобно знать сию границу. Что окрест, на то еще можешь наложить руку; но сердца, нравственной жизни, обязанностей не касайся.

Второй оттенок кладется на заповеди или обязанности *внутренним их значением, свойством или содержанием*.

В сем отношении есть обязанности *безусловные*, какие человек-христианин должен исполнять, кто бы он ни был и в каких бы обстоятельствах ни находился; и есть *условные*, обязательные только под известными условиями. Например, обязанности отца лежат только на женатом, и притом имеющем детей. Первые вытекают из существа человека и христианина, вторые из его состояния и положения в мире. Не должно, однако ж, думать, будто условные обязанности малозначительны. Для того, к кому они идут, они имеют силу безусловных, ибо суть не что иное, как ближайшее их приложение к его быту. Он первых и не может выполнить иначе, как посредством последних. Сии и стоят у него на первом плане, а те сокрыты под ними; поэтому, хотя бы и не имел он в виду первых, но выполняет их чрез последние.

Те и другие бывают *главные, источные, коренные*, и подчиненные, *средственные*. Первые надобно положить глубже в сердце, последние держать как бы в руках. Однако ж и к последним обязательство так же сильно, как и к первым, почему и есть закон, что, кто обязан к какому-нибудь действию, тот обязан и к *средствам*, необходимо ведущим к нему. Есть, например – обязанность очищать сердце от страстей; должно счесть обязанностию и известные подвиги: ибо иначе нельзя выполнить той обязанности.

Замечательнейшее в сем отношении разделение обязанностей – на обязанности *справедливости и любви*, или доброхотства. Такое положено Богом между людьми отношение, чтоб один не нарушал свободы и прав другого и воздавал ему то, чем должен ему. Сего требует, как говорят, справедливость. Кто исполняет сие, тот прав; кто нарушает, не прав. Его можно предать суду и требовать удовлетворения. Требования такого рода суть обязанности справедливости. Они составляют внешнюю ограду добродетельной жизни. Кто нарушает закон справедливости, тот выступает из области добродетели; но кто исполняет их, тому, для полноты добродетели, надобно еще приложить дела любви и к людям, и к самой правде. Любовь не ограничивается одною справедливостью или одним тем, чего требует правда, но охотно делает больше того, по одному внутреннему доброхотству. Кто делает так, тот нравственно добр; но принудить к сему никого нельзя. Кто, например, занял у другого деньги и не хочет отдать, того можно заставить отдать властию; но кто не помогает нуждающемуся, того принудить к тому нельзя. Истинный христианин охотно благотворит другим, хотя с сим не соединено внешнее понуждение, и справедливо поступает в отношении к другим, не по боязни взыскания, а по любви к правде и по страху Божию. Есть и еще различие обязанностей: одни предписывают, что должно делать, а другие указывают, чего не должно делать. *Уклонися от зла и сотвори благо* (Пс. 33, 15), говорит Пророк. Также есть обязанности к Богу, есть обязанности к ближним и к самим себе. *Возлюбиши Господа всем сердцем,— и ближняго, яко сам себе* (ср.: Мф. 22, 37, 39), говорит Господь.

Третий оттенок обязанностей есть следствие двух первых и состоит в *различной степени их важности*. Из показанного перечисления обязанностей очевидно уже, что не все обязанности одинаковую имеют для нас силу обязательства, а одни понудительнее, другие менее понудительны. Это и совесть подтверждает, и Спаситель, когда обличал иудеев за оставление вящшая закона[21], что надлежало творить, и прилепление исключительно к тому, что можно было только не оставлять (см.: Мф. 23, 23). Знать силу и соотношение разных обязанностей очень важно в нравственной жизни. Этого требует уже одна стройность нравственности,— чтобы как вовне, в составе закона, все стоит на своем месте, так внутри, у нас в сердце, все имело соответственный себе вес. Сия стройность в сердце потеряна: почему и молиться должно, чтоб Господь обновил в нас дух правый. Но особенно это нужно для того, чтоб, как обличал Господь иудеев, не оцеждать[22] комара, пожирая верблюдов. Придавая слишком много значения малозначительному, можно заслонить им важнейшее и тем превратить[23] Божий порядок в себе. На самом деле определять важность обязанностей следовало бы нашей совести, и тогда одно правило решало бы все: чем понудительнее требование совести, тем важнее обязанность; но, по неверности нашей совести в теперешнем ее состоянии, такое правило в очень многих и очень важных случаях не может дать верного решения, ибо мы сами себя часто подкупаем страстями. Потому надобно положить внешнюю некоторую мерку для измерения важности обязанностей. Если судить отвлеченно, то очевидно, что: а) тем важнее обязанность, чем она ближе к существенным, или, чем больше нарушением какой-нибудь обязанности извращается нравственный порядок, тем она важнее. Сие общее правило, в приложении к делу, в подкрепление себе получает следующие два; б) чем больше побуждений к известному делу, тем оно важнее. Ибо если чрез сии побуждения, или основания, доходит к нам воля Божия; то, где их больше, касательно того и воля Божия действует на нас настоятельнее. Например,— уважение к родителям обязательнее, нежели уважение к всякому другому; в) чем значительнее предмет действия сам ли по себе или по обстоятельствам, тем оно обязательнее.

Должно, впрочем, содержать в мысли, что, когда указываются разные степени важности обязанностей, не следует отсюда, будто позволяется какие-нибудь обязанности уничижать в мысли своей или дается свобода исполнять их или не исполнять. Обязанность всякая священна и должна быть исполняема со всем усердием, готовностию и нежалением трудов, на ее долю необходимых. Это делается с тем, чтоб руководить всякого быть мудрым делателем в Царстве Христовом, знающим его чин и строй деяний, а не предающимся случайному течению обстоятельств.

На деле, впрочем, представляются великие несправедливости у человека в оценке обязательных для него дел. Это *главным* образом касается отношения христианства к естественному закону, церковности к гражданственности. Заповеди, условливающие *спасение*, стоят *выше* всего: ибо без спасения души что будет значить все прочее? За ними следуют законы совести нравственные: ибо те первые и существуют затем, чтоб освящать и приводить в силу сии последние. Далее должны стоять священные чины Церкви: ибо они суть ближайшее облачение двух первых,— и, наконец, уже гражданственность. Ибо, имея временное значение, она должна быть служебна вере и доброй нравственности, которыми условливается получение вечного блаженства. Но на деле бывает не так. У того, чье сердце не управлено как следует, христианство не стоит на первом месте, о Церкви и ее благотворных учреждениях он мало думает; честность и польза гражданственная суть основные правила его нравственности. Как многие довольствуются сим правилом и покойны! Начинающему жить добродетельно по-христиански прежде всего должно на это обратить свое внимание, позаботиться исправить свои чувства и всякой обязанности дать свой вес и свое место. *Другая неправота* обнаруживается в предпочтении обязанностей правды обязанностям любви и доброхотства. У всех почти первые считаются выше последних, и тем из жизни, как бы насильно, изгоняется истинный ее дух, дух любви. Законы правды составляют сами по себе только внешнюю ограду нравственного царства; ходящий по ним может и не быть внутри сего царства. Ибо если им удовлетворяет одна законность, а законное- тию дела не отрицается худое сердце; то всякий праведник по обязанностям правды может быть беззаконник нравственный. Истинная нравственная жизнь – в исполнении обязанностей любви: тут корень жизни! С сим духом любви должно исполнять и обязанности правды. И можно сказать, что тогда только, как они бывают пропитаны сим духом, они сходят в область нравственности.

После сего можно ли ставить их выше первых?! Если такое правило обобщится, то надобно ожидать всеобщего извращения нравственного порядка. Мир нравственный отторгнется от своего центра. Есть еще и *третья неправда* в неверном соразмерении наших прав с чужими. Для сердца самолюбивого наши права на других ценнее, нежели права других на нас. У иных это и закон. Но христианам не следует так делать. По слову Господа, им должно забывать свои права: *ударил кто в ланиту,— подставь другую; одну одежду взял,— отдай другую; взял кто взаймы,— не проси...* вообще *не противься злу,* пусть оно идет на тебя (см.: Мф. 5, 39–40, 42)... Напротив, к правам других должно питать полное уважение и благоговение. И лицо брата, и его собственность для христианина неприкосновенны, священны. Если к этому присоединить, что христианин обязан ко всевозможному доброхотству, с которым должен исполнять и обязанности правды: то вот как можно определить порядок и соотношение сих обязанностей!

Будь всевозможно ревностен в исполнении обязанностей доброхотства; с сим же духом исполняй и обязанности правды, с забвением своих прав.

Надо приобресть навык в оценке истинной важности обязанностей, особенно в приложении к частным случаям. Это доставит нам возможность легко выпутываться из затруднительного положения при столкновении обязательных дел. Ибо обязанность предполагает необходимость определенного действия. Между тем нередко бывают случаи, в коих человеку предлежат два или более обязательных дела, из коих, однако ж, он может и должен выполнить только одно. Такое столкновение обязанностей поставляет всегда в затруднение от недоумения — на что решиться. Кто хорошо понимает относительную важность обязанностей, тот не затруднится избрать должное. То несомненно, что представляющаяся несовместность обязанностей есть только мнимая. Ибо делать всегда должно одно. Надобно только угадать, что именно. Кто затрудняется выбором, тому советуют: а) прежде всего посмотреть, точно ли обязанности противоречат обязанностям? Не самость ли наша, не страсти ли какие не хотят покориться долгу?

б) если действительно обязанности с обязанностями в споре, то надобно смотреть, одного ли они вида. При обязанностях разного вида высшие преимуществуют над низшими, именно: безусловные над условными, Божеские над человеческими, главные над средственными;

в) когда обязанности одного вида, то всё решают *основания*, причины или побуждения. Где больше сих оснований, туда и склоняться должно;

г) нередко случается, что можно из предлежащих обязанностей выполнить одну прежде, другую после, и только торопливость, а иногда слабость сердца поставляет в затруднение. Всякий, впрочем, по опыту знает, что стечение обязанностей и даже столкновение их редко поставляют в неисходное положение. Добросовестность легко решит все сама собою. Но и то сказать должно, что и немногие случаи для человека, ревнующего о чистоте жизни, очень смутительны и скорбны. Потому, чтоб предупредить такие случаи, советуют: аа) построить свои обязанности по известному верному началу, написать как бы программу жизни (о чем уже я упоминал прежде) и потом выполнять ее. При этом нечаянности будут редки; бб) чаще размышлять об обязанностях и разных случаях их выполнения, поставлять себя мысленно в затруднительных обстоятельствах и придумывать, как бы поступить в них. Это образует живость соображения и поможет сохранить присутствие духа в теснотах и правоту в решении дела в них; вв) чаще советоваться и беседовать с опытными; гг) в самый же час нужды поставь себя в присутствие Божие или в положение умирающего и сделай так, как бы сделал именно на краю гроба, готовый предстать Судии Богу.

Утомил я вас. Дочитали ль до конца?

Я считал нужным пояснить все сие вам... Потрудитесь вникнуть, хоть и не так гладко читается. Есть духовное сластолюбие, по коему читают только приятное и легко усвояемое; но, коль скоро встретится что затруднительное, бежат того; сему не подобает быть. Есть способ самим открывать сладость в том, что кажется сухим на первый раз; лишь бы только было то истинно. Умудряйтесь. *Вины ищет и глаголет ленивый: лев на стезях, на путех же разбойницы* (Притч. 22, 14).

VII

Ныне скажу вам слово-другое: 2) *о советах* и: 3) *о действиях безразличных*, как следует по порядку.

2) Кроме действий обязательных, касательно которых мы состоим в нравственной необходимости,— в слове Божием предлагаются некоторые действия в виде советов в том смысле, что, кто их совершает, тот делает лучше того, кто поступает иначе, и к коим потому приятно располагаемся, однако ж не чувствуем себя связанными необходимостию. Что действительно есть такие советы, нет сомнения.

Когда к Господу пришел юноша с вопросом: *что сотворив, живот вечный наследую?* – Господь отвечал ему: *аще хощеши внити в живот, соблюди заповеди*. Потом, когда юноша объявил, что все сие уже он сохранил от юности, и возжелал узнать, чего еще не докончил, Господь прибавил: *аще хощеши совершен быти, иди, продаждь имение и даждь нищим и гряди в след Мене*. Вот здесь очевидно разделение между обязанностями, необходимыми для спасения, и между такими действиями, чрез кои восходят только на высшую степень совершенства (см.: Мф. 19, 16, и далее).

Еще яснее та же истина у апостола Павла (см.: 1Кор. 7). Его спрашивали о девстве и супружестве. Он отвечал, что обязывать к девству он не имеет заповеди от Господа, но совет соблюдать его – дает. Потом пространно объясняет, как и чем девство выше супружества. И заключает, что, кто отдает дочь свою в замужество, делает хорошо, но, кто позволяет ей оставаться девою, делает лучше.

Здесь у Апостола раздельно обозначаются заповедь и совет. Это, впрочем, только образцы советов. А на самом деле в жизни их может быть бесчисленное множество.

Потому несправедливо, в какой-то отрасли протестантов, вводится мысль, будто христианин ко всему решительно обязан, то есть как бы связан необходимостию. Есть обязательство и в совете, но только не такое, чтоб не исполняющий его делался преступником. Он есть только менее совершен. В этом нам совесть верное свидетельство: не чувствуем ли такого уверения в себе, что вот такое и такое действие лежит на нас необходимо, и, не совершивши его, мы преступники; а то и то, хотя и лучше, однако ж мы не связаны в отношении к нему и не станем преступниками, не совершив его. Кто не притесняет своего должника, а ждет на нем долг молча,— тот делает хорошо. Но кто берет с должника только половину долга, ради его нужды, тем более кто весь долг отпускает, тот делает лучше.

Патриарх Авраам, возвратившись с войны, мог бы взять всю добычу себе тем больше, что на то же соглашались и сами цари, помогавшие ему: и этот поступок не был бы худ; но, когда он уступил всё, сделал лучше. Или, когда он же Лоту дал свободу избирать лучшее место для своего жительства, поступил наилучшим образом; однако ж и то не было бы худо, если бы он сам назначил ему участок достаточный и хороший, хотя и не лучший. И опять, благоговейно чтимые нами святые Божии затем так возвеличены и прославлены Богом, что они во всю жизнь свою поставляли на долю себе – всегда избирать лучшее и совершеннейшее. Если бы все лучшее было непременным законом, куда бы деваться слабым и кто бы мог не падать в отчаяние о своем спасении? Между тем, когда оставляется оно в виде совета, как это утешительно для слабого и робкого духа и, вместе, как воодушевительно для христианина, чувствующего в себе довольно сил!

Должно, однако ж, напоминать христианину: для тебя приводимы были в движение небо и земля; ты избран, освящен, принял силы, яже к животу и благочестию; ужели все это без особенных целей и обязательств для тебя? Нет, христианин, ты тщательно должен совершать всякое добро, которого только коснулась мысль твоя. Если в благодарность благодетелям в обыкновенной жизни стараются предупреждать всякое их желание: то ты, осыпанный милостями и силами Божиими, можешь ли отказываться, не возмущая совести, от воли Божией, которая тебе указывает лучший путь и указывает, не не желая, чтоб ты тек по нему. Когда при этом взять во внимание слово Господа: *подставь другую ланиту, когда получил удар в одну* (ср.: Мф. 5, 39), или вообще: не противься злу, и слово Апостола: *вышних искать, горняя мудрствовать* (ср.: Кол. 3, 1–2), то нельзя, кажется, не заключить, что христианину свойственнее избирать все лучшее и совершеннейшее. Ибо ни Господь, ни Апостолы христианам ни в чем не давали никакого послабления, но, сколько почитали их высокими, столько обязывали и к высоким, отличным Божественным делам. И если судить об отличиях христианина от других по предметам действий, то можно прямо говорить: тем и отличается, что всегда в действиях своих избирает отличное. Но опять, какое множество слабых, боязливых христиан, которые едва-едва переступают по пути правому?! Воодушеви, вразуми, возьми его на рамена и неси. Есть пастыри, на то уставленные, чтоб не смотреть только, как идут,— а вести и нести... Вообще нельзя найти прочного основания, по коему можно бы снять с нас обязательство избирать лучшее... В общей нравственности, вне христианства,— так; в христианстве сего не должно быть. Кто отказывается от лучшего, тот унижает в себе христианство, сходит на степень естественной нравственности.

Надобно только помнить: а) что это непременно касается только до лучшего, сознаваемого лучшим, к коему есть притом полная возможность; почему оно сделается обязательным и для слабого, если растолковать ему то: ибо тогда причиною, почему не выполняется, останется только свое нехотение, своя воля или самость;

б) что это не касается советов главнейших – безбрачия и произвольной нищеты. Эти точно не для всех. Но *могий вместити*, говорит Господь, *да вместит* (Мф. 19, 12). Однако и здесь есть внутренние понуждения и внешние указания, которым противоречить не безопасно в деле спасения;

3) о многих очень действиях ни внутренний наш закон совести, ни закон писанный ничего не говорят. Такие почитаются обыкновенно *безразличными*, оставленными на произвол. (Сесть, встать,– посмотреть вправо и влево и прочее.) Всего законом определить нет никакой возможности, судя по бесконечному разнообразию нравственных лиц и обстоятельств. Сверх того, это и не совсем в духе нравственного свободного закона – связать каждого со всех сторон. Если человек в нравственной жизни воспитывается, то надлежало для воспитания и укрепления его духа многое оставить на его свободу, чтоб чрез то он упражнял свои нравственные силы или вынаруживал истинный дух нравственной жизни, подобно тому как отец не всякий шаг сына определяет приказами. Надобно только при сем помнить, что если смотреть на действия в нравственном лице со всеми обстоятельствами его действования, то хоть и здесь бывают действия безразличные, именно те, кои сами по себе безразличны и совершаются человеком без особенного намерения, даже без мысли; но, коль скоро сии же действия, самые незначительные на вид (например, взгляд), получают цель, они перестают быть безразличными. Вообще все действия, исходящие от лица человека с сознанием и целию, непременно имеют нравственное качество и суть добры или злы.

Хорошо ли допускать в себе действия безразличные? Не хорошо. Христианину должно всемерно заботиться о том, чтоб все у него обращалось в средство к целям нравственным, даже положение стана, движение руки, глаз и прочее. Ибо он себя предал в жертву Богу всецелую, дал обет работать Ему все дни жизни. То время, которое отдано безразличному действованию, есть время потерянное, потому должно быть восполнено покаянием. Сверх того, есть ли предметы, безразличные для сердца? Кажется, нет. Но движения сердца в нравственной жизни не безразличны. Следовательно, и действия, кажущиеся безразличными, оставляя хороший или худой след на душе, по тому самому хороши или худы. Что, например, худого в вольной поступи, в вольном положении стана, рук, ног и прочего? Ничего, на взгляд. Но они всегда осаждают в душе вольность мыслей и желаний, следовательно, с сей стороны и суть не добры. Опять, если есть возможность безразличное действие сделать качественным, а христианин есть купец, собирающий ревностно здесь сокровища дел на вечную жизнь: то почему не обращать их в свою пользу? И что препятствует сему, кроме недостатка ревности и избытка нерадения, которое не может считаться безразличным. Так, в христианине потому уже безразличные дела не безразличны, что они попускаются в его жизнь по нерадению, суть плод нравственно-худого состояния. Не лучше ли же позаботиться о том, чтоб все их окачествовать[24], обращая в средство к своим целям? Это мысль святого Златоуста; но не помню, где он высказал ее.

Вот вам все поле действий. Возделывайте, не ленясь! Предполагаю, что, читая предыдущие строки, вы чувствовали, как вдруг широко станет и вдруг опять тесно. Ведь не ложно слово у Господа, Законоположника нашего, что узкие врата и тесный путь вводят в живот. Оставим широкое на свободный выбор другим, а себе изберем тесное.

VIII

Следует писать вам о: II) главной цели, какую должно преследовать во всю жизнь свою христианину. Но наперед посмотрите, что цель вносит в дело. Укажу вам это коротко.

1) дела безразличные от цели получают качество: то есть от цели доброй становятся добрыми, от худой худыми;

2) добрая цель в добром деле украшает и возвышает его, цель худая в худом деле усиливает его худобу и безнравственность. Например, кто изучает истины веры для распространения Царства Христова, или кто вольно стоит в церкви, чтоб не подумали, что он держится благочестия, или кто осуждает другого, чтоб себя выставить;

3) цель худая в добром деле съедает его доброту, а цель добрая в деле худом не сообщает ему своей доброты. В том и другом случае дело худо.

Например, кто поет или читает в церкви, чтоб показать свое искусство, а не назидать, тот доброе делает худым; а кто присвояет себе чужое, чтоб помочь, худого не делает добрым;

4) вообще, чем выше цель, тем чище и совершеннее дело, и, чем развращеннее намерение, тем безнравственнее дело.

Этих кратких положений достаточно, чтоб увериться, как важна цель в нашей деятельности. Потому стоит позаботиться о том, чтоб узнать, какую должно иметь цель в делах своих.

Здесь дело не о побуждениях, которыми склонять можно волю на дела и которых можно изобрести для себя много, и всякий свое, судя по своему характеру и настроению (об этом уже было сказано); но о том, что должен иметь в виду христианин, ревнуя о добродетели, чего достигает всею своею добродетельною жизнию или какая главная цель нравственной деятельности. Это с первого раза уже определяется и целию человека, и обетом христианина, именно: *твори всегда дела Бога*, для угождения Ему, для прославления Его святого имени. Господь говорит: *тако да просветится свет ваш пред человеки, яко да видят добрая дела ваша и прославят Отца вашего, Иже на небесах* (ср.: Мф. 5, 16). Апостол заповедует все творить во славу Божию, даже есть и пить (см.: 1Кор. 10, 31). К этому прибавить только надобно: *ради веры в Господа*. Как сам человек не восходит к богообщению без Иисуса Христа, так и дела его не взойдут к Богу без веры в Господа! Как в древней скинии кровь приносилась во Святое, и жертва была приятна Богу: так и ныне жертва дел бывает приятна Богу только ради веры во Христа, кровию Своею нас искупившего. Это особенно нужно сказать тем, кои думают угодить Богу, не веруя в Господа. Всуе труд их! Далее, так как Царство Христово несть от мира сего и христианин *есть окаяннейший, если в веце сем точию уповает получить что от своего христианства* (ср.: 1Кор. 15, 19); то мысли и ожидания христианина должны быть все обращены в оный век: он должен работать, трудиться в надежде бесконечно-блаженной жизни. Таким образом вся цель вот какова: *все твори во славу Божию, по вере в Господа нашего Иисуса Христа, в надежде бесконечной жизни*.

Должно только при сем помнить, что главное здесь — слава Божия, исходный пункт — вера во Христа Спасителя, конечный предел — вечная жизнь; что когда поставляется вечная жизнь в таком важном деле, какова цель нравственная, то при сем не представляется ничего корыстного, наемнического, а только полагается на вид существенная черта христианства и христиан, кои еще здесь становятся гражданами небесными и живут, чая и воздыхая о своем отечестве, с мыслию, что странники и пришельцы суть на земле, не имеющие здесь *пребывающаго града, но грядущаго взыскующие* (ср.: Евр. 13, 14). Что касается до других целей, то они, хотя и могут быть допускаемы, но никогда не должны быть поставлены главными: от них всегда должно восходить к Богу. Здесь особенно важны цели самых дел. Каждое дело способно иметь свою цель: например, цель милостыни – помочь бедному, цель чтения – просветить ум. Но на них не должно останавливаться: ибо иначе дело будет совершенно вне главного значения христианина. Вообще, если позволить останавливаться на таких целях, то в жизнь христианина войдет бесконечное разнообразие, между тем как она вся должна иметь один тон. Тон сей сообщается ей единством цели, по коей она вся есть жертва Богу всецелая. *Прославите Бога в душах ваших и телесех ваших, яже суть Божия* (ср.: 1Кор. 6, 20).

Иным кажется очень строгим – все творить во славу Божию, они потому и полагают, что при делах можно иметь и другие цели, вне Бога, только бы сии цели не исключали Бога, и вообще, говорят, можно ограничиваться тем, чтоб только чаще относить к Богу дела. Все же дела свои посвящать Богу – есть удел совершеннейших, что можно советовать, но к чему всех обязывать не должно. Как унижена тут светлая христианская жизнь! Как видимо тут нехотение и леность сделать напряжение, чтоб возноситься к Богу. Но, во-первых, все посвящать Богу не есть совет, а цель необходимая, обязательная: *прославите Бога в душах ваших и телесех ваших; вся во славу Божию творите* (ср.: 1Кор. 6, 20; 10, 31)... Что яснее и определеннее сего? И зачем относить сию цель к совершеннейшим только, когда направление действия не требует особого напряжения: кто творит уже добро, скажи ему только, чтоб он мысленно и сердечно посвятил его Богу. Какой здесь труд! Другое дело пробудить грешника от сна греховного или оживить ослабевающего. Здесь надобно устрашать его, потрясать – представлять пагубные следствия греха и благие плоды добродетели и прочее; но это не цели, а возбудители воли, как говорено прежде. Во-вторых, говорить: позволительны и другие цели, лишь бы они не исключали Бога,— значит, что мы делами своими как будто милость какую оказываем Богу; а говорить: довольно сколько-нибудь дел посвятить Богу – значит, будто Бог есть нечто стороннее в нравственной жизни.

Такими мыслями порядок извращается. Христианин от Бога рожден есть, и к Богу должен относить дела свои все до одного, и всю жизнь свою освятить одною сею целию. Если мы станем рассматривать языческую нравственность, то есть как там действовали добрые люди, то найдем точное приложение сих правил; равно и у христиан, оставленных без назидания. Но те и другие не знают существа дела. Теперь из жаления их дел не следует извращать истинного смысла и порядка жизни чистой и святой, а скорее, следует вразумлять всех и всюду, в чем истина. Христианин не есть лицо, преданное влечению случайностей, а лицо самоправительное. Скажи ему, как собою править, и он будет править. Нет, доброе дело, не для Бога и не по вере в Господа совершенное, не есть христианское, а есть простое добро естественное. Как, например, естественно рассуждение в уме, но оно не добродетель: так и дело доброе не для Бога естественно в духе, но не добродетель.

Следует теперь заключить, что все другие цели, кроме показанной, не суть цели истинные и дела, по ним совершаемые, в той мере теряют свою цену, в какой удаляются от нее. О худых же целях, вытекающих из эгоизма, и не говорится. Услышите сие и направляйте так сердце свое всякий раз, как делаете какое дело. Ведь и это устремление дел своих к Богу имеет нужду в подвиге потому особенно, что оно заслоняется ближайшими целями. Так минуйте всегда умом и сердцем сии ближайшие цели и восходите пред лице Бога; и Ему посвящайте всякое дело свое и тем освящайте его. Благослови вас, Господи!

IX

О последнем пункте, III) *обстоятельствах*, и писать не хотел, так здесь все общеизвестно и в деятельности устроится всегда почти само собою благообразно, когда дело законно и цель его настоящая. Скажу, впрочем, несколько слов для полноты и к сведению.

Обстоятельство – это то, что обстоит дело, или все его внешние соприкосновенности. Нет дела, которое не имело бы многих соприкосновенностей: но собственно в нравственные обстоятельства дела причитаются только те, кои имеют влияние на его внутреннее достоинство. Из таковых одни касаются лица действующего, другие – производимого дела, а иные самого действования. Их все совмещают под вопросами: *кто, что, где, когда, как, какими средствами?*

Проведите по сим вопросам какое угодно дело, и сами увидите, как оно, чем дальше, тем больше окачествляется. Не подумайте, однако ж, что все это мелочи или риторические забавы. Вникните только в то, чего должно искать в деле, по поводу всякого дела, и уверитесь в сем сами.

На вопрос: *кто?* – ищется не то, нравственно ли лицо, сделавшее дело, а то, каково оно, какого состояния и качества: священник или мирянин, образованный или невежда, должностной человек или частный, мужчина или женщина и прочее подобное. Приложите к каждому из сих лиц, например, нетрезвость, и увидите, как злокачественность его то повышается, то понижается. Приложите также искреннюю веру, и увидите, что не у всех она будет иметь одинаковую цену... Так рассуждайте и о прочем. Для себя же запишем по сему случаю следующее правило: устрояй дела, достойные твоего состояния, степени образования и сана. Кто больше, будь всем раб.

На вопрос: *что?* – ищется не то, сообразно ли дело с заповедями или нет,– не предмет собственно дела, о коем уже было говорено, но его второстепенные принадлежности. Например, воровство... сколько, вещь священную или простую, бедного или богатого. Также милостыня... от избытка ли или последняя лепта. Так и о прочем. А себе вот что принять должно: точною мерою определяй каждое дело и вообще делай все возможное, чтоб пространство сил не оставалось излишним в приложении к пространству дел. Иные полагают для себя правилом: не допускать, чтоб кто-либо отходил от них с печальным лицом.

В обстоятельстве: *где?* – обращается внимание не просто на место, ибо где-нибудь да должно совершиться делу, а на свойство места и другие его случайности. Например: оскорбил кто личность наедине или публично; глазерство[25] на улице или в храме и подобное. И так освящай места делами, а не оскверняй их. Помни, что в час суда каждое место подаст голос Судии Богу во свидетельство о добром или худом деле твоем.

В обстоятельстве: *когда?* – берется во внимание тоже не время вообще, а его качество, например в праздник или простой день, час, месяц или годы и подобное. Итак, позаботься, чтобы все время жизни твоей было непрерывною цепью добрых дел. Но, вместе, помни, что всему свое время. Есть система выжидания благоприятнейшего времени, в которое дело принесет обильнейший плод.

Когда хотят знать: *как?* – тогда исследуют образ производства дел, не тот, о коем прежде писано и какой свойствен делу по его природе, но другой, внешний, случайный. Например, в страхе или спокойном состоянии, в ведении или неведении, настойчиво или мимоходом, вдруг или с приготовлением. Кто зорко смотрит за своим сердцем, у того стройно идут все дела. Медлительное он умедляет, скорое ускоряет и все вообще делает с свойственным усердием, без лености и опрометчивости.

Когда хотят знать: *каким способом?* — доискиваются средств, коими произведено дело или достигнута цель, и пособий, какими при сем пользовались. Например, сделано что полезное: своим трудом или чужими руками; собрано богатство: праведно или неправедно; действовал открыто или скрытыми путями подводил... и прочее тому подобное. Помоги, Господи, не ходить кривыми дорогами даже к добру, не жалеть своих трудов и, если нельзя чего достигнуть добросовестно, лучше потерпеть, нежели воспользоваться неправедным представляющимся способом.

Все такие обстоятельства составляют, если они законны, внешнюю красоту и благообразие действия, хотя одни из них сильнее влияют на дело, а другие не так сильно. Средства, например, так значительны, что некоторые весь вопрос об обстоятельствах ограничивают ими одними. Внутренние свои добрые помышления вставлять, как следует, в строй внешнего течения дел есть христианское благоразумие, которое, впрочем, состоит не в применении внутреннего к внешнему (например, Евангелия к обычаям мира), а в приличном, так сказать, облачении внутреннего духовного закона соответственными ему внешними соприкосновенностями, хотя бы при сем надлежало идти наперекор течению внешних дел. Скажу еще больше: благоразумие христианское есть проразумение воли Божией, всесодержащей и всеправящей в течении всех событий, и внешних и внутренних. С сей точки зрения опять выходит, что христианин должен сам управлять своими обстоятельствами, а не подчиняться их влечению. Сие достигается не вдруг, а постепенно, опытностию в добродеании, по стяжании которой всякое дело из рук христианина выходит совершенным во всем, как изящное произведение из рук художника.

Из такого рассмотрения соприкосновенных всякому делу обстоятельств можете увидеть, как трудно на опыте или в лице действующем найти действие безразличное, когда так многообразно каждое из них сцеплено отовсюду со многими предметами, имеющими истинное влияние на его нравственное достоинство! Как трудно, с другой стороны, не только сторонним, но даже и самому действующему определить истинное достоинство своих дел. Ибо, может быть, в ином деле обстоятельства сии все законны, в ином только некоторые, и притом в большей или меньшей мере; инде[26] может быть тень дел только худа, а инде только тень добра. Точное знание всего сего возможно только для одного Всевидящего. Человеку же праведный лежит закон: и не берись судить о других. А что до себя самого, то удесятери плач и сокрушение о своих грехах, потому что, может быть, они в десять раз грешнее, нежели как думаешь, и в сто раз понизь доброту дел твоих, потому что, может быть, оно так и есть. Это правило предписывается святым Макарием Египетским.

Вот вам коротко о всех сторонах дел наших: предмете, цели, обстоятельствах. По ним учитесь судить себя, но никогда других. То не наша область, а Божия. Вот общее правило для определения достоинства дел. Его приписывают святому Дионисию Ареопагиту[27]; именно: чтобы действие достойно считать добрым, у него должны быть предмет хороший, и цель истинная, и обстоятельства законные. Напротив, если в каком действии какая-нибудь из сих трех сторон не хороша, то оно уже добрым быть не может. Само собою разумеется, что степень доброты и худобы сих сторон передается соответственно и самому делу.

Полагаю, что и это все может быть для вас не удовлетворительным... Не дивно,— по непривычке. Только не считайте всего сего пустым, ненужным и не говорите: пропали труды, что читала; постарайтесь лучше запомнить. Не все по цветам ходить...

Приходит, впрочем, на мысль еще другое нечто сообщить вам; потерпите, а теперь пока удовольствуйтесь и этим!

X

Исполняю свое обещание. Вот вам несколько мыслей о христианской добродетели.

Посмотрите, не ленясь. Одно желательно мне: напечатлеть в мысли вашей отличительные черты христианской добродетели от всякой другой. После сего, если не помешает леность и окажется нужда, напишу что-нибудь и о грехе.

Добродетель имеет не одно значение. Она означает то: а) главное и коренное стремление духа к добру или настроение духа добродетельного, то: б) добрые расположения воли и сердца, то: в) всякое доброе дело. Ныне я поясню вам добродетель в первом отношении, или добродетель как *главное настроение добродеющего духа или как стремление пребывать в добре.*

Где наше добро? В Боге. Следовательно, стремление к добру есть то же, что стремление пребывать в Боге, или жажда богообщения. Если сие стремление не должно оставаться бесплодным, а должно найти соответственное себе удовлетворение, то оно должно принять труд пройти весь тот путь, коим восходить может человек к Богу. Следовательно, сей самый путь и все, что бывает на нем, и должно войти в состав добродетели, как главного стремления, или настроения добродеющего духа, то есть войти все то, что входит необходимо в состав главного начала христианской жизни и деятельности. Там положено: «пребывай в общении с Богом чрез Иисуса Христа деятельным исполнением Его святой воли, вспомоществуемым благодатию и восполняемым верою, по силе и обету Крещения, во Святой Церкви»[28].

Следовательно, истинно-христианская добродетель, или христиански добродетельное настроение духа, будет: жажда и сила пребывать в общении с Богом чрез Иисуса Христа ревностным, постоянным, полным и всегдашним исполнением Его воли, с помощию благодати и с верою в Господа, по силе и обету Крещения.

Почему все сие необходимо, вы, верно, уже знаете из статьи *о начале христианской жизни*. Если забыли, просмотрите снова. Теперь нужно только немного пояснить каждую из сих черт христиански нравственного настроения духа, чтоб дать понять отличительные свойства, состав и происхождение христианской добродетели.

Первая черта ее – *жажда*. Спаситель ублажает тех, кои имеют алчбу и жажду правды (см.: Мф. 5, 6). Апостол Павел о себе говорит: *гоню, аще и постигну... со усердием гоню к почести вышняго звания* (ср.: Флп. 3, 12, 14) и других увещевает: *всегда доброе гоните,– Духа не угашайте* (ср.: 1Сол. 3, 13, 19), *вышних ищите* (Кол. 3, 1), *духом горяще* (Рим. 12, 11). Жажда сия сама по себе есть разверстое и готовое приятелище[29] всего доброго, подобно жаждущей земле, которая скоро впивает в себя воду. В жизни же она, с одной стороны, поддерживает напряжение духа, а с другой – не дает ему слишком много ценить внешние труды, утруждая его собою изнутри. Она есть всегдашний признак и доброго состояния, как алчба и жажда – телесные признаки здоровья телесного. Узнавать ее можно по непрестанно хранящейся в сердце теплоте. Противополагается она духу холодному, расслабленному, вялому, малоподвижному, незаботливому о добре и спасении.

Вторая черта – *сила*. Что и жажда без силы? Это бесплодное мучение или крушение духа. Смотрите на жаждущего Иустина Философа![30] До приятия силы он страдает от снедающего его внутреннего духовного огня! Напрасно потому вздумал бы кто ограничиваться одним стремлением. Оно есть только приготовительное состояние в начале и потом постоянный подновитель деятельности впоследствии. Его можно встречать и вне христианства, а сила дается только в христианстве. Господь человеколюбивый дает жаждущим, однако ж, пить из Себя силу, чтоб силою сею они могли пребывать в Нем. *Приидите*, говорит, *и упокою вы* (Мф. 11, 28). *Кто во Мне, плод мног сотворит* (ср.: Ин. 15, 5). Жажда есть свидетельство пробуждения нашего духа, а сила – свидетельство сочетания нашего духа с силою Божиею. В последнем случае он исповедует: *вся могу о укрепляющем мя Иисусе Христе* (ср.: Флп. 4, 13).

Третья черта – *сила пребывать в общении с Богом чрез Иисуса Христа*. Известно, как человек назначен к общению с Богом, как потом он отпал от Него, как, вследствие сего отпадения, подвергся тиранству самолюбия и страстей с разжигателями их, диаволом и миром. Следует из сего, что в состав доброй заботы человека должны необходимо входить два расположения: отречение от себя и всего льстящего самолюбию и предание себя Богу. Но самоотвержение есть только средство, а цель – пребывание в Боге. Потому, кто прошел кризис самоотвержения, у того главное и всё: богообщение. Это исключительный предмет, на который устремлены весь труд и вся забота христианина. Отсюда вот что выходит: а) кто не испытал внутренней перемены, вследствие которой все помышления и желания его начали быть обращаемы и посвящаемы Богу, тот еще не начинал быть истинно и по-христиански добрым. *Иже хощет по Мне идти*, говорит Господь, *да отвержется себе... и по Мне грядет* (ср.: Мк. 8, 34); б) кто остановится на одном самоотвержении, думая, что он сделал все, тот в опасном заблуждении. Кроме того, что самоотвержение, как средство, без приспособления его к своей цели, богообщению, бесполезно, оно едва ли может быть и истинным без сего! Ибо без Бога нельзя отвергнуться себя. Такого свойства было учение и жизнь стоиков[31]. Они учили покорять самость уму или духу; но, что и дух или ум должно покорить Богу, сего не поняли, потому и были учителями духовной гордости и, несмотря на труд и пожертвования, себя и других содержали вне Бога, в отпадении от Него. Равным образом и те, кои придумывают некоторую философскую добродетель, то есть делание добра без помышления о Боге, делают худо и мечтательно: ибо что за добродетель вне Бога? в) так как без общения с Богом добродетель не добродетель, а общение сие возможно только чрез Господа нашего Иисуса Христа; то следует, что вне христианства нет истиннодоброй жизни. Есть там добро делание, не приносящее истинных плодов, не доводящее до цели. Посему-то все люди призываются в общение с Богом и Господом Иисусом Христом, и прилепление и стремление к Богу поставляются для них единственным и исключительным делом. Господь учит: *будите во Мне, и Аз в вас* (Ин. 15, 4) и молится ко Отцу: *якоже Ты, Отче, во Мне, Аз в Тебе, да и тии в Нас едино будут* (ср.: Ин. 17, 21); *Аз в них, и Ты во Мне, да будут совершени во едино* (ср.: Ин. 17, 23). Апостолы проповедуют: *по Христе молим, примиритеся с Богом* (ср.: 2Кор. 5, 20), *да общение имате с нами: общение же наше со Отцем и с Сыном Его, Иисусом Христом* (ср.: 1Ин. 1, 3). *Приближитеся к Богу, и приближится вам* (ср.: Иак. 4, 8). *Аще взыщете Его, обрящется вам: аще же оставите Его, оставит вас* (ср.: 2Пар. 15, 2).

Четвертая черта — *сила пребывать в богообщении чрез ревностное, постоянное, полное, всегдашнее исполнение святой воли Божией*. Не должно думать, чтоб богообщение могло поддерживаться одним ведением Божественных вещей или тайн, или напряженным устремлением чувств к Богу, или внешним изъявлением своего неотчуждения от Бога. Все это бывает при нем и есть необходимо в большей или меньшей мере; но существенное, самое твердое и благонадежное средство к тому есть хождение в воле Божией. Ибо так говорит Господь: не всяк глаголяй Ми: *Господи, Господи, внидет в Царствие Божие, но творяй волю Отца Моего, Иже на небесех* (ср.: Мф. 7, 21). *Аще заповеди Моя соблюдет, пребудет в любви Моей: якоже Аз заповеди Отца Моего соблюдох и пребываю в любви Его* (ср.: Ин. 15, 10). И христианином соделывается человек, по Апостолу, *во еже не ктому человеческим похотем, но воли Божией прочее во плоти жити время. Довлеет бо мимошедшее время* (ср.: 1Пет. 4, 2–3). Так необходимо для христианина исполнение воли Божией. Должно, однако ж, при сем помнить, что это все же есть только средство, хотя существенное и неотложное. Так как цель в Боге, то сие исполнение должно быть освящаемо посвящением его Богу или воззрением на Него. Кроме того, к полноте сей черты добродетельного состояния требуется, чтоб исполнение воли Божией было: а) *ревностное, усердное, из сердца исходящее*. Без сего вся сумма дел, добрых по виду или законных, будет собранием небезобразных изваяний, в коих нет души; б) *постоянное*, в отличие от скоропреходящих добрых движений сердца или перемежающихся порывов, которые не чужды и грешному человеку; в) *полное*, то есть простирающееся на весь закон и заповеди, обнимающее всю волю Божию, а не часть какую-нибудь, может быть легчайшую, избранную более по природному расположению, нежели по любви к добру и богоугождению; притом не ограничивающееся одними встречающимися случаями, но их изыскивающее, изобретательное на добро. *Иже весь закон соблюдет*, говорит апостол Иаков, *согрешит же во единем, бысть всем повинен* (ср.: Иак. 2, 10). Так как основание всех заповедей одно – воля Божия, то, кто искренно предан воле Божией, тот не станет оставлять ее без исполнения, в каком бы виде она ни открылась ему. Наконец: г) *непрестанное*, во все время жизни неутомимо работающее. *Никтоже возложив руку свою на рало и зря вспять, управлен есть в Царствии Божии* (ср.: Лк. 9, 62). *И только претерпевши до конца спасен будет* (ср.: Мф. 10, 22), говорит Господь. *Не весте ли*, учит Апостол, *яко текущий в позорищи, вси убо текут, един же приемлет почесть. Тако тецыте, да постигнете* (ср.: 1Кор. 9, 24). Почему не останавливающееся, пока не достигнет конца: ибо конец венчает дело.

Пятая черта – *с помощию Божественной благодати*. Благодать есть достояние человека-христианина и, вместе, отличительное свойство его жизни. Как вначале он стал христианином силою Божиею, так и после все дела свои совершает тою же силою. Ибо по Апостолу: *Бог есть действуяй в нас, и еже хотети и еже деяти о благоволении* (ср.: Флп. 2, 13). Тот же Апостол свидетельствовал о себе, как *благодать Божия*, которая с ним была во всех трудах его, *не тща бысть в нем* (см.: 1Кор. 13, 10). Действия сей благодати, сопровождающей человека-христианина в деятельности, состоят: а) в многообразном *просвещении ума* впечатлением в нем истин веры и деятельности, как вообще, так и особенно касательно каждого случая, чтоб видел, что есть воля Божия святая, имея таким образом *просвещенных очеса сердца* (ср.: Еф. 1, 18); б) в воспламенении ревности и укреплении воли.— *Без Мене не можете творити ничесоже* (Ин. 15, 5), говорит Господь. Почему и молится апостол Петр: *Бог всяких благодати, призвавый вас в вечную славу о Христе Иисусе... Той да утвердит, да укрепит, да оснует* (ср.: 1Пет. 5, 10). От сих влияний Божественной благодати христианину свойственно чувство силы и крепости в нравственно-доброй жизни или неробостное хождение в законе, однако ж не независимо, а в Господе: ибо говорит: *вся могу о укрепляющем мя Иисусе Христе* (ср.: Флп. 4, 13).

Шестая черта — *и с верою в Господа*. Вера совершает или делает совершенною и законченною добрую христианскую деятельность и жизнь. Ею покрываются недостатки, немощи, слабости, грехи. Почему вообще *без веры сей угодити Богу невозможно* (ср.: Евр. 11, 6). Она заставляет говорить делателя, сотворившего все повеленное: *раб непотребный есм* (ср.: Лк. 17, 10) и всю надежду полагать в Господе Иисусе Христе. В отношении к самым делам она не только представляет сильнейшие, возбудительнейшие побуждения в уяснении нравственного порядка, в несомненности великих обетовании и в чрезмерной любви Божией к нам во Христе Иисусе (см.: Ин. 4, 10; 2Кор. 5, 14), но и сообщает им некоторое сверхъестественное качество Божественное: ибо верующий творит их, как живой член Иисуса Христа Господа.

Иже пребудет во Мне, плод мног сотворит (ср.: Ин. 15, 5).

Седьмая, наконец, черта – *вследствие силы и обета Крещения*. Эта черта, исключительно уместная только у христиан. Крещением мы вступаем в Церковь и, становясь членами ее, сподобляемся вместе быть участниками и всех благ ее. В Крещении полагается сему начало. Ради него потом и далее все действуется в христианине. Как для семени развивающегося пищу доставляют облежащие его стихии; так для новоотрожденного благодатию в Церкви духовные стихии в пищу ему доставляются Таинствами и всем чином священнодействий церковных. В то же время внутренняя сила приходит к нему от целого тела, к коему он привит, от тела Церкви, чрез которую от главы ее нисходят в его жилы духовные живительные соки. В Церкви зреет христианин. Как кокош[32] собирает птенцов под крылья свои и греет их: так и она, объемля всех чад своих, питает и греет их. Потому преспеяние в добродетели условливается пребыванием в Церкви. Вне Церкви нет истинно-добродетельной жизни: ибо к тем, кои вне ее, не приходит Божия сила, и около них нет воспитательной атмосферы и воспитательной мудрости.

Вот вам все черты христиански добродетельного состояния. Ими означаются и существенные свойства, и состав, и происхождение христианской добродетели.

Если все сии черты назовем порядком христиански нравственной жизни, то добродетель, как состояние или как настроение духа добродеющего, можно будет определить так: *есть ревность и сила пребывать в порядке христиански нравственной жизни, или просто ревность о христианской жизни*. Сокращая, однако ж, описание добродетели словом, не выпускайте из мысли всех входящих в нее черт, чтоб в случае не принесть поддельной монеты, вместо истинной.

Страха ради Твоего, во чреве прияхом и поболехом и родихом дух спасения (ср.: Ис. 26, 18), поет пророк Исаия. Это может сказать о себе всякий истинно-ревностный христианин. Приступая к Господу, он зачинает ревностную заботу о спасении и, спеша во след Его, беспрерывно богатится добрыми делами. Сия ревность и есть дух спасения, зародыш и производитель жизни христиански доброй, которая из нее растет и спеет постепенно и, соответственно тому, как сильна или слаба ревность, спеет скоро или медленно. Апостол Павел говорит о себе, в поучение для всех: *не зане уже достигох или уже совершихся, гоню же аще и постигну, о нем же и постижен бых от Христа Иисуса. Братие, аз себе не у помышляю достигша: едино же задняя убо забывая, в предняя же простираяся, со усердием гоню к почести вышняго звания Божия о Христе Иисусе* (ср.: Флп. 3, 12–14). Так была постоянна и неутомима ревность у апостола Павла. Столько же постоянною она должна быть и у всякого христианина. Но степени ее силы, напряженности и быстроты могут быть различны, по различию человеческих характеров и различию обстоятельств жизни. Вот как о сем надобно судить.

Ревность тем выше, напряженнее и тверже, чем: а) *охотнее, поспешнее, неотложнее, как бы неразмышленнее* совершает всякое представляющееся доброе дело. Ибо таково свойство любви – спешить на угодное любимому. Что Апостол говорит о милостынедавцах: *доброхотна дателя любит Бог* (ср.: 2Кор. 9, 17); то же должно явить и во всякой добродетели. Как добрый сын, едва выслушает слово отца, стремится выполнить его, так и христианину должно действовать относительно всякой познанной воли Божией; б) *чем больше она*, в действовании своем, *подъемлет трудов и озлоблений*. Спаситель говорит, что, когда любят любящих, ничего особенного не совершают, ибо это естественно. Но то высокое совершенство – *любить ненавидящих и врагов* (ср.: Мф. 5, 44). Озлобление – проба истинной доброты сердца. Многие с радостию приемлют слово и хранят его при благоприятных обстоятельствах; но, встреться озлобление,– тотчас отпадают. Степень ревности в сем отношении зависит как от величины трудов и неудовольствий, так и от их длительности. Иной день и ночь не имеет покоя, то от насмешек, то от притеснений, а все не отстает от своего доброго намерения. Одного 28 лет терзали и мучили за исповедание имени Христова, и он остался непоколебим. Но и без мучений и гонений, кто при непрестанных уязвлениях, терзающих сердце, остается несовратимым, удостаивается венца мученического; в) *чем обширнее круг деятельности*, на которой она простирается. Как не удивляться апостолу Павлу, который *всем был вся, да всяко некия спасет* (ср.: 1Кор. 9, 22). Его попечение обнимало иудеев, язычников, немощных, заблуждающихся, упорствующих, обратившихся и необратившихся,— и это не в одном месте, а на пространстве всех почти языческих стран. Подражая ему, и другие святые Божии старались все более и более расширять круг своего доброделания, всегда, однако ж, держась постепенности и мудро ожидая мановений[33] Божиих, чтоб не потерять Его помощи за самоуверенность и своеволие и, растянувшись на многое, не остаться безуспешными и в немногом; г) *наконец, чем чище и отрешеннее ее побуждение.* Должно подражать тому, кто все творит *во славу Божию*, взывая, *что ми есть на небеси? и от Тебе что восхотех на земли? исчезе сердце мое и плоть моя: Боже сердца моего и часть моя Боже во век* (Пс. 72, 22–26); кто *не ктому себе живет, но живет в нем Христос* (ср.: Гал. 2, 20), не себе живет, но *умершему за нас и воскресшему* (ср.: 2Кор. 5, 15); *кто желает разрешитися и со Христом быти* и затем только охотно готов пребывать в сем мире, что это нужно для других (см.: Флп. 1, 23), и для того, чтоб *богатитися добрыми делами в жизнь вечную* (ср.: 1Тим. 6, 18), зная и чувствуя, что наше житие *на небесех есть* (Флп. 3, 20). Ограничиваюсь предложенными объяснениями... В помянутой статье, «О начале христианской жизни», сказано довольно о сей ревности, как источнике христианской жизни. Неплохо просмотреть ее снова. А лучше всего молить Господа, чтоб не попустил никогда угаснуть огню сему в сердце нашем, ибо в нем жизнь.

XI

Ныне скажу вам слово-другое о добродетели во втором отношении, именно о добродетели как *добром расположении*. Доброе расположение есть чувство или любовь к известного рода добрым делам, лежащее в основании их. Смирение, например, называется добродетелию, но оно не есть какое-нибудь определенное дело, а есть пребывающее в сердце расположение, видное во всех смиренных делах; равным образом терпение, кротость, бескорыстие, послушание называются и суть добродетели, а между тем они не суть определенные дела, а нечто сокрытое в соответственных им делах, лежащее в основании их, нечто постоянно пребывающее в сердце, внедренное в него, именно – любовь к сим делам непрестанная. Сии добрые расположения и суть собственно добродетели. Не тот безгневен, кто не бранит своего обидчика, но тот, кто в сердце имеет к нему незлобие. Не тот имеет уважение и послушание, кто кланяется и скоро говорит: слушаю; но тот, кто питает сии добродетели в сердце и объемлет их чувством. «Сердце есть начало и корень наших деяний», говорит святитель Тихон. «Чего нет на сердце, того и в самой вещи нет. Вера не есть вера, любовь не есть любовь, когда на сердце не имеется, но есть лицемерие; смирение не есть смирение, но притворство, когда не в сердце; дружба не дружба, когда вне только является, а в сердце не имеет места. Откуда Бог требует от нас сердца нашего: *даждь Ми, сыне, сердце твое* (ср.: Притч. 23, 26)»[34]. *Благий человек от благаго сокровища сердца своего износит благое, и злый человек от злаго сокровища сердца своего износит злое: от избытка бо сердца уста глаголют* (ср.: Лк. 6, 45). Почему и заповедует Апостол: *облецытеся убо, якоже избраннии Божии святи и возлюбленни, во утробы щедрот, благость, смиреномудрие, кротость, долготерпение* (ср.: Кол. 3, 12). *Облецытеся* — то есть напечатлейте в душе своей сии расположения. Или еще: *конец же — вси единомудрени будите, милостиви, братолюбцы, милосердии, благоутробни, мудролюбцы, смиреномудри* (ср.: 1Пет. 3, 8). Почему на сие и должно устремлять все внимание. Именно воспитывать любовь к самым добродетелям, кротости, смирению, терпению и прочему, а не ограничиваться одними внешними делами.

Сначала, когда человек воспринимает только благое иго Христово и начинает ревновать о христианском житии, в сердце не бывает еще добрых расположений в силе, не бывает ни кротости, ни терпения, ни смирения, ни воздержания, разве случайно, по естественному настроению. Только та зародившаяся в сердце ревность побуждает человека желать их, искать, напрягаться на них.

Ревность о доброй христианской жизни не совмещает всех добрых расположений, а есть только семя их, зачало и зародыш. Хотя без нее их нельзя вообразить в душе, однако ж, и когда она есть, не тотчас приносит их с собою в душу. Но как семя разрастается и дает по времени стебель и ветви, так и сия ревность разрастается наконец в добрые расположения. Способ, как ревнующий о спасении человек внедряет в сердце свое добрые расположения, коих в нем еще нет и коих оно на первый раз чуждается, состоит в немилосердном самопринуждении. Кто с молитвою, без саможаления, понуждает себя на всякое добро, тот больше и больше приучает к нему свою душу, сердце больше и больше прилагается к сему добру и наконец возлюбляет его. Тогда уже то доброе, к которому нудил себя человек сначала, становится внедренным в его духе и как бы природным. Так, например, у иного нет терпения. Напрягаясь к нему, хотя с трудом и болезнию, но с желанием, он наконец приобретает его. Так же надо сказать о смирении, безгневии и прочих добрых расположениях: все они, при труде и поте с молитвою, благодатию Божиею напечатлеваются в душе. Так учит Макарий Великий во многих местах. Святой Диадох[35] в одном месте изображает, как Божественная благодать, даровавши человеку в самом Крещении *еже по образу*, потом *еже по подобию*, напечатлевает в нем после, живописуя в сердце его, добродетель за добродетелию[36]. Что сказать о добрых расположениях, с коими рождается человек? Они не зло, но не имеют качеств добродетели. Сие качество усвояется им, когда уже они, по образовании ревности, сознательно усвояются христианином.

Какие именно сии добрые расположения? На это надобно сказать, что их должно быть столько, сколько есть видов добрых дел: ибо в основании каждого из сих должно быть свое особое доброе расположение, характеризующее их. Есть, например, дела поста; в основании их лежит постничество или подвижничество и прочее. Однако же между ними должно быть стройное подчинение или такая система, по коей есть у них одни начальные, другие производные; так как из источника идут сначала главные ручьи, а далее разветвляются ручей от ручья. И все вообще сии расположения состоят в необходимом взаимном союзе, как кольца одной цепи. Так в цепи, если взять одно кольцо, необходимо поднимаешь и другие, а наконец и всю цепь: так между добрыми расположениями такое соотношение, что одно влечет за собою естественно другое. Ни одно расположение не приходит в душу одиноким.

Какая именно между ними связь и какое расположение от какого происходит, на это можно найти несколько указаний и в слове Божием, и в писаниях святых Отцов. Так, апостол Петр заповедует: *тщание все привнесше* (тщание – это искренняя ревность), *подадите в вере вашей добродетель, в добродетели разум, в разуме воздержание, в воздержании терпение, в терпении благочестие, в благочестии братолюбие, в братолюбии любовь* (ср.: 2Пет. 1, 5–7). Святой Макарий говорит: «все добродети, наподобие некоей духовной цепи, одна от другой зависят, как то: молитва от любви, любовь от радости, радость от кротости, кротость от смирения, смирение от покорности, покорность от надежды, надежда от веры, вера от слуха, слух от простодушия»[37].

Святой Исаак Сирианин[38] располагает добродетели по-своему, и притом неодинаково, как это вам известно. Например: «страх вводит нас на корабль покаяния, перевозит по смрадному морю жизни и путеводствует к Божественной пристани, которая есть любовь»[39]. В других местах иначе, например в Словах о трех степенях разума[40]. Очень много можно находить подобных сочетаний у святого Иоанна Лествичника[41]; тоже множество их у Феодора Едесского[42] и у других. Можно расположить их так, как они расположены в Слове на освящение храма в Сухотинском монастыре. Там сие расположение применено к устройству храма. Дивиться нечему, что выходит такая разность в показаниях. Это зависит от того, кто какое избирает начало и какой путь. Если каждому из нас начать вести родословную линию, то их можно наделать очень много, ведя по отцовой или материной стороне и далее тоже, по линии их отца или матери. Лжи не будет, хотя и будет разность. Таким образом, и в разных показаниях естественного развития всех добрых расположений нет лжи, хотя есть несогласие. Хорошо бы, однако ж, указать естественнейшее их разрождение и построить их в систему! Если удосужусь, я изображу вам в порядке все религиозные чувства, те, то есть, кои образуются в сердце вследствие отношений наших к Богу. По сему образцу можете потом судить о соотношении и прочих добродетелей. А другое дело,– что об этом и заботиться много?.. Благодать Божия все сама устроит, да хранится только ревность о богоугодной жизни. Естественно добрые расположения сейчас вступят в свой порядок, а те, которых нет, начнут внедряться мало-помалу, по мере очищения страстей, им противоположных. Имейте сие в мысли, и довольно. Строгая система нейдет к христианской жизни – деятельной. Тут все почти строится expromtu[43]. Внимайте!

P.S. Прилагаю при сем Слово на освящение храма в Сухотинском монастыре. Вы, верно, читали его, но не мешает повторить.

«Се и еще воздвигнут и освящен храм живому Богу! Се и еще место селения славы Его, место упокоения душ скорбящих, место питания и напоения душ алчущих и жаждущих – словом Божиим и Святыми Таинствами, место приискреннего[44] общения с невидимым миром Ангелов и святых! Благодарение Господу, увенчавшему благое дело сие успехом! Да благословит Он и начавших его, несших труды приведения его к концу, помогавших, содействовавших и всех каким-нибудь образом соприкосновенных ему.

Храм сей назначается для вас, сестры, оставившие мир и Господу себя уневестившие. Вы удалились, бегая, и водворились в пустыни затем, чтоб беспрепятственнее приближаться к возлюбленному вами Господу и не возмущаемым от праха мирской суеты оком зреть выну красоту лица Его. Вот и Господь являет знамение Своего к вам благовестительного приближения, простирает к вам длани Свои для приятия вас, назначает место, где Он готов внимать желаниям отверстого к Нему сердца вашего. Думаю, что нельзя найти сильнейшего для вас побуждения к тому, чтобы приметаться[45] в сем доме Божием, если не непрестанно, то по крайней мере всякий раз, как будете зовомы сюда по уставу Святой Церкви.

Не сомневаюсь, что это и было, и будет так. Но не могу не напомнить вам, что для вас мало являться пред лице Господа в храм, вне вас сущий; вам надобно устроить Господу храм в себе самих, чтоб всегда иметь Его в себе и с собою. Ибо если ко всем, то тем более к вам идет слово Апостола: *не весте ли, яко храм Божий есте...* И следовательно, если ко всем, то тем более к вам должна относиться заповедь: *как камению живому, созидаться в храм духовен, святительство свято, приносити жертвы благоприятны Богови Иисус Христом* (ср.: 1Пет. 2, 4–5).

Об этом ныне помыслить вам тем более прилично, что устроенный и освященный ныне храм есть прямой образ того невидимого храма, который должно устроить для Него в сердце нашем. Приложите же к совершенному уже труду в устроении сего видимого храма и другой труд, которому и конца быть не может,— об уготовлении сердца своего во всегдашний духовный храм Господу.

Не думайте, чтоб это было так мудрено и так высоко, что превысило бы решительно силы ваши. Вы уже созидаетесь в храм сей. Надобно только продолжать начатое непрерывно, и с тою же ревностию, с какою начато. Чтоб видеть, впрочем, что именно надо делать, я изображу вам коротко все здание храма Господу в сердце.

Для храма видимого выбирают и очищают место. Надобно расчистить внутрь нас место сердца для здания храма духовного. Сие расчищение совершается *покаянием*, то есть искренним сознанием своих грехов и обвинением себя в них, чтоб выну стоять пред лицем Господа безответными и спасения себе чаять от единой милости Его. Господь не любит тех, которые являются к Нему праведниками, и благосклонным является только тем, кои мытаревым гласом вопиют к нему: *Боже, милостив буди нам грешным* (ср.: Лк. 18, 13). На расчищенном месте углубляют и кладут основание. Основание храма духовного в сердце составляют *вера* и твердая *решимость жить по вере*. Только вера, сочетаваясь с решимостию, делает внутреннее здания непоколебимым и даже недоступным ни для сомнения и недоумений, ни для неудобств, противлений и скорбей. Решившийся жить по вере не страшится уже ни скорбей, ни самой смерти: вот почему таковой и почитается ничем неодолимым или стоящим на несокрушимом основании.

Положив основание, возводят затем здание, полагая камень на камени, скрепляя их известными веществами и все направляя по предположенному плану и масштабу. Все сие в соответственных свойствах есть или должно быть и во внутренней храмине; здесь *камни* суть разные *добродетели*, к каким, когда и где представляется случай: кротость, воздержание, терпение, послушание, милость, трудолюбие и прочее, кои, одна к другой прилагаясь, творят возращение тела внутреннего храма; *скрепляющий цемент* суть, с одной стороны, притоки через Святые Таинства *благодати*, без которой все наше остается сухим, несвязным, непрочным, а с другой — *любовь*, без которой никакие подвиги и никакие труды не имеют цены, или, как говорит Апостол, всё ничто; *план и масштаб — рассуждение*, которым определяются мера, вес и число трудов, предприятий и подвигов, без сего внутреннего соразмерителя могущих обезобразить все здание и, следовательно, сделать ничтожными и бесполезными все подъятые уже до того труды. Навык к сему рассуждению, основательному и здравому, приобретается послушным житием под *руководством* пастырей, духовных отцов, старцев и стариц, которые, на первый раз, а иногда и на всю жизнь, и должны составлять единственных руководителей в созидании сердца для Господа.

Проникнутый любовию труд доброделания под действием Божиих Таинств, при руководстве пастырей и своего рассуждения, возводит здание до верха. Затем *кровлю* его составит глубокое *смирение*, которое спасет сие здание от сырости тщеславия и человекоугодия, от сухоты надмения и гордыни, от потрясающих ударов своенравия и непокорности. Останется после сего *возглавить* здание и поставить на нем *крест*. То и другое совершится одним действием *преданности* в волю Божию, которое точно есть глава добродетелей самоотвержения и крест, на котором окончательно распинается наша самость.

Вот и храм! Хотите ли знать, что составляет его внешнюю *ограду*? *Непоколебимая верность всем уставам и предписаниям Святой Божией Церкви*, а в вас, сверх того, — и уставу вашему монастырскому. За сею оградою безопасно укрываются от всех бурь и волнений, воздвигаемых духом века, суемудрием и страстями. Пока есть сия верность, здание безопасно; где нет его, там все мало-помалу разорится, пока от всего не останется камня на камне.

Но мы все еще вне сего внутреннего храма. Надобно войти внутрь его, — украсить, освятить, облагоухать, чтоб достойно совершить там святительство святое – приносить жертвы, благоприятные Богови. Ибо Господь хощет не пребывать только в нас, но и сопребывать с нами в нас. Спрашиваете, как войти внутрь самих себя? *Вниманием, трезвением, собранностию.* Когда мысли рассеяны, они все парят над внешними предметами, но, по мере отрешения от сих последних, они собираются внутрь и, по мере собранности, еще более отрешаются отвне. Этим взаимнодействием созревает, наконец, внутреннее трезвение, в котором око ума выну зрит внутрь сердца,– и устрояется глубокое, невозмутимое внимание к сущему там и ко всему, привходящему туда.

Чем украсить внутреннюю храмину сердца? Благими помышлениями, слагающимися из глубоких убеждений в истинах веры с соответственными им чувствами и расположениями, то есть помышлениями о Боге Триипостасном, Его беспредельных совершенствах, творении, промышлении, таинстве искупления и всем домостроительстве спасения,– о будущем устроении всего и прочем, которые (помышления) не могут не исполнять сердца или страхом, или сокрушением, или упованием, или мужественною готовностию на все и прочее, что все в совокупности составляет красоту храмины сердечной.

Освещение сему храму доставляет невозмутимое непрестанное *созерцание Бога вездесущего*, без которого и внутрь собраться или чувствами какими благими преисполняться нет возможности, хотя и оно само взаимно поддерживается сими последними и зреет вместе с ними. Сей свет богозрения, освещая и согревая сердце, возбуждает в нем непрестанные к Богу *взывания*, или *воздыхания* из глубины, с представлением Ему разных преходящих и непрестанных потребностей духа, или с изъявлением движений любви к Нему – Сладчайшему, что все составляет фимиам *молитвы сердечной*, восходящей, как утро, или, как кадило благовонное, возносящейся к Богу.

В облагоуханном таким образом храме сердца будет совершаться и *жертва* духовная, Богу благоприятная, состоящая в приношении Ему сознания, самодеятельности и свободы и выражающаяся болезненным[46] к Нему припаданием, в сердце сокрушенном и смиренном. Сей жертвы ждет от нас Господь, ею услаждается и ради нее готов ниспосылать всякое даяние благо и всяк дар совершен. Сим завершается устроение внутреннего Богу храма и внутреннего священнодействия в сем храме.

Вот и всё! Трудно ли, легко ли сие дело, но оно необходимо. Нельзя останавливаться нам на одном внешнем делании, хотя и без него не может состояться и установиться ничто внутреннее. Сделано внешнее: позаботимся и о внутреннем. Можно не сомневаться, что и оно есть и, может быть, ради него есть и сие внешнее; но можно опасаться, не затмила бы или не заслонила бы сия видимость, так очевидная, той невидимости, почти неуловимой. Посему бдите и не попускайте, чтоб враг сгубил плоды трудов ваших, остановив вас на полпути.

Сыне, даждь Ми сердце, говорит Господь. И отдадим его. Припомните притчу о десяти девах... Чего недоставало юродивым? Внутреннего делания. Внешне они были исправны,— девство соблюли, и пост не нарушали, и в храм Божий ходили, и прочее, уставом положенное, исполняли; а об устроении мыслей и чувств не попеклись. И было сердце их, вместо храма Богу,— дебрь, всякими дикими растениями заросшая, полная гадов и насекомых, или запустелое здание,— жилище филинов и нетопырей.

Блюдитеся убо, чтоб не подпасть участи их. Начатое вами хорошо и многоценно, но если и совершите е[47], как подобает. Не послужило бы иначе самое начало вам в осуждение,— что начали и не довели до конца. И молитеся Господу и Пречистой Его Матери, нашей Владычице, Коей посвящен храм сей, да явят вас, благоволением благости Своей, совершенными во всем,— и совершен ваш дух, душа и тело в пришествии Господнем да сохранится, да дарует вам Бог силою утвердитися Духом Его во внутреннем человеце, вселитися Христу верою в сердца ваша. Аминь»[48].

XII

О добродетели в последнем смысле, то есть о добродетели как добром деле, говорить ли? Потому что об этом уже было толковано. Разве немногое что! И то надо сказать, что лучше в памяти удержится от частого повторения. Послушайте же.

Всякое исполнение заповеди надлежащим образом, то есть с истинною целию, во славу Божию по вере в Господа, и с законными обстоятельствами, есть доброе дело; равным образом добрыми делами становятся и действия безразличные, от благой цели, которую прилагает к ним христианин. В Православном исповедании дела добрые определяются так: они состоят в исполнении заповедей Божиих, которые человек соблюдает охотно, при помощи Божией и при содействии собственного разума и воли, из любви к Богу и ближним, не имея ниоткуда препятствия, собственно так называемого[49]. Таким образом, добрые дела, чтоб иметь истинную соответственную себе цену, подлежат следующим условиям:

1) предмет их – *заповедь*, все предписанное в слове Божием и касательно чего сознает себя человек состоящим в нравственной необходимости, а не так, чтоб думал кто: *сотворим злая, да приидут благая* (Рим. 3, 8). Впрочем, и такие дела, кои собственно не определены законом, способны принимать нравственно-доброе качество от благих целей, с какими совершаются, хотя, очевидно, цена их не может быть велика. Потому можно прибавить: доброе дело состоит не только в исполнении заповеди, но и в совершении того, что

не противно заповедям, согласно с их духом и порядком;

2) исполнение сие должно быть *охотное*, то есть не вынуждено обстоятельствами, не зависеть от привычки и холодного механического обычая или от природного расположения, а иметь возбудителем своим охоту, желание, любовь, ревность творить добрые дела, как сие предлежащее и сего рода, так и вообще все указываемые заповедями Божиими. Отсюда должно заключить, что, пока человек не возымел еще полного и решительного намерения преспевать во всех заповедях Божиих, до тех пор добрые дела его не совсем чисты и совершенны. Ибо без того быть не может, чтоб они исходили из святой ревности, и, прямее, делаются по увлечению чувств и каким-нибудь сторонним соображением; главное же: они тогда не бывают постоянны, а смешаны с грехами и страстями. Совершенного, вечного веса такие дела не имеют, однако ж не бесполезны, как приготовители и молители о благодати Божией, возгнетающей огнь ревности. Припомните сказание о булочнике, в досаде бросившем булку в бедного, чтоб отделаться только от него, и потом удостоившемся за сие видения и обратившемся от греха к благочестной жизни. Почему всякому, кто не имеет ревности, можно советовать: твори какое-либо доброе дело, особенно милостыню, и Бог подаст огнь ревности, свидетельство и источник духовной жизни;

3) всякое *доброе дело добро*, если *творится для Бога*. Всё – во славу Божию. Человек-христианин весь должен быть жертвою Богу и Господу Иисусу Христу, пожершемуся[50] за нас. *Любы Божия обдержит нас суждших сие... Христос за всех умре, да живущии не ктому себе живут, но умершему за них и воскресшему* (ср.: 2Кор. 5, 14–15). Теперь надобно предавать Богу дела, чтоб в День суда Он возвратил их и воздал христианину. Должно сказать, что вечного воздаяния и достойны только сии дела, посвящаемые Вечному Богу. И здесь такое устроение сердца сообщает делам некоторую легкость, естественность, богоприличный, привлекательный, отрешенный лик;

4) истинно *доброе дело творится при содействии собственного разума и при помощи Божией*. Видимо, как всякое доброе дело, от человека к Богу возносимое, есть вместе Божие и человеческое. В совершении добрых дел самонадеянность и самоуверенность вредят не только их чистоте, но и успеху и совершенству. Ибо вообще такие дела бывают поспешны, незрелы, неотерплены[51], а нередко и до конца не доводятся. Равно и отречение от должного употребления своих сил искажает дела и всю деятельность. Этот недостаток вошел даже в учение у квиетистов и квакеров[52], чающих на все вдохновений свыше. Нет сомнения, что в случаях чрезвычайных иным приходит вдохновение от Господа; и вообще решаться без особенного призывания на что-нибудь важное и решительное не должно, чтоб, начавши здать[53], не оказаться неспособным кончить здание к стыду своему и унижению добродетели. Но в таких случаях большею частию бывает так, что не только решиться на такое дело, но и задумать его не может человек без сего вдохновения. Поступать же таким образом в обыкновенных случаях опасно, ибо сим отверзается пространная дверь лености и обольщениям. Теперь человек живет под воспитанием. Ему должно очищать и исправлять свое упорное сердце, действуя против него. Если сердце никогда почти не хочет добра само, а не хотящему и не радящему Бог не пошлет помощи и вразумления, то можно, в ожидании сих небесных наитий, всю жизнь проспать для добродетели. От Господа приходит помощь, но тем, которые действуют, а не тем, которые не действуют. Сделай напряжение, и придет помощь;

5) наконец, истинно *доброе дело* бывает *без препятствий*. Здесь разумеются препятствия законные, то есть если дело не может быть совершено с законными обстоятельствами, но или место, или время, или другое что не позволяет ему или совсем быть добрым, или явиться в истинном совершенстве и плодотворности. Что же касается до препятствий незаконных, то они не только не мешают делу быть добрым, а напротив, возвышают

его, по мере своей силы и настойчивости. Тем многоценнее дело, чем в совершении его больше преодолено препятствий. Совершать дела добрые соответственно их доброй природе и законным требованиям обстоятельств, в противность беззаконным препонам, а между тем совершать так, чтоб отсюда выходило добро, а не зло, есть дело благоразумия, которого наука преподается Божиею благодатию и многообразною опытностию в духовной жизни. *Вопроси старцы, и рекут тебе* (ср.: Втор. 32, 7).

Потрудитесь также заметить о сих делах следующее: тогда как ревность, как огонь внутренний, непрестанно приводит в движение наши силы, а чувство и расположение пребывают в неизменном внутреннем покое, как поле, на коем растут и множатся плоды дел,— дела суть нечто перемежающееся в нас: они начинаются и престают, следуя одни за другими. Впрочем, заботливый и благоразумный труженик может установить в своей жизни непрерывную цепь добро делания. Это потому, что в доброе дело можно обращать и мысль, и слово, и движение, и поступок. Время жизни дано человеку на собрание добрых дел. Если теперь время сие течет, не останавливаясь, и есть в течении своем беспрерывно повторяющаяся точка, то должно позаботиться человеку, чтоб каждая из сих точек была занята добром. Сон мешает?! Но и он может быть обращен в добро, именно в дело самоотвержения; пища тем больше... глаз — еще больше... Учреди согласие внешнего человека с внутренним. Внутри Бог положил ревность неугасающую, а ты совне предлагай дела непрерывные... Между ними, как полюсами, будет очищаться и освящаться природа твоя. Удобное средство к тому подает то, что жизнь каждого обставлена всегда непрерываемою цепью обстоятельств, могущих рождать добро. Это сейчас увидит каждый, пересмотревши со вниманием свой день, для своего, то есть, лица, в своем положении, от начала до конца.

Приходит некоторым на мысль ограничиваться одним внутренним, без внешнего дела. Это особенно касается тех случаев, в которых неизбежно приходится сильно пострадать эгоизму: например в прошении прощения и прочем. Нет, человека Бог сотворил из тела и души; хочет, чтоб и дела его были совершаемы целым его лицом, а не одною частию. Притом самое дело вполне плодотворным для добродеющего является в исполнении его, или в совершении, а не при желании только, хотя бы пламенном. Только совершенное дело есть шаг вперед по степеням нравственного совершенства. Кто однажды перенес обиду, тот стал выше, в другой раз еще выше и так далее. Между тем, кто желает только переносить, а не переносит, тот остается на прежнем месте и даже подается назад, потому что, по мере неисполнения, слабеет желание. Кто не собирает, расточает. Вот почему ревнители совершенства изыскивают случаи к добрым делам, а не только не позволяют себе пропускать их, когда они представляются. Чем больше кто творит дел истинно добрых, тем тот выше и выше.

Сим заключим! Богатитесь добрыми делами, но больше заботьтесь о добрых расположениях. Когда, впрочем, есть истинная о спасении ревность, то она научит всему, ибо она очень изобретательна. Помоги вам, Господи!

XIII

Понуждаюсь сделать из предложенного рассмотрения сторон или видов добродетели один не бесполезный в жизни вывод. Прошу прослушать! Не пригодится ли?

Показанные три стороны добродетели, как видно из их свойств, находятся в непрерывной между собою связи и взаимодействии. Но неточное начало всего – ревность по христианской жизни, утверждаемая благодатию в Таинстве Крещения или Покаяния. Она чрез беспрерывный ряд дел осаждает в духе и сердце человека и добрые расположения. Надежда и крепость нравственной жизни состоят в сих расположениях, почему не должно оставлять труда и забот, пока они не утвердятся, равно как и не ослабевать от того, что они не так скоро утверждаются, как бы хотелось. Древо, недавно посаженное, легко исторгается, а древо укоренившееся требует больших трудов от того, кто хотел бы его исторгнуть. Так и добрые расположения в начале только что предпринятого доброго жития ненадежны, шатки, изменчивы; но, чем более стоит человек в делах им соответствующих, тем они становятся прочнее, глубже укореняются в сердце и обращаются в естественные как бы расположения. По мере же внедрения в сердце добрых расположений изгоняются из него злые, и душа все более и более становится чистою. На сем основании законно должно различать разные состояния христианина добродетельного, по его возрастам духовной жизни. В слове Божием сии возрасты обозначаются сравнением усовершенствования духовной жизни то с развитием семени, которое сначала *дает траву, потом клас, наконец и пшеницу* (ср.: Мк. 4, 28), то с естественными возрастами человека, каковы: младенческий, юношеский, мужеский или совершенный (см.: 1Ин. 2, 12–14; Евр. 5, 14). Три же степени возрастания духовного означаются и у святых Отцов: новоначальные, успевающие и совершенные, или степени обращения, очищения и освящения[54].

Что свойственно каждой из сих степеней, определить очень трудно. Общий закон возрастания тот, что от зачатия жизни, как искры или семени, до совершенного ее развития в пламень или древо плодовитое или до явления ее во всей чистоте и полноте, доступной в здешней жизни, все время проходит в подвиге и борьбе, в коих искореняется зло и насаждается добро: но, где именно поворот с младенческого возраста на юношеский, с юношеского на совершенный, определить с точностию нельзя. Ибо движение жизни духовной, как и движение тени солнечной или возрастание тела, совершается без скачков с мудрою и непрерывнейшею постепенностию. Только некоторые черты, на основании слова Божия и писаний Отеческих, можно указать в сем отношении.

Младенческий возраст. Это период от зачала жизни христианской до образования порядка сей жизни и правил действования вообще. Нужно, например, установить, как вести себя во внешнем порядке своей жизни, и притом в разных случаях и разным лицам, так, однако ж, чтоб это и отношений не расстраивало, и духу не мешало. Попасть на истинный путь очень трудно, почему прибирается то то, то другое. Равным образом и во внутреннем действовании против смущающих помыслов и страстей установить действование так, чтоб легко и замечать, и покорять их, можно не вдруг. Так, пока установляются, так сказать, формы жизни, во все это время длится период младенческий в духовной жизни, которому и свойственны, как младенцу, нетвердость, незрелость, детское рассуждение и детское слово, как говорит апостол Павел (см.: 1Кор. 13, 11). Младенцам о Христе и предлагается *млеко, а не крепкая пища* (ср.: Евр.

5, 12–13), *начала Христова слова* (ср.: Евр. 6, 1), *словесное и нелестное млеко, да о нем возрастают во спасение* (ср.: 1Пет. 2, 2). По такой нетвердости и незрелости, они легко колеблются, а нередко и увлекаются всяким ветром учения, в коварстве козней льщения (см.: Еф. 4, 14), и в самых побуждениях допускают более снисходительности, нежели отрешенности от всего (см.: 1Кор. 3, 1–3). Однако ж им усвояется отпущение грехов *ради имени Христова,– познание Отца* (1Ин. 2, 12–13) *и вкушение благости Господней* (ср.: 1Пет. 2, 3). Познание в Боге Отца – очень характеристическая черта. Дитя долго не смыслит и не различает от чужих ни отца, ни матери, но потом начинает различать их, и вместе с тем начинается у него радость жизни. И человек-грешник, пока не обратится к Богу, не знает Его, Отца человеколюбивого: но, обратившись, в первый раз видит грозным Судиею, потом, очистившись в Крещении или покаянии, вкушает благость Его и ощущает Его Отцом. Действительно, если судить по внутреннему человеку, то чувство Отеческой Божией попечительности есть отличие младенца о Христе. Господь для них путь: Он невидимо проводит их чрез этот нерешительный период жизни. Из побуждений у них более страх. У святого Иоанна Лествичника приписываются сим новоначальным преимущественно телесные подвиги: пост, вретище, пепел, молчание, труд, бдение, слезы и другое[55].

Возраст юношеский. Это время борьбы и подвига над искоренением страстей и насаждением добрых расположений. Как на войне, по установлении порядка войск, начинается война или у земледельцев, по приготовлении нужного, начинается сеятва[56]: так и здесь, когда формы жизни установились, начинается решительное преследование зла в себе со вкоренением добра. Это не значит, чтоб в младенческом возрасте зло попускалось, но что оно теперь преследуется, так сказать, систематически, неопустительно. Как в естественной жизни юноше предлежит труд образования себя, так и в духовной. Почему в слове Божием говорится о юношах духовных, что они крепки, что *слово Божие пребывает в них, и они победили лукаваго* (ср.: 1Ин. 2, 14). Слово Божие, прежде с детскою простотою принятое, теперь обращается в сок их и кровь, пребывает в них и сообщает им крепость жизни, по коей они суть не слышатели только, но и творцы слова и силою его, как мечом, отражают и поражают лукавого. Господь Иисус Христос есть для них истина; то есть истина искушения и спасения, пребывающая вне всякого, теперь переходит и вселяется в их сердца. У юношей характеристическое чувство есть чувство силы в Боге. *Вся могу о укрепляющем мя Господе* (ср.: Флп. 4, 13). Юноша живет надеждами, почему и из побуждений ему свойственнее несомненная надежда достижения совершенства и получения вечных благ, хотя сим не исключаются и другие побуждения. У святого Иоанна Лествичника им усвояются преимущественно подвиги душевные: нетщеславие, безгневие, благонадежна, кроткое увещание, непорочная молитва, несребролюбие[57].

Возраст мужеский. Это — время, когда внутренняя борьба утихает, и человек начинает вкушать покой и сладость духовных благ. Земледелец, после жатвы вкушающий плоды трудов, также тесто, заквашенное и вскисшее, вполне образовавшееся,— это образы совершенного возраста. Премудрый Сирах изображает действование премудрости, как она сначала мучит и испытывает любимца своего, потом обращается к нему, возвеселяет его и открывает ему тайны свои (см.: Сир. 4, 18 и далее). Это последнее — характер духовного мужа. Мужу мы приписываем твердость, степенность, непоколебимость, опытность; и духовному мужу слово Божие усвояет такие же совершенства: ему свойственна твердая пища (см.: Евр. 5, 14), *чувствия обучена в разсуждение добра же и зла; познание безначальнаго, исконнаго* (ср.: Евр. 5, 14; 1Ин. 2, 13–14); то есть им открываются сокровеннейшие Божественные свойства и тайны, тогда как у юноши и младенца более свойства являемые, как благость и могущество. Из побуждений им свойственнее любовь: *ибо, пришедши в меру возраста исполнения Христова, они истинствующе в любви возращают в Того всяческая, Иже есть глава Христос* (ср.: Еф. 4, 13, 15). Господь для них живот, их *оживляющий и исполняющий* (ср.: Гал. 2, 20). Почему, живя уже не себе, *но умершему за них и воскресшему* (2Кор. 5, 15), *они вся уметы вменяют* (ср.: Флп. 3, 8), за превосходящее разумение Христово. Святой Иоанн Лествичник усвояет им преимущественно жизнь в духе и пребывание неподвижное в Боге: непорабощенное сердце, совершенную любовь, умом из мира выступление и во Христа внедрение, небесного света в душе и мыслей во время молитвы нерасхищение, обилие Божия просвещения, желание смерти, ненавидение жизни, небесных тайн вмещение, власть над бесами, неисповедимых Божиих судеб хранение и прочее[58].

Приложу еще два-три замечания о возрастании в духовной жизни вообще.

1) Что ему пределов назначить нельзя. Христианам поставлено целью быть совершенными, *якоже Отец Небесный совершен есть* (ср.: Мф. 5, 48). Стремление же к воображению на себе бесконечного образца должно проводить человека чрез бесконечные степени;

2) что совершенство не части какой касается, а обнимает всего человека и по духу, и по душе, и по телу, во всех частях и силах его существа, и *в премудрости* (ср.: Лк. 2, 52), и *в вере* (ср.: Лк. 18, 8), и в *надежде* (ср.: Рим. 15, 13), и *в самоотвержении и самоуничижении* (ср.: Флп. 2, 7–8), и в *умерщвлении и освящении тела* (ср.: 1Кор.27; Рим. 8, 11). Вообще совершенному свойственно все то, что в слове Божием усвояется облагодатствованному;

3) что все возможные на земле степени совершенства суть высшие только относительно; они не означают чистоту и зрелость окончательную, а тем более не исключают возможностей падения. Почему апостол Павел, с одной стороны, заповедует: *мняйся стояти да блюдется, да не падет* (1Кор.12), с другой – уверяет о себе: *аз не у себе помышляю достигша* (Флп. 3, 13). Посему нет времени, когда бы можно было сказать нам: *довольно*; но непрестанно должно начинать; *непрестанно возгревать*

дары Божии (ср.: 2Тим. 1, 6) *и стремиться неутомимо на совершение* (ср.: Евр. 6, 1). Макарий Великий свидетельствует, что и совершенные не пребывают на одной степени, а иногда повышаются, иногда понижаются и что даже им невозможно пребывать всегда на высших степенях, по невыносимости сего для тленной нашей природы[59]. Святой Лествичник приводит в пример Ефрема Сирианина[60], который, восходя на верх бесстрастия, взывал к Богу: «ослаби ми волны благодати Твоея; подобно тому, как Давид молился: *ослаби ми, да почию* (Пс. 38, 14)"[61].

Но довольно о сем! Посмотрим после сего: где мы? Начало, может быть, положено... а сделан ли после того шаг вперед, Бог весть. Хотя об одном да будет попечение, чтоб не погасла ревность. Пока она есть, все еще есть надежда на успех. Может быть, подвигнемся иногда на какое-либо добро и хоть на волосок прибавим себе росту. А как она погаснет, тогда всему конец. Господь да будет вам охрана и крепость!

XIV

Приложу и еще одну мысль: о высоком достоинстве истинно-христианского жития, или высокой цене добродетели, и, вместе, незавидном его состоянии по внешности. Контраст сей очень поучителен. На земле нет ничего, с чем бы можно было сравнивать добродетель христианскую в достоинстве. Что Спаситель назвал единым на потребу? – ревность о спасении души. Но это и есть добродетель христианская. Что важнее достижения последней цели? Но она достигается единственно христианскою добродетелию. Что блаженнее богообщения? Но оно нераздельно с христианскою добродетелию.

Много предметов на земле, достойных уважения: искусства, науки, доброе правление, богатство, достоинства; но что все это без добродетели? *Кая польза человеку, аще мир весь приобрящет, душу же свою отщетит?* (ср.: Мф. 16, 26). Все другое, кроме добродетели, походит на математический нуль и получает смысл и значение только от нее.

Стяжавший добродетель стяжал непохитимое сокровище. Все другое может быть расхищаемо здесь, и все непременно оставит человека в час смерти. А добродетель безопасно проходит этот испытательный пункт и входит с человеком в небесное отечество. Но если, без такого сравнения с преходящими вещами, обратиться к порядку христианской жизни – доброй, то откроются новые ее чрезвычайные преимущества. Живущий истинно по-христиански христианин имеет Отцом Бога, от Коего рожден и Который особенно благоволит к нему, есть брат Господа Иисуса Христа и член от плоти Его и от костей Его, есть общник и таинник Божий, жилище Бога Триипостасного, сослужебник Ангелов и святых. Он получил неоцененную милость питаться Телом Христовым и чрез слово Божие, как чрез завесу, входить во внутреннейшее, беседовать с Единым Истинным Богом лицом к лицу в чистой молитве; отечеством он имеет небо, а в нем наследие, которого языком человеческим описать нельзя. Можно всем советовать прочитать Преосвященного Тихона о преимуществах христианина, в 9-м томе его сочинений[62].

Чаще должно христианину приводить на память такое преимущество доброго жития, чтоб чаще взывать: *что ми есть на небеси*?! Судя по такой высоте доброго христианского жития, надлежало бы ожидать светлой для него участи. Но слово Божие сего не обещает, и на самом деле сего почти не бывает. Начинающий жить по-христиански вступает в путь тесный и прискорбный, берет крест и с ним идет в след Христа. Сам Господь Иисус Христос был обесчещен, умален паче всех сынов человеческих и пригвожден ко Кресту. Апостолам говорил Он: *мире скорбни будете. Аз избрах вы от мира, сего ради ненавидит вас мир* (ср.: Ин. 16, 33; 15, 19). Апостолы о себе говорили: *до нынешняго часа и алчем, и жаждем, и наготуем... якоже отреби миру быхом всем попрание* (ср.: 1Кор. 4, 11, 13). Вслед за ними и во всякое другое время *хотящий жити благочестиво гоними бывают* (ср.: 2Тим. 3, 12). Иначе сему быть нельзя. Мир, во зле лежащий, не терпит обличителей. Сатана не терпит противников. А христианин есть ратник Божий против князя тьмы, почему и составляет цель для стрел злости мира с князем его. С самого начала встречает он подозрения, укоры в лицемерии и ханжестве; далее одно за другим последуют личные оскорбления, лишение преимуществ, видимое преследование, озлобление отовсюду, которому никто решительно не может дать отчета из тех, кои производят его.

Но когда таким образом внешнее человека-христианина тлеет, внутреннее его обновляется *по вся дни*. Крест есть лествица восхождения по степеням христианского совершенства. В скудельном сосуде сем созидаются сокровища духа. В нем воображаются все совершенства частей и сил человека, то есть совершенства духа, души и тела, ума, воли и сердца; и, укрепляясь все более и более, он из младенца о Христе становится наконец мужем, созревшим и готовым в другой мир, подлинный, из сего приготовительного, желает и сам разрешиться и со Христом быть. Наконец трудничествующий странник кончает путь, безболезненно скидает странническую одежду, приемлется Ангелами, возносится к престолу беспредельного Бога и поставляется на свое место, в коем и наслаждается неизъяснимым блаженством по духу, от таинственного лицезрения Бога, пока во Втором пришествии Христовом и мертвенное сие не облечется в бессмертие. Тогда, в целости существа преисполняясь Божества, будет он вечно сиять, как солнце, в Царствии Отца.

После сего вопрос о союзе счастия и блаженства с доброю жизнию решается сам собою: 1) в настоящей жизни, для совершенства в духе, не даются христианам блага здешние,— но внутренними благами духовными они одни только здесь и наслаждаются и, несмотря на все скорби, присно радуются и исполняются миром Божиим, превосходящим всяк ум, от чувства Божиих милостей; 2) в другой жизни, без скорбей, сие блаженство по духу является во всей силе и бывает только духовно до Второго пришествия; 3) по Втором же пришествии, сего блаженства соделается причастным и преобразованное тело наше, и тогда целым существом праведник будет блаженствовать бесконечные веки.

Сей конец венчает дело! О нем ревностно да ревнует душа. А что есть неприятности в жизни, что за беда? Немного... ныне, завтра конец! Сим думаю заключить речь о христианской добродетели. На большее не погневайтесь!

XV

Так вам желательно посмотреть теперь и на мрачную сторону человеческой жизни, или послушать что-нибудь и о грехе? Охотно сделаю это. И самому приходило то же на мысль. Из противоположного добру греха самое добро яснее будет. Что же нам нужнее и знать, как не то, что такое грех, чтоб как-нибудь не обольститься им. Многое у людей не считается грехом, что есть грех; иной грех считается не совсем важным, тогда как он очень важен, да и в других отношениях у нас много поблажательных[63] суждений о грехе... А на деле-то — он все же ядовит, и ядовитость его не умаляется нашею снисходительностью. Да вот, сами увидите, хоть в общем очерке! И грех так же, как добродетель, можно рассматривать в трех отношениях: а) как дело, б) как расположение или страсть, в) как состояние и греховное настроение души.

а) Грех как дело

Грешное дело есть преступление повелевающей или запрещающей заповеди Божией, или, как говорит Апостол: *грех есть беззаконие* (1Ин. 3, 4). Две особенно черты тотчас отражаются в грехе от слов: преступление и заповедь. Там он есть злоупотребление свободы, здесь презрение закона.

Грех имеет место только в существах разумных, бестелесных и соединенных с телом. Как особенное преимущество, Господь даровал им свободу. Но вблизи сего преимущества на одну черту и бездна. Свобода не связана: может обращаться к Богу и может отвращаться от Него. Но сия возможность есть в свободе не для того, чтоб тварь отвратилась от Творца, но потому, что составляет природу свободы. Цель и назначение свободы – непринужденное служение Богу, Творцу своему, чтоб тварь, свободно служа Богу и исполняя волю Его, тем бо́льших сподоблялась благ, становилась пространнейшим вместилищем блаженства. Очевидно, что тварь, уклоняющаяся от воли Божией, злоупотребляет свободою. Это говорится с тем, чтоб показать, что она злоупотребляет сама, не по какой-нибудь необходимости или року, а самовольно, имея, то есть, полную возможность и исполнить волю Божию в то мгновение, когда не исполняет ее. В сем смысле в Православном исповедании говорится, что грех есть необузданная воля человека и диавола[64]. Никто не принуждал диавола восстать против Бога; он это сделал сам собою. Прародителей наших хотя соблазнял сатана, но не связывал свободы, а только обольщал; потому и они, когда преступили заповедь, согрешили свободно, сами собою. И ныне, пусть восстает на нас многообразная похоть, воюет мир и диавол; но все самый грех есть наше вольное дело, непринужденное, плод необузданной воли.

Грех есть преступление или нарушение закона. Но закон сам в себе остается неизменным. Он разоряется только и разрушается в лице грешащего. Например, неверие есть нарушение закона веры в Бога; но и Бог, и вера сами по себе остаются неприкосновенными. То и другое онечествовал только в себе самом сам нечествующий тем именно, что не принимает, отвергает, презирает, попирает сей закон. Отсюда презрение закона есть неотъемлемая черта греха; презрение закона, следовательно, презрение воли Божией и противление Богу. Далее, так как закон нравственный напечатлен в существе человека и внутренно соображен и сочетан с его устройством, то, преступая его, человек идет против себя, себя самого разоряет и губит, ибо непреложное условие благосостояния и здравия всякого существа есть не воспящаемое развитие положенных в нем начал. Посему, можно сказать, грех есть яд и разрушение человека чрез самовольное нарушение закона. От противления закону неминуемо рождается смерть и возгорается гнев Божий.

Посему вообще и характеризуется грех этою необузданностью воли, этим презорством[65] к закону, этою силою разрушительною, коею он возвратно действует на грешника.

Отсюда следует: что нельзя говорить, будто грех состоит в недостатках и несовершенствах наших сил, есть неминуемое следствие нашей ограниченности. Не всеведущ и не всемогущ, потому и святым быть не может. Правда, наши силы ограниченны; но ведь и обязательства, на нас лежащие, не бесконечны, а в точности соответствуют нашей природе. Если б от нас стали требовать ангельской жизни, мы могли бы извиняться, не успевая в ней. А если, будучи человеками, живем не по-человечески,— чем извинимся? Равным образом неправда, будто грех есть следствие недальновидности ума, неблагоразумие: цель не ту назначил, средства не те прибрал[66]. Все это бывает и в грехе; но грех собственно в развращении воли, по коему и знаем, что должно делать, но не делаем, потому что не хотим. *Ведущему добро творити и не творящему е, грех ему есть* (ср.: Иак. 4, 17).

Что касается до происхождения греха, то оно изумительно и в диаволе, и в человеке. Представьте себе чистейшую и совершеннейшую разумную тварь, каков Ангел, только что вышедший из рук Творца с высокими достоинствами, приближавшими его к Творцу; он получает заповедь и скоро потом, ведая совершенно волю своего Творца, ведая запрещение Его, угодное Ему и неугодное, избирает неугодное в противность Ему. Ни одной не видишь мысли, на какой можно было бы основать объяснение такого действия. Это непостижимая тайна нравственная! В духе родилась мысль или внутреннее слово и произвело столько зла, что им наполнился весь мир, и зла столь крепкого, что оно пребудет в вечные веки, хотя, несомненно, на разорение себя. «Таково существо свободы! Свободное существо есть неточное начало дел, о которых не всегда можно ответить: почему? Просто потому, что хочу, а хочу потому, что хочу. Также и в человеке малообъяснимо рождение греха, ибо и он также согрешил, все зная. В грешнике падшем еще понятно рождение грехов, ибо согрешивший стал раб греха, привил к себе грех, принял его как бы в правило. Но от чего и как падение человека чистого, первого, или теперь падение людей, успевавших в добре, познавших его сладость, удостоившихся особенного благоволения Божия, людей праведных? Некоторый свет на сие проливает следующее место из Послания к Евреям: *блюдите, братие, да не когда будет в некоем от вас сердце лукаво, исполнено неверия, во еже отступити от Бога жива. Но утешайте себе на всяк день, дóндеже днесь нарицается, да не ожесточится некто от вас лестию греховною* (ср.: Евр. 3, 12–13). Здесь указывается, что грех начинается *неверием*, ослаблением убеждения в истине, омрачением ума. Оно наводит некоторую тень на истину, на Бога, закон Его и Божественный порядок,— следовательно, и отдаляет их из сознания по мере увеличения сей тени. Так поступил диавол в начале, омрачив лик Божий в уме прародителей. С сего же начинается и грех каждого. Посему возочищать веру, сколько можно чаще, и есть обязанность не желающего грешить. Потом к неверию присоединяется *лесть греховная*, чаяние великой сладости, какая придет сама, без всякого труда, лишь только согреши. Сие чаяние приковывает внимание и сердце к предмету греха.

Тогда и думается, и желается только один сей предмет. Закон, истина, нужды духа, слово Бога – все становится ни во что. К ним ожестел человек, или он успел уже установиться в упорстве и непокоривости, готов сказать: отойди,— или отступил от Бога... Не имея же страха Его, как ярый зверь, кидается на грех. В основании же и самой глубине всего лежит *сердце лукаво*: недобросовестность, внутренний обман пред самим собою и Богом, Которого, однако ж, не отвергает. Оно тут же пребывает во все производство греха и все дело приводит в движение и покрывает собою.

Таким образом несколько виден механизм греха. Но все не есть это полное его объяснение. Ибо откуда эта недобросовестность и лукавство в том, кто был пред тем добросовестен и прямодушен? Далее, откуда неверие в том, кто дышал верою, откуда лесть греховная в ненавидевшем грех или ожестение в мягком и благопокорливом? Припомните пример святого подвижника, преуспевшего до того, что ему Ангел приносил пищу. Как это сделалось, что он, оставя пустыню, бежал уже в мир? И убежал бы, если б не удержала его милость Божия. Так, грех тайна... мы все грешим и бываем крайне виновны во грехах, но не можем сказать себе, почему грешим.

Поэтому не только чрез посредственное заключенье, но и непосредственно зачало греха можно возводить к диаволу. Он тени и мраки наводит на душу и, содержа ее как бы в каком опьянении, доводит до того, что она рождает грех, сначала в себе, а потом и вовне. Однако ж это не извиняет душу, ибо соблазн не необходимость. Грех всегда есть самовольное уклонение от Бога и святого Его закона в угодность себе. Бдите и молитесь: не введи нас, Господи, во искушение!

XVI

Чтоб ближе познакомить вас с грехом, перечислю разные его виды, ибо в них злая и мрачная природа его очевиднее. В руководство при этом возьмем простую мысль о грехе. Грех есть преступление заповеди, повелевающей или запрещающей что-либо делать, преступление произвольное, непринужденное. Отсюда: 1) есть грехи *опущения и нарушения заповеди*. Господь заповедал: *уклонися от зла и сотвори благо* (Пс. 33, 13); должно одно делать, а другого не делать. Посему, когда делаем, что не должно, творим грех и, когда не делаем, что должно, тоже творим грех. И нарушение, и неисполнение заповеди есть грех. Первое преступнее последнего, так как нарушение заповеди требует особого напряжения сил и не может произойти иначе, как от большого упорства и развращения воли. Должно, однако ж, помнить, что и опущения бывают очень важные и нередко важнее самых нарушений. Это особенно должно сказать о тех случаях, в коих опущение сие зависит от постоянного и всегдашнего небрежения о законе или от презрения к нему, равно как и о тех, в коих опускаются обязанности, или важные сами по себе, или такие, коих опущение влечет за собою вредные и разрушительные для других последствия. Таково опущение обязанностей своих отцом, священником, воспитателем и прочее. В слове Божием нарочито указывается виновность опущения в случае самом решительном, именно на Последнем суде. Так, неключимому рабу, скрывшему талант, говорится: *вверзите его во тму кромешнюю* (ср.: Мф. 25, 30); и тем, кои жестокосерды к бедным, сказано будет: *понеже не сотвористе... отъидите от Мене* (ср.: Мф. 25, 40–41).

Потому всякому ревнителю о совершенстве нравственном всемерно должно восстановлять в совести своей чувство обязательства к положительным предписаниям закона и исполнять их; в случае же нарушения возбуждать соответственное жаление и скорбь о том и очищать его покаянием, потому что часто не только необразованные, но даже довольно сведущие в своих обязанностях потому только, что не сделали больших нарушений и преступлений, говорят: да что же такое я сделал? – ни во что вменяя допущенные опущения, сколько б они важны ни были;

2) более разнообразия вносится в область греха тем его свойством, что он есть нарушение или опущение заповеди непринужденное, свободное. Так как все действия свободные совершаются взаимодействием разума и воли, то, соответственно тому, какая сила больше участвует в грехах или больше на них имеет влияния своим неправым действованием, разум ли или воля, и грехи получают разные названия, оттенки и виды.

Дело разума в нравственной деятельности – уяснить человеку его обязанности и потом, в самом исполнении их, строго смотреть за тем, как, что и где исполнить. От неисполнения разумом как следует своего долга в том или другом случае происходят, с одной стороны, грехи неведения, с другой – грехи неосмотрительности.

Всякий помнящий себя и свое назначение должен, по мере сил и возможности, собирать познание о своих обязанностях и уяснять себе, что и как ему совершить. На то дана всякому совесть, сей неписанный закон, по которому, и не учась, узнают свой долг; в христианстве же к сему присоединяются открытое всем слово Божие, непрерывная проповедь в Церкви и устное слово пастырей, касательно коих написано: *вопроси отца твоего, и возвестит тебе, старцы твоя, и рекут тебе* (Втор. 32, 7). И еще: *храни зело творити по всему закону, егоже возвестят вам жрецы* (ср.: Втор. 24, 8). При всем том, однако ж, нередко каждому почти случается говорить: ах! я и не знал,— то есть упрекать себя в неведении, особенно если дело идет о частных случаях. Но с другой стороны, и не всякое неведение одинаково грешно. Касательно сего должно заметить:

а) кто живет в простоте сердца, стараясь по возможности и узнавать, и исполнять узнанное, а между тем сделает что незаконное, не подозревая греха, с чистою совестию, без всякого сомнения и колебания,— того, собственно, один грех и есть грех неведения, то есть такое худое дело, которое человеком творится, но ему в полную вину не вменяется;

б) всякий человек, к себе и своему долгу невнимательный, живущий в беспечности и равнодушии к своему спасению, не извиняется, когда делает что худое по неведению. Ибо так как у него нет любви к добру, то он, хотя бы и узнал его, вероятно, не сделал бы; он и не узнает его по сей нелюбви или постоянному нехотению добродетели. Такой в два раза грешит: и в том, что не знает и не узнает, и в тех делах, кои творит по сему незнанию. В нехотении узнать долг лежит тайное хотение противного;

в) такое неведение тем виновнее, чем развратнейшую показывает волю, именно: чем важнее предмет незнаемый, например предметы веры и, особенно, главнейшие ее члены, обязанности, непосредственно к своему званию относящиеся; чем легче кому узнать то, чего не знает, или по способностям, или по внешним способам; чем более кто не только имеет, но и чувствует к тому побуждений;

г) самый верх нечестия в неведении, когда кто не знает не только по нерадению и беспечности, но и по отвращению или презрению, пребывая, однако ж, в том порядке, какого не любит. Это именующиеся христианами, а между тем поносящие христианство, хотя не знают его как должно.

И то есть обязанность человека, чтоб быть внимательным к себе и своим делам. Посему если кто и знает свой долг или то, как должно ему поступать, но в самом исполнении долга, или действовании по обязанности, не внимает себе и вследствие того делает разные ошибки и проступки, то он грешит, и грехи такого рода называются грехами неосмотрительности и опрометчивости.

Касательно сего рода грехов должно знать:

а) что в настоящем нашем состоянии расстройства сил, или их подвижности и неустойчивости, нельзя за всем усмотреть и внутри и вовне. Потому, если кто из строго наблюдающих за собою, живущих с бодренным сердцем и трезвенною мыслию, нехотя, сам не зная как, впадет в какое прегрешение мыслию, словом или делом и потом, заметивши его, тотчас отвергнет ненавистию сердечною, а себя освятит покаянною молитвою: *от тайных моих очисти мя* (Пс. 18, 13); того проступок невинен: это дело немощи, но не злонамеренности. Только главное: заметивши, надо отвергнуть сердцем, ибо, кто примет его после и усладится им, тот после изберет то, чего прежде не видал и что совершил, не зная и не избирая;

б) тот же, кто, хотя и внимателен к своему долгу, имеет желание быть исправным как следует, только в час действования позволяет себе предаваться влечению своего характера или чувствам сердца, например: вспыльчивости, веселонравию, суровости, ложной снисходительности и прочему; того дела суть дела преступной неосмотрительности, и потому грешны. И грех их тем значительнее, чем предмет их дела и сам по себе, и по своим последствиям важнее, чем более опыт обличал уже не доброту такого поведения и чем легче человеку поправить такую ошибку. Виновность здесь умаляется только старанием поправлять себя, что делается не вдруг, а постепенно и потому среди падений;

в) человек рассеянный или решительно небрежный и неблаговолительно смотрящий на добродетель и нравственность есть в корне злой грешник. Его греховность тем более тяжка, чем бесстыднее его неглижёрство[67], настоятельнее презорство к долгу и яснее сознание всего сего.

Так трезвитесь и бодрствуйте! Препояшьте чресла помышлений ваших. Надо обоими глазами смотреть под ноги, чтоб не поткнуться. И молитесь: *стопы моя направи по словеси Твоему*. Бог в помощь!

XVII

Пойдемте далее по следам греха! Когда хотят различать грехи по участию в них воли и самодеятельности человека, то обращаются или к исходищу и к началу греха, или к его образованию из мысли в дело.

Как вообще все дела человека или исходят непосредственно от его лица, или совершаются вследствие требований и возбуждений сторонних, приходящих совне или от низших его сил: так и грехи иной совершает по увлечению развратных желаний, а иной по хладнокровному соображению. Последние суть грехи злости или злонамеренности и разврата, а те грехи страсти и увлечения.

Нет нужды и указывать на то, что грехи, исходящие из развратного и злого ума и сердца, суть последней степени тяжести. Ибо тут человек становится сам в своем лице исходищем зла, следовательно, близким подобником злого сатаны, услаждающегося злом и о нем только и помышляющего. Таковой уже *во глубине зол, в которую пришедши нерадит* (ср.: Притч. 18, 3); или: *не уснет, аще не сотворит зла* (ср.: Притч. 4, 16). Но и о грехах по увлечению должно сказать, что они никак не извинительны. Справедливо, что теперь природа наша страстна, слаба, расстроена и падка на зло, но это не делает необходимым согласие на ее худые требования. Сие согласие всегда в руках наших, тем более у тех, коим силы даны и обещана крепкая помощь за воззвание (см.: Флп. 4, 13). Посему называть грехи по увлечению и страсти грехами только слабости – значит отверзать пространную дверь расслабления и нечистоты в нравственный мир. На опыте хотят это титло усвоить более влечениям похоти, вкуса, инстинкта, движения полноты или играния жизни. Видимо, что, откуда больше зла, к тому и хотят быть снисходительными. Как бы ни было сильно увлечение, но если предмет избирается и желается, то дело обличает развратность воли и есть безнравственно. Отсюда разве только те должно исключить случаи, в которых мгновенное, нечаянное бывает воскипение страсти, а между тем столь сильное, что человек как в опьянении или омрачении ума увлечется ко греху. Но и такие случаи очень редки и в лице одном могут быть только однажды. И вообще большая или меньшая виновность сего греха зависит от меньшей или большей силы влечения, от большей или меньшей старости и новости страсти, больше или меньше ясного сознания своего состояния. Новые оттенки в сем роде грехов бывают от того, вольно или невольно, изнутри, сама собою или по внешнему возбуждению воскипает страсть. В последнем отношении обстоятельства места, времени, лиц и прочее представляют нередко удобные случаи ко греху, нередко увлекают в грехи, возбуждая страсть. Но и это не извиняет греха, а напротив, и при сем тем грешнее грех, чем больше случай, вовлекший в него, был предвиден и состоял в нашем распоряжении. Ибо тут, очевидно, идущий в огонь хочет обжечься. Кто ходит в такой дом, где или мысли, или сердце набирают худа, сам виноват, если делает потом худо. Но и в обстоятельствах непредотвратимых скорее должно понесть ущерб, показать опыт самоотвержения, нежели ввергать в опасность дух, для коего и тело, и мир, и время.

Способ образования греха из мысли в дело у святых Отцов определен с точностью, и с точностью тоже определена виновность каждого в сем ходе дела момента. Весь ход дела изображается так: сначала бывает *прилог*, далее *внимание*, потом *услаждение*, за ним *желание*, из него *решимость* и, наконец, *дело*[68]. Чем далее какой момент от исхода и чем ближе к концу, тем он значительнее, развратнее и грешнее. Верх виновности – в деле, и ее почти нет в прилоге.

Прилог есть простое представление вещи, от действия ли чувств или от действия памяти и воображения представшей нашему сознанию. Здесь нет греха, когда рождение образов не в нашей власти. Иногда, впрочем, посредственно переходит сюда виновность, когда, например, образ соблазнительный вспадает[69] на мысль по причине допущенного позволения на мечты. Нередко и самодеятельно вызывается образ; тогда по качеству его сие дело становится грехом, ибо человек обязан держать ум свой в вещах Божественных.

Внимание есть установление сознания или ока ума на родившемся образе с тем, чтоб осмотреть его, как бы побеседовать с ним. Это есть медление в помысле единичном или многосложном. Сие действие более во власти человека: ибо родившийся против воли образ можно тотчас изгнать. Потому оно и более виновно. Кто внутренно смотрит на преступный предмет, тот обличает худое настроение сердца. Он походит на того, кто в чистый жилой покой вводит нечистое животное или вместе с честными гостями сажает отвратительного нечестивца. Иногда, правда, предмет приковывает к себе внимание своею новостию, поразительностию, но всё, после того как сознана его нечистота и прелесть, должно изгнать его вон, ибо иначе тут будет участвовать соизволение, и из невольного дело сие станет произвольным. Вообще сей момент очень важен в нравственной жизни. Он стоит на переходе к делам. Кто прогнал помыслы, тот погасил всю брань, прекратил все производство греха. Потому и советуется все внимание обращать на помыслы, с ними воевать. Сюда преимущественно направлены и все правила святых подвижников. Отсюда само собою видно, какой цены грехи воображения и самовольных мечтаний. Где им соизволяется, там они грех. Но сей грех грешнее, если к тому употребляются какие-нибудь внешние средства, например чтение, слышание, зрение, разговаривание. Сии последние также оцениваются как случаи ко греху.

Услаждение есть приложение к предмету вслед за умом и сердца. Оно приходит, когда, вследствие внимания к предмету, он начинает нам нравиться, и мы находим удовольствие в умном смотрении на него, лелеем его в мысли. Услаждение греховными предметами есть уже прямо грех. Ибо если сердце наше должно быть предано Богу, то всякое его сочетание с другими предметами есть нарушение верности Ему, разрыв союза, измена, духовное прелюбодеяние. Должно сердце свое хранить в чистоте, потому что из-за него помышления ума становятся злыми (см.: Мф. 15, 18–19), когда, то есть, оно начинает услаждаться ими беззаконно. Есть, впрочем, усладительные движения плоти и сердца, нисколько не зависящие от произвола, каковы все движения потребностей. Кои они, невинные в начале, тотчас становятся не безвинными, коль скоро сознаны и прикрываются благоволением к ним или согласием на незаконное удовлетворение им. В начале они суть движения естественные, а потом становятся уже нравственными. Посему, говорят, заметив их, вознегодуй. Отсюда само собою следует, что должно думать об эстетических наслаждениях. Они преступны в той мере, в какой их содержание или форма несообразны с чистотою сердца и нравов. То же и относительно мастерских произведений ремесленников: одобрять их умом за приспособленность к цели есть должное дело; а предавать себя их эффекту, ради пустого минутного услаждения, худо. Да и вообще, отходя ко сну, молимся о прощении, если *доброту чуждую* видев, тою уязвены были сердцем,— чтоб тем очистить сердце свое от всех увлечений днем. Во многих, впрочем, случаях услаждение вырывается необходимо или неудержимо. Тут одно правило: не соизволяй, отринь, вознегодуй. От услаждения один шаг до *желания*. Отличие между ними то, что душа услаждающаяся пребывает в себе, напротив,— желающая склоняется к предмету, имеет к нему стремление, начинает искать его. Оно никак не может быть безвинным, ибо совершается согласием или рождается современно с ним, как бы из-под него; согласие же всегда в нашей воле.

От желания еще одною чертою отличается *решимость*, именно тем, что в состав или в условие рождения ее входит уверенность в возможности и видение средств. Желающий изрек согласие на дело, но еще ничего не придумал и не предпринимал к достижению своей цели; у решившегося все уже осмотрено и решено, остается только приводить в движение члены тела или другие силы для соответственного производства дел.

Когда же, наконец, и сие будет совершено, тогда кончается все делопроизводство греха и является *дело*,– плод развращения, зачатого внутри и родившего беззаконие вовне.

После услаждения так быстро стремление к делу, как падение тяжкого камня по крутому скату. Посему-то общее правило: бори и гони помыслы, пока еще ими не уязвлено сердце, ибо тогда очень трудна, если не невозможна, победа. В главнейшем ходе образования греха заметно, как одна за другою силы человека сочетаются с грехом. После того как в услаждении осквернено сердце, в желании оскверняется воля, в решимости, чрез изобретение средств, становится причастником сей скверны и рассудок; в деле, наконец, и самые силы тела проникаются грехом: и стал весь человек грешен.

Здесь должно заметить:

1) уже и тот, кто *возжелал или изрек согласие* на дело внутренно, в нравственном смысле совершил грех пред Богом, видящим тайная сердец. Кто зачал похоть, родил грех (см.: Иак. 1, 15), говорит апостол Иаков, и вожделевший на жену уже слюбодействовал с нею (см.: Мф. 5, 27), говорит Господь. Однако ж решившийся грешнее его, по большему напряжению сил на грех, по большему объему огрешения внутреннего, по большему упорству и развращению воли. От решимости до дела одна черта;

2) хотя в *желании* и *решимости* есть уже грех, однако ж из сего не должно заключать, что самому *делу* грешному нечего прибавить к их греховности, и оно грешно не более их. Решившийся может еще или имеет время отказаться от дела и, следовательно, однажды воспротивившись закону, оказать ему покорность в другой раз, когда он в совести предъявит свои требования, между

тем сделавший дело попирает закон и внутренно и внешно. Совершающий дело во все продолжение его борется с совестию, которая не престает вразумлять его, следовательно, более развращает себя и расстроивает свою нравственную природу.

Совершающий дело всего себя исполняет грехом, все силы и все существо свое наклоняет к нему и направляет; оттого в первом уже деле полагает основание привычке, ибо сделавший однажды скорее и охотнее сделает в другой раз и так далее, особенно плотские грехи. Наконец, злые следствия от греха начинают являться уже по совершении его. Соблазн, расстройство здоровья, ущерб для себя и других происходят уже от дела;

3) отсюда само собою очевидно, как думать о грехах, кои не совершаются делом не по свободному произволению, а по нужде или внешней невозможности. Тяжесть сего греха равна почти делу. Разность между ними только в следствиях, и притом все внутренние следствия уже есть, недостает только внешних. В сем отношении разность тем менее или значительнее, чем меньших или больших худых следствий ожидать должно было от дела. Где их нет и не бывает, там, можно сказать, и разность исчезает;

4) на сем основании различаются грехи *внутренние* и *внешние*.

К числу внешних грехов можно относить и грехи чужие, вменяемые нам: ибо в таком случае другие бывают как бы исполнителями нашего внутреннего греха, то же, что наши силы и наше тело для наших желаний. Ибо чрез что мы становимся участниками чужих грехов? Чрез то, если на грех, ими совершаемый, есть наше развращенное желание, и при их деле мы не обнаруживаем только пред другими, но самым делом имеем и питаем внутри презрение и неуважение к нарушенному другими закону нравственности, как тогда же видится сие и в совести нашей. После сего само собою разумеется, что во столько вменяется нам чужой грех, во сколько велико наше в нем участие и во сколько тем является наше презрение к нравственному закону. Способы, как сие делается, суть: *приказ* больше или меньше строгий, *совет* больше или меньше убедительный, *согласие*, с бо́льшим или меньшим услаждением, *соблазн* больше или меньше намеренный и льстивый, *незамечание* или попущение, с большею или меньшею поблажкою, также *одобрение*, непротиводействие, необъявление. Как важными могут быть чужие грехи, можно судить по тому, как грешен грех родителя, не останавливающего своих детей, или воспитателя, не исправляющего слабостей воспитанников или образованного превратно, который книгами, картинами, статуями повсюду рассеивает соблазн. Вообще, чем легче бывает остановить зло и содействовать благу, тем злее и безнравственнее наше участие в чужих грехах.

Так видите, как дела-то строятся! Потому снова прилагаю: трезвиться и бодрствовать подобает, себе внимать и сердце свое блюсти от всякого приражения[70] греховной скверны!

XVIII

Наконец, грехи еще различаются по разной степени *важности*. Об этом нечего много толковать. Из простого и краткого рассмотрения грехов видно, что они имеют не одинаковую степень важности и силы, но есть слабые, злые и злейшие. Сия разная важность их зависит иногда от их предмета, а иногда от степени развращения сердца, участвующего в нем.

В первом отношении грехи называются *тяжкими* и *легкими*.

Как обязанности, лежащие на человеке, имеют не одинаковую важность, так и нарушение сих обязанностей, или грехи, не одинаково тяжки. И правила для определения сей тяжести соответствуют правилам для определения важности обязанностей. Именно: грех тем более тяжек, чем более он вносит расстройства в мир нравственный, то есть чем больше противоположен нравственно-христианскому духу жизни, любви к Богу и ближним, например богохульство или нескромное стояние в церкви; чем больше совестию и откровением приложено к известному делу оснований, связывающих нас необходимостию в отношении к нему, например непочтение к родителям и простому человеку; чем, наконец, значительнее количество материи греха... например, украсть мало и много, оскорбить словом или делом, в первый или уже не в первый раз.

Но все это как бы мысленная только мерка для определения тяжести грехов. В действительности же оно подлежит разнообразнейшим условиям, кои, надобно сказать, нелегко определяются теориею. Помнить, впрочем, надобно, что сие различие грехов тяжких от не тяжких полагается совсем не с тем, чтоб быть дерзновеннее и смелее в иных грехах. Грех всякий есть тяжкий грех, ибо оскорбляет Бога. Потому вообще от всякого и должно блюстись. Только есть разные степени тяжести грехов, так разные, что иные грехи кажутся легкими сравнительно с другими, почему легкость сия есть только относительная. Знать же сие не бесполезно для нравственного внутреннего порядка, для изощрения нравственного чувства, особенно для избежания смятений совести или уврачевания сей ее болезни. Ибо иной на каждом почти шагу думает, что он тяжце согрешил. Такого решительное, мерное, численное определение тяжести грехов очень вразумит. Но и для беспечного это может быть спасительно, чтоб потрясти и устрашить, если по самозабвению слишком легкомысленно думает о своем грехе и порочном поведении.

Как добродетель не в одном деле состоит, но еще паче во внутреннем расположении, так и грех. Потому значительнее различия важности грехов по внутреннему греховному расположению. В сем отношении грехи разделяются на *смертные* и *несмертные*.

Смертный грех есть тот, который отнимает у человека нравственно-христианскую жизнь его. Если нам известно, в чем нравственная жизнь, то определение смертного греха не трудно, жизнь христианская есть ревность и сила пребывать в общении с Богом исполнением Его святого закона. Потому всякий грех, который погашает ревность, отнимает силу и расслабляет, отдаляет от Бога и лишает Его благодати, так что человек после него не может воззреть на Бога, а чувствует себя отреваемым[71] от Него; всякий такой грех есть грех смертный. Об этом грехе говорится, когда говорится: *есть грех к смерти* (1Ин. 5, 16). И еще: *питающаяся пространно, жива умерла* (ср.: 1Тим. 5, 6). Или: *не любяй пребывает в смерти* (ср.: 1Ин. 3, 14). Такой грех лишает человека благодати, полученной в Крещении, отнимает Царство Небесное и отдает суду. И это все утверждается в час греха, хотя не совершается видимо. Такого рода грехи изменяют все направление деятельности человека и самое его состояние и сердце, образуют как бы новое исходище в нравственной жизни; почему иные определяют, что смертный грех есть тот, который изменяет центр деятельности человеческой.

Это отвлеченное определение смертного греха более становится близким к делам нашим чрез следующие правила или условия, по коим грех становится смертным. Именно – он смертен, если кто преступает ясную заповедь Божию с желанием и усаждением, с сознанием себя и греховности дела. Если есть степени в смерти, то надобно сказать: грех тем смертнее, чем важнее каждая из сих сторон греха. При сем должно заметить, что важность предмета, как это само собою очевидно, при сознании его греховности, не оставляет никакого сомнения в смертности соделанного греха; но и в отношении к предметам меньшей важности может быть грех смертным, судя по развращению воли, с каким он совершается, или презрению чрез него закона, или хвастовству чрез него несвязностию законами нравственными.

В Православном исповедании подробно описаны смертные грехи[72]. Они разделяются на три класса. К первому относятся грехи, служащие источником для других грехов. Ко второму – грехи против Духа Святого, именно: безмерное упование на благость Божию, отчаяние, противление ясной истине, также зависть к духовным совершенствам других, застарение в злобе, отложение покаяния до смерти. К третьему – грехи, вопиющие на небо, каковы: вольное убийство, содомское дело, обида нищих, вдов и сирот и лишение мзды наемников, оскорбление и досаждение родителей.

Грех несмертный, иначе простительный, по противоположности к смертным, есть тот, который не погашает духовной жизни, не отдаляет человека от Бога, не изменяет центра его деятельности, при котором можно без смущения обращаться к Богу и беседовать с Ним в молитве искренно. Такого рода грехов бесчисленное множество, и от них никто не свободен, кроме Господа Иисуса Христа и Пречистой Богородицы. Посему сказано: *аще речем, яко греха не имамы, себе прельщаем и истины несть в нас* (ср.: 1Ин. 1, 8); или: *мною бо согрешаем вси* (Иак. 3, 2); еще: *седмерицею падет праведный* (ср.: Притч. 24, 16); *яко несть человек праведен на земли, иже сотворит благое и не согрешит* (Еккл. 7, 21).

Трудно, однако ж, определить, какие именно эти грехи, тем больше, что несмертность греха зависит и от внутреннего расположения духа, а не от одной маловажности предмета его. Решительно только можно сказать, что все грехи невинного неведения, неосмотрительности ненамеренной, иногда неприличия и неблагоразумия легкого, суть грехи несмертные, извинительные, потому особенно, что в них не участвовало намерение и желание сделать что недоброе. Кто, увидев их в себе, осудит отвращением, тому простятся они. Вообще все легко худое, без сознания худости совершенное, есть грех простительный. Худость таких дел и близость к смертному греху возрастает по мере сознания их худости при совершении их. Это особенно должно сказать о вещах безразличных, когда они совершаются не с худою целию, но и не с доброю, а в естественном их порядке.

В последнем случае они могут заимствовать худость от того действия, какое производят на душу человека. Например, прогулка может оставлять рассеянность в мыслях и возбуждать движения похоти. Кто заметил, что она имеет худое на него влияние, и сознал, вместе, что по сему самому он обязан прекратить ее, а между тем не прекращает, тот очевидно, хотя легко, но оскорбляет совесть, нарушает ее покой и чистоту. Очевидно, что такого рода грех уже выступил из несмертного и очень приблизился к смертному; а учащение действительно превратит его в такой. Ибо больше всего и замирает жизнь духа от развлечений.

Посему-то вообще предписывается бегать, сколько возможно, и простительных, и несмертных грехов, тем паче с того времени, как сознана их греховность. Кто искренно любит Бога, тот не должен попускать пятнать пред лицем Его чистоту своего сердца из какой-нибудь маловажной и пустой привычки. Притом и малые грехи уже сродняют с греховностию и потому пролагают путь большим грехам. *Уничижаяй малая по мале упадет* (Сир. 19, 1). Надо еще подумать, не обманываемся ли мы в том, что это грех малый: может быть, он в существе большой и злой!

Довольно, думаю, о греховных делах. И из сего можете уразуметь, как посреди сетей ходим! Будем вопиять: избави ны от ловящих нас! Спасайтесь!

XIX

б) Теперь о грехе как расположении

Греховное расположение, иначе греховная склонность, страсть,— есть постоянное желание грешить известным образом, или любовь к греховным каким-нибудь делам или предметам. Так, например, рассеянность есть постоянное желание развлечений или любовь к ним.

Такие пристрастия или греховные склонности в нравственной жизни имеют великое значение. В них крепость зла, как в добрых расположениях крепость добра. Что крепости в государстве, то они в душе. Чрез них грех или сатана воздвигает себе крепости в сердцах и из них безопасно действует, не страшась как бы противной стороны. Страсть в отношении к деятельности человека есть истинное духовное рабство: ибо человек ею, как ведомый, ведется на зло, даже сознавая свою беду, даже не хотя уже его. Как невольника связанного влечет пленивший, куда хочет, так делает и страсть с грешником. «Велико, говорит святой Златоуст, обычая мучительство, потому что он превращается в истинную потребность»[73]. *Имже кто побежден бывает, сему и работен есть* (ср.: 2Пет. 2, 19). *Творяй грех раб есть греха* (Ин. 8, 34). Природа человеческая здесь терпит полное унижение от греха. Иной и воздержится мало, но потом, при случае, как огонь воскипает страсть и увлекает к обычным делам. Иной терзается, мучится, окаявает себя, когда страсть утихает; но, лишь придет она в движение, беспрекословно покорствует ей и охотно предается в руки мучителя своего. У иного сила ее до того доходит, что ни убеждение, ни страх, ни стыд, ни беды, ни даже смерть не сильны отвратить его от дела. Человек, работающий страсти, есть беднейшее существо. Если смотреть на страсть в отношении к Богу или на ее значение в нравственном мире, то она есть истинное духовное идолопоклонство. Коль скоро есть страсть, или любовь ко греху, то предмет его, как идол, стоит в сердце, которое потому становится для него капищем[74], и в жертву ему приносится всё с охотным послушанием всякий раз. *Не можете Богу работати и мамоне* (Мф. 6, 24), сказал Господь. Чье сердце пристрастилось ко греху, для того он Бог. Посему для чревоугодника чрево – Бог (см.: Флп. 3, 19), для лихоимца – деньги (см.: Кол. 3, 5).

Откуда страсти, какие из них начальные и какие исходные, почему у одного одни, у другого другие, рассмотрение сего отложу до другого времени. Здесь припомню только, что ни один человек не рождается со страстию определенною. Каждый из нас приходит в свет сей только с семенем всех страстей – самолюбием. Сие семя потом жизнию и свободною деятельностию развивается, растет и раскрывается в большое дерево, которое ветвями своими покрывает всю греховность нашу, или всю область грехов, потому что всякий грех непременно уже укрывается под ним или висит на какой-нибудь его ветке. Главнейшие ветви самолюбия суть: гордость, лихоимание, сластолюбие. От сих отраждаются уже все другие страсти; но между ними не все одинаково важны. Замечательнейшие суть: блуд, чревонеистовство, зависть, леность, злопамятование. По силе своей они равняются первым, с которыми вместе составляют семь начальнейших страстей, ибо суть возбудители греха и родители всякой другой греховной склонности и страсти. Как и какие страсти далее развиваются из них,– смотри Православное исповедание[75].

Отсюда видно, что все страсти состоят между собою во взаимной связи и взаимнорождении, подобно добрым расположениям, и имеют различную силу и греховную тяжесть. Нет сомнения, что всякая страсть есть тяжкий и смертный грех, ибо отдаляет от Бога и погашает ревность к благородной жизни. Однако ж страсть тем злее и преступнее, чем злее и безнравственнее ее предмет, чем существеннейшие нарушаются ею обязанности и чем она застарелее.

Никак не должно думать, что страсти образуются естественно, сами собою. Всякая страсть есть дело наше. Позывы на то или другое греховное происходят из растления нашей природы; но удовлетворять ему, тем более неоднократно, до привычки, состоит в нашей воле. Так гордость утверждается частым горденим, леность – частою недеятельностию, зависть – частым завидованием, сварливость – частою бранью и прочее.

В составе страсти должно различать сердечное расположение и привычные действия, удовлетворяющие страсть. Когда человек бывает в состоянии образовавшейся страсти, тогда то и другое, можно сказать, равносильно. Но прежде, нежели страсть придет в силу, хотя расположение страстное, или страсть, в сердце уже есть, но привычка к действиям соответственным может быть очень слаба. Наоборот, когда человек войдет в себя, поймет свою опасность от страсти и решится погасить ее,– страсть уже ненавидится, гонится и преследуется человеком; но привычка к действиям, удовлетворяющим страсть, к которым настроены части и силы души и тела, долго еще соблазняет, иногда вырывает удовлетворение, как бы против воли, иногда увлекает, как бы неудержимо. Потому-то долго, долго надобно трудиться над искоренением внедрившегося порока, пока действия и движения сил привыкнут к противоположным оборотам.

Об искоренении страстей надо писать целые книги... Потому здесь упомяну о малом чем! То нерешительный признак, что кто-нибудь исправляет свое сердце, если он удерживается только от внешних дел, соответствующих страсти; ибо при сем может и любовь страстная таиться внутри, и, следовательно, по сердцу сей человек может оставаться страстным – неисправляемым. Также вспышка ненависти на страсть и недовольство собою за нее, думание и передумывание, как отучить себя от страсти и победить страсть, нерешительный того признак, ибо это состояние минутное: пройдет, и сердце опять помирится со страстию. Но если кто с сей минуты негодования на страсть примет твердое и решительное намерение преследовать ее и, не жалея себя, искоренять, то такое устремление против страсти есть истинное начало исправления; а благонадежность исправления зависит от постоянства и неизменности намерения и действования против страсти, ибо конец венчает дело. Хорошее начало есть половина дела; но другая половина исполняется уже в конце начатого поприща; или, лучше, до самой смерти человеку страстному, исправляющему себя, должно думать, что он сделал только половину или только начал. От дел страстных иногда скоро отвыкают; но так как силы души подвижнее членов тела вещественных, то вообще не советуется верить погашению страсти, будто ее нет уже или она умерла. Во всякое время ее лучше сравнивать с прикинувшейся змеею, которая при всяком удобном случае готова уязвить, или с обмершим насекомым, которое при благоприятных обстоятельствах легко оживает. Посему бдите, молитесь! Не малая, впрочем, в сем отношении разность у стоящих в добре людей,– именно: у тех, кои не рабствовали прежде страстям, с теми, кои рабствовали им, но исправились. Что прилично одним, то не всегда может быть принимаемо другими. Те могут действовать с большею свободою, последним должно всегда ходить так, как около огня. Сим же решается недоумение: как же некоторые святые позволяли себе льготы и утешения? Нам же почему необходима такая строгость?! Потому что они были целы, а мы были изломаны. Как тем, у кого были вывихнуты какие-либо члены, по установлении последних на своих местах, не позволяют действовать свободно, а предписывают крайнюю осторожность: так и тем, кои падали в страсти и исправились, нужна строгая осмотрительность во все дни жизни их.

Спрашивается: что думать о некоторых чувственных привычках к вещам и делам безразличным, то есть привычках удовлетворять потребности тела и чувств известным, определенным образом, например привычке к известной пище, к цвету и прочему? Как любовь к чувственному – это есть нечистота, но когда предмет ее – вещь безразличная и особенно не влекущая за собою расстройства в духе и благочестивом состоянии, то это есть дело извинительное, то, что прежде названо грехом несмертным, легким и простительным. Истинные, впрочем, ревнители благочестия, посвящая сердце Богу, тотчас замечают, что, хотя небольшое, однако ж всё полагают препятствие сему сии пустые привычки, подобно тому как длинное платье мешает скоро идти; потому стараются освобождать свое сердце и от них, чтоб как они безразличны, так и сердце было безразлично в отношении к ним. Какая бы ни была привычка, но все же она – связа[76]. Всякий невнимательный есть раб страстей и привычек. Приходя в себя, всеконечно все внимание и тщание должно ему обратить на страсти, ибо в них седалище[77] греха. Но, одолевая их, должно потому отрешаться и от привычек, чтоб, подобно свободной голубице, лететь и почить в Едином Всеблаженном и Всеублажающем Боге.

И так молиться подобает: *сердце чисто созижди во мне, Боже!* И со страхом и трепетом свое спасение содевать! Один Бог весть, что породит находящий день. Но то утешение нам, что близ есть Господь всем призывающим Его во истине.

XX

в) Наконец, слово-другое о грехе в последнем отношении, то есть грехе как *состоянии, или греховном настроении*

Греховное настроение духа легко определить по противоположности с настроением духа добродеющего, как оно изображено прежде... Так, в нем нет жажды Божественного; он не ощущает и даже не чает в нем никакой сладости, а иной даже отвращается от него и бежит; нет силы: часто хотел бы, говорит он, но не могу пересилить себя; нет богообщения: он отвратил очи свои от Бога и не только не взирает на Него, но и не хочет взирать и даже боится. Внутреннее чувство и совесть уверяют его, что он отпал от Бога, отревается Им; вместо желания ходить в воле Божией, у него есть своеволие, или он избрал началом для своей деятельности свою волю, делает что хочет; вместо ожидания небесной помощи, у него самонадеянность или вообще земные средства, какие в его руках: имение, покровительство и прочее; нужды в защите со стороны веры и Церкви Христовой у него нет. Христос и Святая Церковь становятся для него и суть что-то стороннее, не совсем нужное, если не излишнее. Главные, впрочем, между сими чертами суть: жизнь в своей воле с отвращением от Бога или невниманием к Нему и Его закону. Другие черты собираются уже около сего и из сего развиваются. Впрочем, судя по обстоятельствам, у иного одна, а у другого другая черта выдается из-за других, бывает очевиднее и злее. Также, судя по силе каждого из сих элементов, и самое состояние греховное бывает более или менее упорно и развращенно,— все сие по противоположности с добрым настроением духа. И условия для определения степеней греховности сейчас же видны из подобной противоположности, именно: чем кто стремительнее к похотям своей воли; чем больший объем грешных дел берет на свою долю; чем настойчивее в преодолении препятствий внешних и внутренних, особенно со стороны сторонних увещаний и внушений совести; чем развращеннейшие имеет цели в греходеяниях, тем хуже, злее и опаснее греховное настроение. Сие все возрастает от того, если кто и больше получил даров и благодеяний, и особенно вкусил благодати Христовой, больше имел возбуждений внешних и внутренних, больше и яснее знает порядок нравственной жизни, доброй и злой.

Наконец, и отношение греховного состояния, страстного расположения и грешного дела в грехе точно такое же, какое и в добродетели соответствующих им добрых сторон. Отвратившийся от Бога в свою волю частым повторением грешных дел одних и тех же осаждает в сердце пристрастие к ним. Разность только в том, что добрый борется со страстями и нехотением добра, а грешник с совестию, претящею ему грешить и побуждающею образумиться. Остатки добра противятся греху,— сему злу, входящему в сердце: развращенная воля посекает добро, чтоб воцарить зло. Как происходит сия несчастная и бедственная борьба человека с собою на погибель себе, отчасти изображено Господом в притче о блудном сыне. Тут видно, как от одного простого, будто и благовидного помысла, не прогнанного в свое время, зарождается в сердце порочное желание и образуется своя воля; как потом за ним следует дело за делом, пока не дойдено до края развращения. Так камень, брошенный по скату горы, останавливается уже на самом дне ее пропасти.

На сем основании справедливо различают греховные возрасты, так как есть они и в истинно-христианской жизни. В слове Божием о грешнике вообще говорится, что он, все более и более *преуспевая на горшее* (ср.: 2Тим. 3, 13), *приходит* наконец *во глубину зол* (Притч. 18, 3); означаются и степени ниспадения в сию глубину, например, он *болит неправдою, зачинает болезнь и рождает беззаконие* (ср.: Пс. 7, 15); или, яснее, по противоположности с мужем, ублажаемым в первом псалме, *идет на совет нечестивых, останавливается на пути грешных* и, наконец, *садится на седалищи губителей* (ср.: Пс. 1, 1). Последние выражения можно принять за характеристические черты греховных возрастов. Их тоже три: младенческий, юношеский, мужеский. В первом грешник только пошел в грех, во втором остановился в нем, в третьем стал распорядителем в его области.

Младенческий возраст. Это период образующейся духовной жизни, не установившейся в своих формах, колеблющейся, время борьбы остатков внутреннего добра и света с вступающим злом и тьмою. Здесь поблажающий греху человек все еще думает отстать от него; мало-мало, говорит он себе, и брошу. Грех еще кажется ему как бы шуткою, или он занимается им, как дитя, резвящееся игрушкою; он только будто рассеян и опрометчив. Но в сем чаду, в сем состоянии кружения невидимо полагаются основы будущему ужасному состоянию грешника. Первые черты, первые линии его полагаются в первый момент отдаления от Бога. Когда Сей свет, Сия жизнь и сила сокрываются от человека или человек сокрывает себя от Него, вслед за тем начинает слепнуть ум, расслабляться и не радеть воля, черстветь и проникаться нечувствием сердце, что все и заставляет человека часто говорить себе: нет, перестану. Но время течет, и зло растет. Кто-то из ума крадет истины, одну за другою; он уже многого не понимает даже из того, что прежде ясно понимал, многого никак не может удержать в голове, по тяжести и невместимости того в теперешнее время, наконец, совсем ослепляется: не видит Бога и вещей Божественных, не понимает настоящего порядка вещей, ни своих отношений истинных, ни своего состояния, ни того, чем он был, ни того, чем стал теперь и что с ним будет... вступает во тьму и ходит во тьме[78]. Воля, побуждаемая совестию, все еще иногда радеет и приемлет заботы о спасении человека... иногда он напрягается, восстает, удерживается от одного или другого дела в надежде и совсем поправиться, но и опять падает, и, чем более падает, тем становится слабее. Прежние остановки и отказы делам, действительные, превращаются в одни бесплодные намерения, а из намерений – в холодные помышления об исправлении; наконец и это исчезает. Грешник как бы махнул рукою: *так и быть, пусть оно идет, авось само как-нибудь остановится!* И начинает жить как живется, предаваясь порочным желаниям, удерживаясь от явных дел, когда нужно,– не беспокоясь ни угрозами, ни обещаниями, не тревожась даже явным растлением души и тела. Грех есть болезнь и язва. Сильно терзает он душу после первого опыта. Но время все сглаживает. Второй опыт бывает сноснее, третий еще сноснее и так далее. Наконец душа немеет, как немеет часть тела от частого трения по ней. То были страхи и ужасы, и гром готов был разразиться с неба, и люди хотели будто преследовать преступника, стыд не давал покоя и не позволял показываться на свет; а тут, наконец, всё ничего! Человек смело и небоязненно продолжает грешить, понять даже не умея, откуда это прежде бывали у него такие тревоги. Когда таким образом образовались *ослепление, нерадение* и *нечувствие*, видимо, что человек-грешник остановился на пути грешных. Все добрые восстания улеглись... Он покойно, без смущений и тревог пребывает в грехе... Здесь вступает он в *период юношеский*.

Возраст юношеский. Это период пребывания в грехе или стояния на пути грешных в слепоте, нечувствии и нерадении. Высшие силы человеческого духа поражены летаргическим сном, а силы греха возобладали над ними и как бы наслаждаются покоем. Сначала это есть как бы точка безразличия. Но с сей точки начинается покорение лица человеческого греху. Силы его, одна за другою, приводятся к подножию греха и поклоняются ему, принимают или признают над собою его царскую власть и становятся его агентами. Поклоняется ум и принимает начала *неверия*, поклоняется воля и вдается в разврат, поклоняется сердце и полнится робостию и страхом греха и греховного начала. Не все спит грешник, иногда и просыпается. В это время хотел бы все оставить, но боится начать сие дело по непонятной некоторой робости, в которой отчета дать нельзя. Так застращивается человек тиранством греха, что о возмущении против него как бы и подумать не смеет. Тут свидетельство, как чрез грех глубоко падает сила духа и поносное рабство ему до чего унижает благородное лицо человека! Ум сначала только не видит или теряет все истинное, но с продолжением времени, вместо истины, вступает в него ложь. Здесь все начинается сомнением или простыми вопросами: почему так, не лучше ли так или вот этак? Вопросы сии сначала пропускаются без внимания, только тень некоторую, подобно сети паутинной, налагают на сердце; но, прилегая к нему ближе, сродняются с ним и обращаются в чувство; чувство сомнения есть семя неверия. Начинают говорить свободно, потом сшивать остроты, наконец презирать и отметаться всего Божественного и святого. Это *неверие!* И воля спит в беспечности, действуя по началам недобрым, сама того не замечая, как ими вытесняются начала добрые. Она может пребывать покойною, не высказывая резко своего внутреннего растления, но, где ее начинают тревожить, где хотят ее заставить действовать по другим началам, там она высказывает всю строптивость своего нрава, не уважая ни очевидности убеждений, ни даже крайности: она идет всему наперекор, поставляя себя главным правилом для всего. Закон ли совести будет ей внушать это, или законы положительные, она говорит: отойди, путей таких ведать не хочу; и это не по чему иному, как по растлению нрава. Таким образом грешник, *робостию* застращенный восставать на грех, *неверием* принявший начала лжи, волею усвоивший правила *развратные*, являет себя довольно надежным, чтоб его возвести в некоторые правительственные распоряжения в греховном царстве. Таковой посаждается на седалище губителей. Он вступил в возраст мужа для заведования частию дел греховного царства.

Возраст мужеский. Это период самостоятельного, настойчивого действования в пользу греха, против всего доброго, отчего человек приходит на край пагубы. Степени ниспадения его определяются степенями противления свету и добру. Ибо и тогда, как он так живет, совесть не престает тревожить его. Но, принявши другие начала, он не слушает и идет напротив. Иногда он только не внимает сему гласу, в состоянии *нераскаянности,* иногда отвергает и вооружается против него, в состоянии *ожесточения,* иногда же самого себя сознательно предает пагубе, в состоянии *отчаяния.* Это конец, куда приводит наконец грешника грех, им возлюбленный.

Таким образом, греховных три возраста дают девять состояний. К ним можно приложить еще три состояния несовершенного обращения грешника, или обращения недоконченного и недозрелого, именно: состояния *рабства,* когда, по страху наказаний и угроз Божиих, удерживают руки от грехов более важных, не стыдясь питать страсти и помыслы худы; *самопрельщения,* когда считают себя совершенными, по нерешительным и начальным только делам добра; *лицемерия,* когда останавливаются только на внешних делах благочестия и на том основывают свою надежду. И будет всех состояний греховных, вне доброго пути, двенадцать.

Большая часть людей вязнет в первых трех и в трех последних. Но немало их во вторых и третьих. В утешение грешному роду нашему должно сказать, что, пока человек в сей жизни, какие бы ни делал он грехи, всегда есть ему возможность возвратиться к милосердному Богу, милующему кающихся. Так хороша и добра человеческая природа, что всеми неправдами своими человек не может вконец исказить ее здесь. Только, пока он не раскаян, пока ожесточен, пока отчаивается, не может быть помилован, и если не изменит сего нрава, не начнет плакать и надеяться, то так сойдет и во гроб и погибнет вечно. Всему злу виновник диавол. Если бы не он, не было бы отчаивающихся. А это он сначала твердит: Бог милосерд; а когда нагрешит много человек и задумает каяться, страшит его грозным правосудием Божиим. Но кто изобразит все коварство и злобу сатаны и какими сетями опутывает он грешных, поддающихся ему! Ужасается и не может понять грешник образумившийся, как мог он сделать то и то, хотя прежде так это казалось ему легким. Человек грешит всегда в некотором самозабвении.

Коль велико зло грех! Грехом оскорбляется беспредельное величие Бога. Презирая закон, презираем Самого Законодателя и оскорбляем Его. Не так сие надо понимать, чтоб сим оскорблением нарушалось все блаженство Божие, ибо Он вне всякого прикосновения от твари; но так, что с нашей стороны уже все бывает сделано к тому, чтоб оскорбить Его беспредельное величие, подобно тому как простой гражданин, хотя величество царское остается неприкосновенно, оскорбляет его своими делами. В сем отношении грех есть зло бесконечно-великое. Но правда требует, чтоб оскорбление было удовлетворено. Удовлетворение должно быть равно оскорблению. За бесконечно-великое оскорбление должно представить бесконечно-великое удовлетворение. Вот здесь и горе! Имея возможность сделать бесконечное оскорбление, человек не имеет возможности сделать за него должное удовлетворение. Остается человеку вечно быть виновным и, следовательно, вечно нести наказание. Таковы как первый грех, так и все последующие. Всякий раз, как грешит человек, он ввергает себя в бесконечное зло.

О человеке же христианине пишет Апостол, что он, согрешая по Крещении, *второе* распинает Сына Человеческого (см.: Евр. 6, 6), попирает кровь Завета и становится в ряд распинателей, кричавших: *кровь Его на нас и на чадех наших!* (ср.: Мф. 27, 25).

Отделившись от Бога и Христа, человек чрез грех присоединяется к полчищу сатаны и становится для него засадным местом, откуда он воюет на Бога, издеваясь над беспредельною Его милостию и слепотою и безумием христианина. Бог Сына Своего Единородного дал, говорит сатана, а я и так умею владеть людьми. После же, на суде, всю вину взнесет он на самого человека и еще увеличит ее, чтобы поспешнее свести во ад. А что грех производит в самом человеке? Он извращает его и, как бы в какую тьму ввергая, в мечты фантазии, суету желаний и беспорядочность сердечных волнений, кружит его всю жизнь, не давая опомниться. Между тем мучительство страстей съедает и душу и тело. Грешник есть существо тлеющее.

Судя по сей злокачественности и по сему безобразию греха, грешнику надлежало бы начать всесторонние страдания еще здесь. Но по судьбам Божиим сего не бывает. Грешник нередко веселится и упивается счастием земным, сколько сумеет или сколько попустит Бог, частию для воздаяния за какие-нибудь добрые дела, частию для вразумления. Но под этим видимым счастием всегда кроется крушение духа непрестанное, по временам только заливаемое чувственным упоением, и то не вполне. Грешник всегда мрачен и как будто боится чего-то.

К умирающему грешнику нераскаявшемуся приходят демоны и, исторгши душу его, ввергают в место мрака, до Второго пришествия. Здесь пока терзается дух один, а когда, по Втором пришествии, соединится с телом, с телом и страдать будет бесконечные веки, и мучений тех изобразить нельзя!

Тем и закончим. Имеете теперь общее очертание христианской добродетели и нехристианского греха. Довольно и сего, чтоб уразуметь, как хороша первая и как худ второй. А все если взяться описывать, и конца не будет! Уклонимся убо от зла и сотворим благо. Благослови вас, Господи!

XXI

Хорошее пришло вам желание подробнее узнать, как отпечатлевается христиански добродетельная жизнь во всем существе человека и на всех отправлениях его сил. Но не знаю, как удовлетворить вашему желанию. Это поведет очень далеко. Начну понемногу и буду писать. Успею – успею, а не успею, так и быть. Дело сие не маловажно. Тут яснее всего можно увидеть, что производит в человеке Божественная благодать, ради покорности человека указаниям слова Божия, и что бывает с человеком, когда он, оставаясь сам с собою, следует внушениям своей воли и своего разума, и тем более, когда предается какой-либо страсти или греху.

Отличительное свойство христианской жизни то, что она есть жизнь благодатная. Потому к плодам ее, или к ее действиям на наше существо, относится не то одно, что может производить в нас добродетель вообще, но то особенно, что производит в нас, ради желания добра и труда по сему, Божественная благодать. Равно и противоположная ей жизнь нехристианская отличается не только тем, что производит грех в человеке, но и тем, что бывает с ним вследствие того, что он теряет или не принимает Божественной благодати. Чтоб не путаться в словах, я буду означать ту и другую соответственными словами: христианин, нехристианин, благодатный, безблагодатный, ревнующий о христианской жизни, преданный греху и страстям. На первый раз извлеку вам из слова Божия общие черты, коими обозначается та и другая жизнь или человек, держащийся той или другой жизни. Если собрать все места Писания, относящиеся к сему, то в них найдем ответы на следующие вопросы: что есть та и другая жизнь по происхождению своему, по действиям, по общему духу, по обществу, в коем развивается, и по своей участи?

Человек вне христианства, или пребывающий в грехе, естественным путем рождения *происходя* от первого Адама, падшего, и по внутренним, нравственным свойствам своим почитается совершенно с ним схожим, то есть пребывающим в отпадении от Бога. Будучи, таким образом, истым его выражением, он называется и ветхим, как бы столько же существующим, сколько род человеческий, или ничего в себе нового не заключающим, таким же, каковы все исстари. Апостол пишет, что мы облекаемся в образ перстного (см.: 1Кор. 15, 49) в рождении, и если не отложим сего ветхого человека (см.: Еф. 4, 22), то навсегда останемся такими же, каков перстный (см.: 1Кор. 15, 47–48).

Действия сего подобника Адамова, как ветхого человека, преимущественно греховны. Ему принадлежит прилежное помышление на зло от юности (см.: Быт. 8, 21), потому что он зачат в беззакониях и рожден во грехах (см.: Пс. 50, 7), даже продан под грех (см.: Рим. 7, 14). Сия вошедшая в него путем рождения сила греховная властвует в нем с непреодолимостию, живет, как господин (см.: Рим. 7, 20–23); так что все существо человека со всеми членами его есть не что иное, как тело греха, и силы его суть орудия неправды (см.: Рим. 6, 12–13). Посему очи его исполнены блудодеяния и непрестанного греха (см.: 2Пет. 2, 14); гроб отверст гортань его (см.: Рим. 3, 13); он *необрезан сердцы и ушесы* (ср.: Деян. 7, 51); *нозе его на зло текут и скоры пролияти кровь* (ср.: Ис. 59, 7).

Такое основание внутренней жизни показывает на иное некое происхождение по духу, именно от диавола. Ибо исперва диавол согрешил, а потом уже и все люди, кои и бывают грешниками не иначе как от диавола, почему и называются детьми его (см.: 1Ин. 3, 8, 10), семенем змия (Быт. 3, 15) или, прямо, змиями, порождениями ехидниными (см.: Мф. 3, 7; Лк. 3, 7; Мф. 23, 33), а диавол – отцом их (см.: Ин. 8, 44). По такому родству с диаволом, они суть истые преемники духа его, духа богоборства, вражды на Бога и противления Ему явного и тайного. Все святое и Божественное всем им вообще неприятно, а некоторым даже противно. Богу говорят: отойди от нас; или: что Вышний, *не вем Бога* (фараон) (см.: Исх. 5, 2); Духа Божия не принимают (см.: Ин. 14, 17), людей Божиих ненавидят и преследуют (см.: 1Ин. 3, 13).

Вся совокупность таковых людей, порождений диавола, исполненных духом богопротивления, составляет *область сатаны* мрачную (см.: Деян. 26, 18), в которой он живет, имеет свои глубины (см.: Апок. 2, 24), или престол, и, как князь мира сего и Бог века (см.: 2Кор. 4, 4; Ин. 12, 31), всем правит посредством миродержителей тьмы века сего, духов злобы поднебесных (см.: Еф. 6, 12). Эта область есть *мир*, лежащий во зле (см.: Ин. 5, 19), преисполненный скверн (см.: 2Пет. 2, 20), валяющийся в похотех (см.: 2Пет. 1, 4), ослепленный (см.: 2Кор. 4, 4) и в ослеплении буйствующий и преследующий все святое и всех святых и ревнующих о святости; мир, одна любовь к которому есть вражда на Бога и друг коего есть враг Божий (см.: Иак. 4, 4). Дух ослепления и упорного буйства есть прямой дух мира или сатаны (см.: 1Кор. 2, 12).

Жалка *участь* сих людей! Она одинакова с миром и сатаною. Будучи естеством чадами гнева (см.: Еф. 2, 3), они потом в продолжение жизни собирают себе гнев в День гнева и откровения праведного суда Божия (см.: Рим. 2, 5); кончина их погибель (см.: Флп. 3, 19), и им блюдется мрак темный вовеки (см.: 2Пет. 2, 9,17; Иуд. 1,13).

Ни один из таковых не спасется иначе, как под условием обращения и покаяния ради веры в Господа Иисуса Христа, действием благодатного возрождения. Веруяй в Господа не будет осужден, а не веруяй уже осужден есть, яко не верова во имя Единородного Сына Божия (ср.: Ин. 3, 18). Аще кто не родится свыше, не может видети Царствия Божия (Ин. 3, 3). Веруяй в Сына имать живот вечный, а иже не верует в Сына, не узрит живота, но гнев Божий пребывает на нем (ср.: Ин. 3, 36).

В человеке, зачавшем в себе истинно-христианскую жизнь, все сии стороны совсем противоположны.

Так, *рождается* он свыше и образом совершенно новым, то есть водою и Духом (см.: Ин. 3, 3), чрез приобщение ко Христу, единому истинному источнику истинно-человеческой жизни, и чрез облачение в образ сего небесного человека – нового Адама, нового родоначальника истинных людей (см.: 1Кор. 15, 49), почему и называется человеком новым, совлекшимся ветхого (см.: Еф. 4, 24), новою тварию о Христе Иисусе (см.: 2Кор. 5, 17).

Рожденный не от похоти плотской, но от Бога, он приемлет область *быть чадом Божиим* (ср.: Ин. 1, 12–13), ради Господа Иисуса Христа, преискренне приобщившегося плоти и крови и соделывающего верующих причастниками Божеского естества (см.: 2Пет. 1, 4), которые, потому что водятся Духом Его, *суть сынове* (Рим. 8, 14), приявшие Духа сыноположения, по Которому вопиют: *Авва Отче* (Рим. 8, 15) и Который спослушествует духу их, что они суть сынове (см.: Рим. 8, 16). В чувстве сего *сыновства* они наслаждаются благоволением Божиим, исполняются любовию к Богу и из любви ревнуют о славе Его. Все Божеское есть как бы их собственное.

По сему происхождению, в них *как дух жизни, так и самые дела святы и Божественны*. Еще прежде сложения мира они определены быть святыми и непорочными в любви (см.: Еф. 1, 4) и по исполнении времен созданы *во Христе Иисусе на дела благая, да в них ходят* (см.: Еф. 2, 10); и действительно, ходят в обновлении жизни, по подобию светлости воскресшего Господа (см.: Рим. 6, 4), как *ревнители добрым делом* (Тит. 2, 4). Ибо как корень свят, так и привитое к нему свято, *по звавшему святому* (ср.: 1Пет. 1, 15).

Все же такие в совокупности составляют род избран, царское священие, язык свят, людей обновления – возвещать добродетели из тьмы призвавшего их в чудный Свой свет (см.: 1Пет. 2, 9); все зиждутся во храм духовен, святительство свято, *возносити жертвы духовны, благоприятны Богови Иисус Христом* (1Пет. 2, 5), созидаются в жилище Божие духом, в Церковь Святую о Господе (см.: Еф. 2, 21–22), *из Негоже все тело составляемо и счиневаемо приличие, всяцем осязанием подаяния, по действу в мере единыя коеяждо части, возращение тела творит в создание самаго себе любовию* (ср.: Еф. 4, 16), и таким образом составляют тело Церкви, которой глава Христос,— *исполнение исполняющаго всяческая во всех* (Еф. 1, 23), а они *суть уды Его от плоти Его и от костей Его* (ср.: Еф. 5, 30; Кол. 2, 19).

Такие люди, все в совокупности и каждый по частям, состоя еще здесь под особенным Божиим благоволением, особенно блюдутся для высоких наград в будущем. *Аще Бог по нас*, взывает Апостол, *кто на ны? Кто поемлет на избранныя? Бог оправдаяй* (ср.: Рим. 8, 31, 34). Это здесь, а в будущем они, как чада, суть наследницы: наследницы убо Богу, снаследницы же Христу. Слава же и величие сего наследия так высоки, что его чает вся тварь (см.: Рим. 8, 21). Как каждый из них есть сын, то необходимо уже есть *и наследник Божий Иисус Христом* (Гал. 4, 7). Посему их жительство *на небесех есть, отнюдуже и Спасителя* чают, *Господа Иисуса Христа, Иже преобразит тело смирения нашего, во еже быти ему сообразну телу славы Его* (ср.: Флп. 3, 20–21). По виду они странники и пришельцы, делом же сожители святым и присные Богу. Здесь они только на время; а отечество их, где они вписаны в гражданство, не здесь, а на небе.

Ограничусь этим. Видите, как мрачно первое и как отрадно второе! Конечно, есть разные степени в той и другой стороне; но больше или меньше все прописанное свойственно каждой степени. Иной ужаснется того, как мрачно изображены грешники; что же делать? такое мрачное лицо их не человеком писано, а словом Божиим неложным. Вот, чем дальше, тем больше будет оправдываться сие общее очертание той и другой стороны. Подождите!

XXII

Указанная прежде противоположность людей, живущих по духу Христову, под действием Божией благодати, и людей, чуждых сего духа и отметающих благодать, откроется еще с большею очевидностью, когда увидите, каково состояние общего устройства всей природы человеческой и главных ее свойств и каково состояние ее сил и способностей.

Общее устройство природы человеческой определяется сочетанием разных сил его и способностей и разных частей его состава. Так, все разнообразие наших внутренних действий сознаваемых сводится к трем исходным началам, или силам: познающей, желающей и чувствующей. Все же силы сии сосредоточиваются и сходятся в нашем лице, в нашей личности, в том, что говорит в нас: я, которое есть слияние и нераздельное единство всех сил. Они в нем сцентрированы и исходят из него, как из фокуса.

Далее, то, что познания, желания и чувствования являются в нас не только на различных степенях, но даже в противоположных направлениях, заставляет, кроме других оснований, допускать в составе существа человеческого три части: дух, душу и тело[79], из коих характер первого – отрешение от чувственного, последнего – погружение в нем, средней же – совместность того и другого. Цель и назначение первого есть общение с Богом и миром духовным, последней – посредничество в сношении с миром чувственным; средняя должна от чувственного чрез дух восходить к Богу и одуховляться и от Бога чрез дух низводить одуховление чувственному. Части сии в составе нашем не лежат одна подле другой, но все, также как и способности, сходятся в нашем лице (я), ему присвояются и суть для него постоянные средства. Лицо человека (я) есть единство духа, души и тела.

К существенным свойствам человека принадлежит: 1) то, что он одарен *сознанием*, может говорить о себе – *я*, или есть лицо. Это такое свойство, по коему человек, утверждая свое собственное бытие и бытие вещей вне себя, отличает их от себя, а себя от них, говорит о себе – *я*, а не *они*, а о тех – *они*, а не *я*. Оно получает название *самосознания*, когда обращается внутрь, к себе исключительно. В сем обращении в себя оно опять может отличать себя от своих действий или свое бытие от того, что исходит из него, возносясь как бы над тем и другим. При сем, так как к бытию нашему могут прилагаться чуждые, сторонние силы, то, сознавая свое бытие, он может сознавать себя не как себя, а как иное лицо (у бесноватых);

2) *разумно-свободная самостоятельность*. Самостоятельность принадлежит существу, которое не есть явление другого существа, а само есть источник всех явлений, от него исходящих. Таких самостоятельных существ много (субстанций). Отличительное свойство человеческой самостоятельности состоит в том, что он не только производит действия, но и видит их, не только видит, но и правит ими по своему усмотрению и разуму. Это свойство однозначительно с разумною свободою;

3) *жизненность*. Человек есть живое существо. Есть силы мертвые, например электричество, магнетизм. Они в каждое мгновение суть то, чем быть им должно, не развиваются. Человек в минуту происхождения не есть то, чем ему быть должно, а развивается, образуется, растет, преспевает. И растение сначала, в семени, есть только будущее возможное растение; становится же действительным растением чрез принятие в себя чуждых элементов и усвоение их себе. Возрастание духовной природы человека происходит другим порядком. Она зреет разнообразием собственных произведений: мыслей, чувств и

желаний, которые, обращаясь внутрь, осаждаются как бы в ней и составляют для нее пищу или элемент возрастания. Посему свойство жизни ее всегда можно определять свойством ее действий. Особеннейшая же черта жизни, свойственной человеку, есть бессмертие, предполагающее бесконечную его усовершимость.

Теперь спрашивается, в каком состоянии соотношение составных частей существа человеческого и его способностей и существенные его свойства прежде, чем человек станет жить по-христиански, и после того, как он решится на сие дело и окрепнет в нем.

Естественное отношение составных частей человека должно быть, по закону подчинения меньшего большему, слабейшего сильнейшему, таково: тело должно подчиняться душе, душа духу, дух же по свойству своему должен быть погружен в Бога. В Боге должен пребывать человек всем своим существом и сознанием. При сем сила духа над душою зависит от соприсущего ему Божества, сила души над телом – от обладающего ею духа. По отпадении от Бога произошло, и должно было произойти, смятение во всем составе человека: дух, отдалившись от Бога, потерял свою силу и подчинился душе, душа, не возвышаемая духом, подчинилась телу. Человек всем существом своим и сознанием погряз в чувственность. Человек, до приятия новой жизни в Господе Иисусе Христе, именно находится в этом состоянии низвращенного соотношения составных частей его существа, подобие которому представляет зрительная трубка, когда составные ее части вдвинуты одна в другую.

Так, слово Божие, говоря о грешниках, забывающих Бога, постоянно почти называет их плотскими, редко душевными, а духовными не только не называет, даже почитает их противоположными таковым.

Еще о первом, допотопном мире сказал Бог: *не имать Дух мой пребывати в человецех сих, зане суть плоть* (ср.: Быт. 6, 3). Явно, что преданность плоти погашает дух и отчуждает от Бога. У пророка Давида говорится: *человек в чести сый не разуме, приложися скотом несмысленным и уподобися им* (Пс. 48, 13), то есть честь богоподобия, отраженную в его духе, заменил скотством, предавшись плоти. Апостол Павел о состоянии людей до принятия благодати в христианстве говорит, что тогда они были *во плоти*, потому *страсти греховныя действовали в них* (ср.: Рим. 7, 5), жили в *похотех плоти, творяще волю плоти и помышлений* (ср.: Еф. 2, 3), или, как говорит апостол Петр: *в след плотския похоти сквернения ходили* (ср.: 2Пет. 2, 10). Апостол Иуда неверных прямо называет телесными, духа не имущими (см.: Иуд. 1, 19). И вообще в слове Божием плотяности приписывается все зло. *Сущии по плоти, плотская мудрствуют, мудрование же плотское смерть и вражда на Бога есть* (ср.: Рим. 8, 5–7), подчинившиеся коему *Богу угодити не могут* (Рим. 8, 8), почему *пожнут от плоти истление* (ср.: Гал. 6, 8).

Душевность же в человеке, не приявшем благодати или потерявшем ее, как облако какое стоит между лицом человека и Богом, пресекая общение между ними. Тот, кто порабощен преимущественно ей, или *душевен человек, не приемлет, яже Духа Божия* (ср.: 1Кор. 2, 14). Преобладание души, равно как и преобладание тела, есть отрицание жизни по духу. Святой апостол Иаков, перечислив страсти, коим удовлетворяет и по которым действует человек, не приемлющий яже Духа Божия, с большею ловкостию, прибавляет: *несть сия премудрость от Бога, но земна, душевна, бесовска* (ср.: Иак. 3, 15). Слова: душевный, земной, не Божий – однозначительны ...

Где же дух у такого рода людей? В них же; но, состоя в подчинении душе и телу, он заморен и совсем почти не действует свойственным ему образом. Его присутствие в них можно узнавать, с одной стороны, по безграничности некоторых душевно-чувственных стремлений, не свойственных душе и плоти по их природе, с другой – по бывающим нередко состояниям сих людей, в коих они отрешаются от земли, наперекор требованиям души и плоти. В последнем случае дух покушается как бы войти в свои права. Мучения совести, боязнь Судии Бога, постоянная тоска – это суть его действия на душу, его стоны, отзывающиеся в сознании душевном. Так в людях чувственных и душевных дух тлеет, как искра под пеплом. Возбуди его или, лучше, не мешай ему возбуждену быть словом Божиим, проходящим до разделения души и духа (см.: Евр. 4, 12), и он явится во всей своей силе и власти.

В человеке же, прилепившемся к Господу Иисусу Христу и благодать Его приявшем, все сие имеет себя иначе. Как свойственно рабу Христову, он *распял плоть свою со страстьми и похотьми* (ср.: Гал. 5, 24). С первого раза, когда только полагает еще намерение работать Господу, он определяет уже себя на самоумерщвление, а потом и постоянно не *по плоти ходит, но по духу* (ср.: Рим. 8, 1, 4), *духом умерщвляя деяния плотская* (ср.: Рим. 8, 13). Он как бы *несть во плоти, но в дусе* и *не должен плоти, еже по плоти жити* (ср.: Рим. 8, 9, 12).

Прияв слово, проходящее до разделения *души и духа* (ср.: Евр. 4, 12), он берет душу в свою власть и приносит ее в жертву Богу (см.: Мф. 10, 39), начинает *огребатися от похотей, яже воюют на душу* (ср.: 1Пет. 2, 11), подчинять ее *слову, могущему спасти* (ср.: Иак. 1, 21), и таким образом преобразует ее всю, назидает ее духом *чрез веру или послушание истине* (ср.: 1Пет. 1, 22; Иуд. 1, 20), приучает ее *предавать себя в благотворение* (ср.: 1Пет. 4, 19), и *сердце ея обрезывает духом* (ср.: Рим. 2, 29), и все богоугодное, *еже аще творит*, заставляет творить *от души*, чего прежде она не хотела (см.: Кол. 3, 23). Работая таким образом Богу *всею душею и от души* (Еф. 6, 6; Мф. 22, 37), он обретает *покой душе своей* (Мф. 11, 29), прозревая *кончину веры – спасение души* (ср.: 1Пет. 1, 9), что, как котву[80], имел для души своей (см.: Евр. 6, 19).

Вследствие сего у него жизнь духовная совершенно поглощает жизнь плотскую и душевную. Он *прославляет Бога в душе и телеси своем* (ср.: 1Кор. 6, 20); у него все производится в духе и духом; служит он *Богу и работает духом и в обновлении духа* (ср.: Рим. 1, 9; 7, 6; Флп. 3, 3), *тщанием он не ленив* оттого, что *горит духом* (ср.: Рим. 12, 11); *ходит духом и похотей плотских не совершает* (ср.: Гал. 5, 16); *сеет в духе* (ср.: Гал. 6, 8); исполняется духом (см.: Еф. 6, 18); к слушанию истины преклоняется духом (см.: 1Пет. 1, 22).

Отчего так? Христианин ходит духом оттого, что живет Духом (ср.: Гал. 5, 25), что Дух Божий живет в нем (ср.: Рим. 8, 9; 1Кор. 3, 16); что он стал храмом живущаго в нем Духа Святаго, напоился Духом (ср.: 1Кор. 12, 13; 1Кор. 3, 16; Еф. 2, 22). Сей Дух, пришедши чрез слово, разделившее душу и дух, высвободил сей последний из теснейших его душевно-плотских уз, ибо где Дух Господень, там свобода (ср.: 2Кор. 3, 17), и тем положил начало новой, духовно-благодатной жизни (см.: Рим. 8, 23). С таким обручением Духа (см.: 2Кор. 1, 22) зреет потом потаеный сердца человек в неистлении кроткаго и молчаливаго духа (1Пет. 3, 4). Христианин больше и больше утверждается Духом Божиим – во внутреннем человеце; вселяется верою Христос в сердце его, в любви вкореняемое и утверждаемое (ср.: Еф. 3, 16–17); ибо прилепляяйся Господу един дух есть с Господем (ср.: 1Кор. 6, 17); почему вышних ищет, идеже есть Христос одесную Бога седя, горняя мудрствует, а не земная, и живот его сокровен есть со Христом в Бозе (ср.: Кол. 3, 1–3).

Отсюда видно, что истинный христианин и нехристианин, или христианин ложный, по составным частям существа человеческого состоят в противоположности. Что у одного первое, то у другого последнее. У того первое – дух, у сего он заглушен; у того первое – плотяность, у сего она отрицается, подавляется, распинается, умерщвляется. Средняя – душа – подчиняется, очевидно, господствующему: у одного духу, у другого телу. Посему истинное соотношение частей существа человеческого: совершенный дух, душа и тело (см.: 1Сол. 3, 23) – есть только у тех, кои соделались Христовыми. В них, следовательно, и истина человеческого существа; вне же христианства не истина, а ложь, как бы призрак человека.

Не показалось бы кому жестоким слово сие. Жаль некоторых язычников, так высоко стоящих во мнении, и некоторых именующихся христианами, силы же его отвергшихся, кои тоже не без заметных достоинств. Но потерпите. Чем дальше, все будет яснее и яснее раскрываться проводимая нами истина, что истинно-человеческая жизнь на деле может быть видима только в христианстве, в тех, кои сочетаются с Христом и приемлют Дух Его.

XXIII

Теперь об общем состоянии и соотношении действующих внутри нас сил.

Силы сии, исходя из нашего сознания или лица (*я*) и в него возвращаясь, должны пребывать во взаимной связи и согласии между собою, под управлением своего неточного начала. Взаимопроникновение и взаимновспомоществование при зависимости от действующего лица есть естественное состояние их.

Но в человеке-грешнике, отпадшем от Бога и пребывающем в сем падении, как представляет опыт, силы сии являются как бы отпадшими от его лица, ставшими в некоторую от него независимость и самоуправствующими. Что значат, например, обыкновенные у нас слова: сделал бы, да не хочется; или: пусть это не так хорошо, но мне очень хочется; или: сердце не лежит, поди ты с сердцем; или: поверил бы, но разум не покоряется, ум – царь в голове, куда деваться мне с моим разумом? Эти и многие другие выражения значат, что силы сии перестали быть во власти человека, но или управляются сами собою, или подлежат влиянию сторонней силы. Отпадши же от лица человека, они потеряли взаимную точку соединения, а вместе с тем перестали получать и взаимную друг от друга помощь и не имеют уже того, чем одна обыкновенно пользуется от других. Так, разум заоблачен, мечтателен и отвлечен, потому что не удерживается сердцем и не правится волею; воля своенравна и бессерда оттого, что не слушает разума и не смотрит на сердце; сердце неудержимо, слепо и блажно, потому что не хочет следовать указаниям разума и не отрезвляется силою воли. Но мало того, что силы сии потеряли взаимную помощь, они приняли некоторое враждебное друг против друга направление, одна отрицает другую, как бы поглощает ее и снедает. Оттого преобладание сердца имеет с собою в связи слабость ума и непостоянство воли, как бы бесхарактерность; преобладающее стремление к познаниям ведет за собою ослабление деятельности или беспечность воли и нечувствие или холодность сердца; преобладание воли всегда сопровождается односторонним направлением, упорным, не внимающим никаким доводам: там душа не слушает никаких убеждений и недоступна для потрясений сердечных.

Таким образом, внутренний мир человека-грешника исполнен самоуправства, беспорядка и разрушения. О таком состоянии свидетельствует преимущественно опыт, но и в слове Божием можно находить немало на то указаний, хотя оно изображает не столько душевные силы и их состояние, сколько дела человека – произведение всех сил. В сем отношении очень замечательны следующие места.

Так, апостол Павел, в Послании к Римлянам в 1-й главе, изображает большое смятение и нестроение внутреннее, какое бывает в грешниках и нечестивцах, производя его из отпадения от Бога. *Разумевше*, говорит, *Бога, они не яко Бога прославиша* (ср.: Рим. 1, 21), то есть презрели Бога, отпали от Него, отвергли Его. Следствием сего естественным было то, что сердце у них стало слепо, воля своенравна, ум обезумел: *осуетишася помышлении* (желаниями), *омрачися неразумное их сердце* (ср.: Рим. 1, 21) и *объюродеша* (ср.: Рим. 1, 22). За сим естественным следствием настало другое, как казнь от Бога... *предаде их Бог в похотех сердец их* (Рим. 1, 24), то есть своенравию сердца, в *страсти безчестия* (Рим. 1, 26), то есть упорному разврату воли, *в неискусен ум* (Рим. 1, 28), то есть неблагоразумию, мечтам и отвлеченностям (отнял практический разум).

Тот же Апостол, в Послании к Ефесеям (см.: Еф. 4, 17–20), называя язычников или неверующих отчужденными от жизни Божией, здесь же изображает состояние их души, именно что они *ходят в суете ума*, то есть в призрачных, фантастических построениях умственных, идеальных, страждут *окаменением сердца*, то есть бессердием и нечувствием; *предали себя студодеянию*, то есть буйству и увлечениям воли.

Человек же, к Богу обратившийся и во Святой Церкви с Господом Иисусом Христом соединившийся и в Нем обновившийся, в слове Божием изображается совсем в противоположном виде. Так, апостол Павел молится об ефесеях (см.: Еф. 3, 16–19): *да даст им Бог силою утвердитися Духом Его во внутреннем человеце*, да дарует, то есть, нравственную силу воле чрез союз с Святым Духом; *да даст вселитися Христу верою в сердца их*, да будет, то есть, у них сердечное сочетание с Христом Спасителем, *да возмогут разумети*, то есть из сего опытного вкушения Христа Господа да черплют духовный разум, и *да исполнятся во всяко исполнение Божие*, то есть из совокупности всего сего, или из соединения их с Богом всеми силами, пусть составляется полнота свойственных христианам внутренних совершенств или, под сим условием, их внутреннее да будет приятелищем или сосудом, который беспрерывно наполнялся бы приливом от Бога совершенств духовных... Видимо, как во Христе Иисусе дух человека становится крепким или скрепленным в себе сосудом.

В том же Послании (см.: Еф. 4, 22–24) существо христианства или истину о Христе Апостол описывает так: *отложити вам, по первому житию, ветхаго человека, тлеющаго в похотех прелестных*; этим заповедуется обновление сердца; *обновлятися же духом ума вашего*, — здесь изменение ума, и *облещися в новаго, созданнаго по Богу в правде и преподобии истины* – тут преображение воли! Сим местом указывается, что в христианине совместно и единовременно обновляются все силы его существа, и притом все в одном духе и в одном направлении.

В Послании к Филиппийцам Апостол изображает, что мир Божий, превосходящий всякий ум, водворяется в сердце, вместе с вселением в нем Бога мира (см.: Флп. 4, 7–9). Чтоб не возмущать сего мира, он заповедует им: все помышления свои или, иначе, действия всех своих способностей обратить на богоугодное, именно: ум – на истинное, волю – на праведное, сердце – на прелюбезное. Какая душа это сделает, та способною становится быть жилищем Бога мира. Посмотрите притом, все сии богоугодные предметы Апостол прежде указал филиппийцам, и они уразумели их, приняли их и покорились им, то есть заняли себя ими всех всецело, по всем силам.

Такое же совмещение деятельности всех сил в одном, как характер жизни христианской, указывается и в следующих местах: в Кол. 1, 9–11 Апостол молится о колоссеянах, да исполнятся в разуме воли Божией во всяцей премудрости и разуме духовнем, яко ходити им достойне Богу во всяцем угождении и прочее; в Кол. 2, 2–7 Апостол молится о всех, да утешатся сердца всех, снемшихся в любви, и во всяцем богатстве извещения разума, в познание тайны Бога и Отца и Христа... и прочее; Кол. 3, 12, 13–16: облецытеся во утробы щедрот... мир Божий да водворяется в сердцах ваших... Слово Христово да вселяется в вас богатно во всяцей премудрости и прочее; Еф. 5, 13–19: блюдите, како опасно ходите, не якоже немудри, но якоже премудри... не бывайте несмысленни, но разумевайте, что есть воля Божия... исполняйтеся Духом, глаголюще себе во псалмех и пениих и песнех духовных и прочее.

Из них видно, что в душе истинного христианина совсем не бывает того нестроения, какое неизбежно в человеке, непричастном Духа Христова. Все его способности действуют совместно, устремлены на одно, состоят в подчинении ему, как лицу,– почему и приписывается ему целость, полнота, здравие.

В правилах святых подвижников о том, как питать душу свою истиною Божиею чрез благоговейное размышление о ней, видно, как самым делом должны быть совмещены все силы в одном. Старцы Божии заповедуют обыкновенно держаться при сем следующего порядка:

сосредоточь внимание свое на избранном тобою предмете, например присутствии Божием, смерти, Крещении, и рассматривай его с разных сторон. При сем каждую родившуюся у тебя мысль старайся проводить до чувства или внедрять в сердце, например, из мысли о близости смерти роди страх или раскаяние, из помышления об обетах Крещения – радость или печаль и прочее. Заключай же всякое размышление выводом правил для себя, применительно к твоей жизни и твоим обстоятельствам; например, Бог везде есть, все видит, следовательно, и меня; не буду же я допускать худых помыслов,– лучше умру, нежели согрешу; а в таком-то случае буду поступать так и так, чтоб не прогневать Бога, видящего меня. Таким образом действования, очевидно, скрепляются все силы духа или весь состав внутренней жизни человека, вся жизнь беспрерывно движется и подновляется.

Есть и другое правило, которое показывает, как все силы духа должно держать в своих руках, именно: утром по молитве, сядь и расчисли, что тебе необходимо делать в продолжение дня, где быть, с чем и с кем встречаться, и применительно тому наперед определи, что где помышлять, что сказать, как держать свою душу и тело и прочее. Это значит, что истинный христианин должен сам держать себя в руках, сам заведовать всеми движениями своей души, а не позволять им происходить самим собою, как бы без его ведома. Он должен быть сам владыкою всего внутри его происходящего, владыкою своих сил.

Из всего предложенного можете усмотреть, что в истинном христианине все силы в деятельности своей зависят от него самого, а не самовластно движутся, что в сей деятельности везде действуют совместно, не раздробляясь и не отделяясь одна от другой, вспомоществуя себе взаимно и взаимно возвышая общую жизнь духа, так что она от сего есть цела и крепка, есть достойный сосуд пребывающего и покоющегося в нем Бога. В грешнике же этого нет, а есть все противное, как видели. Сам он сего не видит и говорит о себе, что цел и здоров,– в чем и беда его. Но и тем, кои отказались от грехов, надо внимать себе, чтоб не попасть хоть временно в такое разложение сил, какое бывает в преданных греху... ибо и это опасно. Уразумевая сие, спасайтесь!

XXIV

Вслед за изменением соотношения составных частей человека и главных его способностей не могут не изменяться и существенные свойства его лица, ибо сие лицо есть центр и частей, и способностей. Потому состояние сих последних непосредственно отражается в первом и его определяет, как и обратно им определяется.

Между сими свойствами первое место занимает *сознание*. Оно есть свойство, исходное для других, есть прямое свойство лица и как бы истолкование его. В производстве своем, оно, полагая бытие себя и бытие существ, вне сущих, отличает себя от них и их от себя. Следовательно, условие к совершенству сознания или к стоянию его в своем чине есть возвышение нашего лица и *над собою, и над внешним миром*. Где нет сего возвышения, там сознание должно быть мутно, неопределенно, безотчетно или приближаться к животному самочувствию.

Но о человеке, до восприятия им благого намерения жить свято, по-христиански, о человеке, работающем греху и страстям, несомненно известно, что он *не возвышается над внешним миром*, а напротив, увлекается им, живет в нем, как бы сорастворяется с ним, почему и называется внешним, вне себя живущим, ушедшим из себя. В себя приходит он уже в обращении. Благосостояние внешних вещей своих он считает благосостоянием собственного лица и, напротив, неблагосостояние их своим несчастием. Оттого покушение на ущерб или самый ущерб в одежде, доме, мебели, месте и прочем глубоко потрясают его, поражают в самое сердце.

Не возвышается он также и над внутренним своим миром, но так же, как внешними вещами, увлекается и механизмом внутренних своих движений. Обыкновенно говорят: я задумался, был в забытьи, не помню, что со мною было и около меня... то есть в это время он увлекался движением мыслей; или: был вне себя от радости, убит горем, в сердцах вышел из себя... то есть предал себя движениям сердца; или: не вспомнишься в хлопотах и заботах: то нужно, другое нужно... то есть его беспрерывно гонят всё вперед и вперед многообразные желания воли. Очевидно, что преданный греху не властен над внутренними движениями, а втеснен как бы в них, влечется ими, как воин, стесненный внутри полка. И это не на один только час, а постоянно. Таков уж закон его жизни внутренней: вестися, как ведомому.

И так у человека-грешника ясного сознания быть не может. Его и нет. Он ходит как в тумане, как бы обуморенный, кружится как в вихре. Как полусонный слабо различает предметы от себя и полусознает только себя, таков и преданный страстям. Это явление очень странно: в гордости он никого не считает выше себя, а между тем сам себя слабо сознает.

Особенный оборот сознания есть *самосознание,* или *самопознание.* Оно преимущественно обращено внутрь и различает себя от своих действий, опять возносясь над тем и другим. Сие самосознание еще более слабо у человека страстного, лишенного благодати. Ибо для сего надобно *знать свои действия, знать себя* и отделять себя от своих действий.

Но у него:

— нет достаточного знания собственных своих действий. Он не знает не только, что сделано вчера, даже ныне или за несколько часов. Он находится непрестанно в заботливом действовании, а не знает, что делал, как будто сии действия не от его лица происходили. Это оттого, что, слишком увлеченный потоком собствен-

ных действий, и оглянуться на себя не имеет он времени;

– *нет знания себя*, ибо это знание слагается из знания собственных действий и своего отношения ко всему прочему существующему. Но ни последнего, ни первого в нем нет. Потому он не скажет, что собственно он значит, что его ожидает, в каком он состоянии, какое главное его настроение, главный недуг и чем помочь сему;

– потому *нет и различения себя от своих действий*. Это опаснейшее из обольщений лица грешного. Все, что возникает внутри, считает он собственно собою и стоит за то, как за себя, как за свою жизнь. Оттого и отказать себе ни в чем не хочет. Между тем мало ли всевается в нас совне,– от сатаны и мира, кроме того, что возникает от живущего в нас греха, которого тоже не следует считать собою?

По всем сим причинам и опытам надо полагать, что грешник не знает себя как следует.

Такое состояние сознания и самосознания у грешников, потерявших благодать, и у неверных, не приявших благодати, называется *сном*; почему к каждому из них говорит Апостол: *востани, спяй* (Еф. 5, 14); также *слепотою, сидением во тьме*, и даже прямо *тьмою*. Каждый из таковых *слеп есть, мжай, забвение приемь* (2Пет. 1, 9). Грешник живет в самозабвении, видит как во мгле, и даже больше, ходит как слепой. Посему Спаситель, как обещано было, и пришел *отверсти очи слепых, извести от уз связанных и из дому темницы седящих во тме* (ср.: Ис. 42, 7). Грешник как в темнице какой заключен во внутренней своей тьме самоневедения и самозабвения, из коей изводится Спасителем. Напоминая о сем благе, апостол Павел говорит: *бесте иногда тма, ныне же свет о Господе* (ср.: Еф. 5, 8), то есть как прежде в вас, по густоте мрака, ничего не было видно, так теперь все видно, по благодати Господней.

И действительно, сознание благодатно живущего во Христе совсем не то, что сознание работающего греху и страстям. Они отличаются, как свет и тьма. Первое действие благодатного пробуждения грешника состоит в извлечении души из механизма его внутренней и внешней жизни и в возвышении над течением ее... Здесь, следовательно, полагается первая возможность сознанию истинному и полному. С сей минуты оно и начинается, ибо первый взор человека под действием благодати обращается на его существенные отношения; на них прежде всего падает свет ее. Затем уже внимательный к себе не сходит с сей высоты духа. Око его вознесено над всем своим и над всем соприкосновенным к нему, и все то сознает и видит он ясно, как страж какой.

Это свойство облагодатствованного в слове Божием и в наставлениях подвижнических называется *бодрствованием* и *трезвением*. Механизм внутренней и внешней жизни поминутно порывается опять вовлечь их в себя, как в вихрь или пучину какую; они держатся в себе. Напряжение пребывать в себе есть подвиг трезвения или бодрствования, самый важный и начальный в духовной жизни. По мере совершенства в трезвенной бдительности над собою возвышается и сознание.

Так заповедуется христианам трезвиться и бодрствовать, трезвиться в молитвах или бодрствовать в молитвах (см.: 1Пет. 5, 8; 4, 7); и вообще, быть всесторонне бодрственными: вы же, братие, несте во тме, да день вас якоже тать постигнет. Вси бо вы сынове света есте и сынове дне: несмы нощи, ниже тмы. Темже убо да не спим, якоже прочий, но бодрствуим и трезвимся. Спящии бо в нощи спят. Мы же сынове суще дне, да трезвимся, оболкшеся в броню веры и любве, и шлем упования спасения (ср.: 1Сол. 5, 4–8). Такое стражничество над собою заповедуется христианам, следовательно, оно в них есть, как свойство.

То же изображается и в правилах святых подвижников, что есть новое доказательство того свойства христианина, что он ясно зрит себя, все свое и все вокруг себя. Так, у преподобного Филофея пишется: «от утра надлежит твердо содержать в памяти Бога и, непрестанно содержа душевную молитву к Иисусу Христу, мужественно и непреклонно стоять при дверях сердца и на сей духовной страже убивать всех грешников земли»[81]

Вследствие сего и самосознание, как дальнейшее развитие или особый только оборот сознания, состоит у истинного христианина на высшей степени совершенства. Так:

— *ясно знает он свои действия*, действия не только одного дня, но недель и годов, со времени пробуждения, знает не только численно, но по их силе и смыслу, с побуждениями, чистотою и нечистотою, вполне. Затем у него есть повседневная исповедь;

— *различает себя от действий*. На этом основана вся мудрая тактика в духовной брани, ибо самое первое здесь дело есть сознание врага. Затем всякое движение у него сейчас оценивается, откуда оно и что значит. Взор внутрь себя в сем отношении у него так глубок, что он не только вообще неправые движения видит, но и между ними различает свои от не своих. В этом и состоит известное у святых подвижников *различие вещей или помыслов*;

— *знает, что он значит* сам, что его ожидает, в каком он состоянии, в каких отношениях к другим...

Из всех сих свойств слагается тот внутренний свет, который приписывается истинным христианам и по которому вся их жизнь называется хождением во свете или деланием в день.

Второе свойство человеческого лица есть *разумно-свободная самостоятельность*. Состояние этого свойства определяется уже состоянием сознания, ибо они служат взаимным друг для друга отражением. Следовательно, в истинном виде и оно бывает только у христиан истинных, а у преданных греху можно видеть только тень его. Самостоятельность, свойственная человеку, отличается *разумностию и свободою*. *Разумность* требует, чтоб действия располагались по своему усмотрению, своим целям и своеличному распоряжению разумному. Признаком его отличительным служит то, если мысль всегда предшествует желанию; напротив, где желание правит мыслию, там отсутствие или неблагосостояние сего свойства не подлежит никакому сомнению. У человека-грешника, не водимого и не укрепляемого благодатию, так и есть. Мы видели уже, что он предан механизму внутренних движений; и слово Божие говорит о нем, что он *творит* только *волю плоти и помышлений* (Еф. 2, 3) и ходит в *своих похотех* (ср.: 2Пет. 3, 3), то есть как захотел, так и делает, тогда как следует действовать так, как находит человек сообразным с собственным своим назначением.

Свобода состоит в том, чтоб располагать действиями без всякого насилия и увлечения совне или изнутри, прямо от лица. Отличительный ее признак – независимость и непринужденность. Если бы кто хотел сделать что по своему усмотрению, а между тем бывает вынуждаем делать иначе, то свобода сия очевидно была бы в узах. Такою она изображена апостолом Павлом в человеке-грешнике, о котором в своем лице говорит он: *не еже хощу, сие творю, но еже ненавижду, то содеваю* (ср.: Рим. 7, 15). Сии узы налагаются:

– *грехом, живущим в нас: уже не аз сие творю*, говорит там же Апостол, *но живый во мне грех... Вижду бо ин закон во удех моих, противу воюющь закону ума моего и пленяющь мя законом греховным, сущим во удех моих* (ср.: Рим. 7, 17, 23). Силу сего греха больше всего испытывает, чувствует и знает по опыту тот, кто пришел в сознание своей господствующей страсти и собирается одолеть ее. Он видит, как ведется вслед своей похоти, влеком и прельщаем, как невольник (см.: Иак. 1, 14). Посему таковые в слове Божием называются рабами греха (см.: Рим. 6, 7–20), *проданными под грех* (ср.: Рим. 7, 14); *имже бо кто побежден бывает, сему и работен есть* (2Пет. 2, 19);

– *миром*. Над человеком, не приявшим благодатной силы, господствует сила и власть страстных обычаев мирских и духа, действующего в мире, до того, что ему и на мысль даже не может прийти решиться на что-нибудь противное: никак нельзя, так принято. Этим выражается общее сознание своего рабства духу мира. Поддерживается сия власть некоторою боязнию или страхом за жизнь. Ибо иначе надобно выйти из мира; куда же?! Посему в слове Божием они и называются *порабощенными под стихиами мира* (ср.: Гал. 4, 3), *ходящими по веку мира сего* (ср.: Еф. 2, 2), *по преданию человеческому и по стихиам мира* (ср.: Кол. 2, 8);

– *диаволом*. Он действует чрез мир и грех, в нас живущий; потому большею частию сокрыты узы его. Но если покаявшийся человек осмотрится и сообразит прежнюю свою жизнь, то найдет, что в пути его к погибели была соблюдаема самая хитрая сообразительность, не его, впрочем, и не других людей. Чья же? Очевидно, чья,– человекоубийцы искони. Следовательно, надобно сказать, что каждый грешник, как и все грешники – суть лица, состоящие в распоряжении злого духа, или суть рабы его. Рабство сие выражается в отвращении грешника от всего священного и в его бессилии привлечь себя к чему-либо такому. В слове Божием грешники, чуждые Духа Христова и благодати Его, прямо называются рабами диавола, содержащимися в области его (см.: Деян. 26, 18) и сетях, и суть *живи уловлени от него в свою его волю* (2Тим. 2, 26).

Таким образом, и второе свойство, разумно-свободная самостоятельность, у людей, не приявших в себя благодатных, восстановительных сил, в худом и униженном состоянии. Напротив, у приявших сии силы она является в истинном своем значении.

Что касается до *разумности*, она у них действует со всею силою уже потому, что они извлечены силою благодати из внутреннего своего механизма и вознесены над своими действиями; особенно же потому, что, с минуты обращения к Богу и воссоединения с Ним благодатию, всякое у них действие производится не иначе как по сознанию воли Божией на него – всякое действие, и внутреннее и внешнее. Они уже *не ктому человеческим похотем, но воли Божией прочее во плоти живут время* (ср.: 1Пет. 4, 2). Жизнь по воле Божией есть в высочайшей степени жизнь разумная. Здесь воля Божия чрез покорный внушениям ее разум правит всеми делами и всем ходом жизни и ведет человека к последней его цели... Отсюда строй, целость жизни.

И *свободным* в полном смысле можно назвать только того, у кого жизнь устрояется показанным образом. Тот только и свободен истинно, *кого освободит Иисус Христос* (ср.: Гал. 5, 1); там только и *свобода, где Дух Господень* (ср.: 2Кор. 3, 17). Пребывающий в Господе Иисусе Божественною силою Духа христианин наслаждается отрадным состоянием свободы (см.: Рим. 8, 2). Грех им не обладает (см.: Рим. 6, 6–12); из мира он изъят (см.: Ин. 15, 19) и небоязненно готов говорить истину пред владыками (см.: Мф. 10, 18); диавола и всю силу вражию он попирает (см.: Лк. 10, 19). Поэтому он стоит как столп твердый, не колеблясь никакими противностями; никакие стечения обстоятельств не овладевают им; а напротив, он ими располагает по своему усмотрению или ведет себя, среди них, не изменяя своего настроения и главных своих преднамерений.

Последнее, наконец, свойство человеческой природы – *жизнь* – у человека-грешника, по указанию слова Божия, совсем утрачивается. Оно почти иначе и не называет его, как мертвым, который только имя имеет, *яко жив*, а в самом деле есть *мертв* (Апок. 3, 1). Мертвость сию оно производит от греха (см.: Еф. 2, 1–5; Кол. 2, 13), который *раждает смерть* (Иак. 1, 15), есть *жало смерти*, всех уязвляющее на смерть (см.: 1Кор. 15, 56), и за которым *смерть* следует *как оброк* (ср.: Рим. 6, 23).

Мертвящая сила греха состоит:

1) *в отчуждении человека от Бога*. Грешник *отчужден от жизни Божия* (ср.: Еф. 4, 18) и живет как бы без Бога (см.: Еф. 2, 12). Богообщение, вещи Божественные и духовные составляют естественную пищу нашего духа или как бы его стихию. Отпадши оттуда, он принужден теперь быть не в естественном себе месте и умирать, как без пищи и без воздуха;

2) *в расстройстве сил и способностей*. Жизнь человека состоит в гармоническом сочетании сил его природы и

их взаимодействии, соответственно их природе. Если сие законное соотношение их отнято, как видели, то и жизни, и деятельности в человеке, свойственной человеку, нет. На вид он человек, а по настроению внутреннему — не истинный человек. Как инструмент расстроенный по виду есть тот или другой, а по звукам не знать[82] какой, так судить должно и о человеке, которого внутреннее расстроено грехом. В сем отношении надобно сказать, что в нем умерло или утрачено истинно-человеческое, или то, что свойственно человеку. Как мертвый не видит, не слышит, не движется, так и человек-грешник не видит, не слышит и не движется по-человечески: делает дела, но *мертвые* (см.: Евр. 6:1, 9:14);

3) *в отъятии и как бы убитии сил душевных и телесных*. Грех назван ядом: и точно, он есть яд. Как ржа съедает железо, так он съедает душу и тело. Он отнимает у ума живость, сообразительность, быстроту, у воли — крепость и стойкость, у сердца — вкус и такт. Ядовитость же греха для тела всем очевидна. В сем отношении человек, работающий греху, есть то же, что умирающий или томящийся предсмертно. Как ощутительно это выражается в беспрерывном безотрадном состоянии человека-грешника! Жизни свойственна радость, но нет радости у нечестивого;

4) *по определению Божию* на всяком человеке лежит закон: *смертию умреши* (ср.: Быт. 2, 17). Всякий входящий в мир сей вступает в область смерти и чрез смерть временную должен подпасть смерти второй, вечной. Такой и есть естественный порядок жизни человека, падшего и пребывающего в падении. Изменение в нем производится только Божественною благодатию. Она, пришедши, зарождает в человеке истинную жизнь во Христе Иисусе. Восприявший в себя благодать полагает в своем растлении нетленное семя, которое возрастает в древо жизни. Кто удостаивается сего, тот изъемлется из челюстей смерти, а кто нет, тот *пребывает в смерти* (1Ин. 3, 14); *не веруяй не узрит живота* (ср.: Ин. 3, 36).

Так верующий, сочетаваясь со Христом, принимает новую жизнь (см.: Рим. 11, 15) и потому переходит *от смерти в живот* (1Ин. 3, 14); из мертвого становится живым (см.: Рим. 6, 13). Это зависит от того, что при сем соединяется человек с Богом, источником жизни. Он уже *имеет в себе Сына*, а с Ним *живот* (ср.: 1Ин. 5, 12) и принял Духа животворящего (см.: Рим. 8, 9–11); *живот его сокровен есть со Христом в Бозе* (ср.: Кол. 3, 3); ибо *не ктому он живет – но живет в нем Христос* (ср.: Гал. 2, 20).

Сила нового рождения и жизни начинает истреблять в человеке грех, а вместе с тем уничтожать и следствия греха – расстройство сил и частей его существа, или восстановлять в нем жизнь истинную, которая в нем множится, растет, приходит от силы в силу и преисполняет его отрадою. А здесь сподобившись приять духа жизни, он и вечно будет жить, ибо над ним смерть вторая не возымеет власти.

Сия новая жизнь ныне сокровенна в искренно работающих Господу, и даже большею частию сокрыта и от них. Она зреет как бы под покровом тления, строя и составляя там нового человека, или человека вечности. Но потом, как плод из древа или древо из семени, из него явится сия жизнь во всем свете. Силу свою она воспринимает постепенно, подобно закваске, постепенно исполняющей тесто, ибо постепенно изъемлет из смерти части наши, одну за другою... Переполнивши же всё, тленное оставляет тлению, а живое предает или переносит в область жизни, в мир Божественный.

Довольно. Верно, утомитесь, читая. Но не хотелось отлагать до другого раза объяснение какого-либо из свойств природы нашей. Лучше всё обозрите, за одним духом прочитавши. Смогайтесь!

XXV

Теперь обращаюсь к подробному указанию действий жизни истинно-христианской – благодатной – и действий греха на каждую в частности силу и способность человека. Тут яснее будет, как какую часть нашу поражает грех, как зловредная роса – цвет, и как потом в обратившемся грешнике Божия благодать снова оживляет ее и являет в ее истинном виде. Прежде было помянуто, что в нас есть три силы, и показано, в каком они находятся состоянии, в каком соотношении в грешнике и праведнике. Но то было сказано вообще; теперь подробнее о том же. И вот смотрите. Не мудрено заметить, что внутри нас есть три рода действий: *мысли*, представления, соображения; *желания*, склонности, предприятия; и *чувства* всякого рода. Но как в составе существа нашего нельзя не различать трех частей: тела, души и духа, то и те три рода действий являются в нас на трех степенях, или в трех состояниях, именно: животном, душевном и духовном. Полагая теперь в основание каждому из сих кругу действий особую силу, мы должны сознать девятерную иерархию сил, во внутреннем нашем мире качествующих[83] и действующих под прикрытием тела, этого грубого вещественно-стихийного состава, как и в природе девятерная иерархия вещественных сил действует под видимым нами грубым составом нашей планеты и как в мире невидимом, духовном есть девять чинов ангельских.

Понемножку буду описывать вам каждую из сих девяти сил под действием греха и влиянием благодати. С чего начать? Начну с тех сил, кои занимаются познанием вещей или указанием человеку истины. Не знаю, сумею ли я все сюда относящееся так рассказать, чтоб не отдавалось школою. Но всячески не пропускайте без внимания пишемого. Как многое в жизни у многих зависит от того, что они неверно понимают вес и цену своих умственных сил!

Между сими силами на низшей степени стоит *наблюдение с воображением и памятью*, которыми собираются материалы; затем следует *рассудок*, которым сии материалы преобразуются в познания; над всеми же ими возвышается *разум*, который познает вещи невидимые и духовные и внутреннейшие стороны вещей, уже познанных рассудком. Прежде о разуме, или высшей способности познания.

P. S. Прошу извинения. По обстоятельствам не могу продолжать писать к вам о всем, как предположено. Вот вам тетради, в которых давно как-то собраны мои о том заметки. Прочитайте их и на большее не погневайтесь.

Конец.

ПРИБАВЛЕНИЯ

А) О начале христианской жизни

Как в деле познания принятое в основание начало служит руководителем в умственных трудах и сообщает им свой характер, так в жизни все дела, начинания и предприятия устрояются по тем началам, которые полагает человек в основание своей деятельности. Очевидно, что свойство начала и здесь налагает свою характеристическую печать на весь круг деяний, производимых под влиянием его. Казалось бы, что жизнь и дела христиан должны быть запечатлены одним характером, движимы одним духом.

1) Начало нравственной жизни вообще

Казалось бы, что жизнь и дела христиан должны быть запечатлены одним характером, движимы одним духом. Само собою разумеется, что если определить: а) главную *цель*, к которой должны быть обращены все стремления и труды человека, и указать: б) те *средства*, какие даровал ему Господь к достижению ее, то этим само собою очертится: в) и главное *руководительное правило* на всю его жизнь.

а) Последняя цель человека – в Боге, в общении или живом союзе с Богом. Созданный по образу и подобию Божию, человек по самой природе своей есть некоторым образом Божеского рода. Будучи же рода Божия, он не может не искать общения с Богом, не только как с своим началом и первообразом, но и как с верховным благом. Потому-то сердце наше и бывает довольно только тогда, когда обладает Богом и бывает обладаемо от Бога. Ничто, кроме Бога, не успокаивает его. Соломон много знал, многим обладал и многим наслаждался, но все это наконец должен был признать суетою и крушением духа (см.: Еккл. 1, 8, 14, 17–18; 3, 10–11; 8, 17). Один покой для человека в Боге. *Что ми есть на небеси и от Тебе что восхотех на земли? Исчезе сердце мое и плоть моя, Боже сердца моего, и часть моя, Боже во век* (ср.: Пс. 72, 23–26). «В Боге жизнь, учит Василий Великий[84], отчуждение и удаление от Бога есть зло»[85], несноснейшее даже будущих геенских мучений,— зло самое тяжкое для человека, как для глаза лишение света и для животного отнятие жизни. Посему-то нам внушается: *взыщите Господа, взыщите лица Его выну* (ср.: Пс. 104, 4). Пророк Моисей поставлял зрение лица Божия краем своих желаний и после того уже, как Бог явил чрез него и в нем столько чрезвычайных действий Своей благости и всемогущества: *ще обретох благодать пред Тобою, яви ми Тебе Самого, да разумно вижду Тя* (ср.: Исх. 33, 13), молился он. С каким страхом взывал ко Господу пророк Давид: *не отвержи мене от лица Твоего* (Пс. 50, 13), зная, что удаляющии себе от Него погибнут (Пс. 72, 27)! С каким желанием устремлялся он всегда к Богу: *возжада душа моя к Богу* (ср.: Пс. 62, 2); *имже образом желает елень на источники водныя, сице желает душа моя к Тебе, Боже* (Пс. 41, 2)! С какою теплотою упокоивался в Нем едином: *мне же прилеплятися Богови благо есть* (Пс. 72, 28)!

Но не в этом одном устремлении всех желаний к Богу – наше благо. Жажда без утоления, алчба без насыщения, потребность без удовлетворения есть скорбь, болезнь, мучение. Ища Бога, мы хотим обрести Его, хотим обладать Им и быть обладаемыми от Него, приискренно приобщиться Его, быть в Нем и Его иметь в себе[86]. В этом-то живом, внутреннем, непосредственном общении Бога с человеком и человека с Богом и есть его последняя цель.

Таким сие общение изображается в слове Божием. Так, Сам Бог об одних говорит: *не имать Дух мой пребывати в человецех сих, зане плоть суть* (ср.: Быт. 6, 3),– а другим обещает: *вселюся в них и похожду* (2Кор. 6, 16). «Внимай, говорит на сие место святой Златоуст, Кто обитает в тебе! Ты Бога носишь в себе»[87]. Спаситель обещает внутреннейшее некое вселение Бога в сердце человеческое, когда говорит: *к нему приидем и обитель у него сотворим* (ср.: Ин. 14, 23). Святой Иоанн Богослов учит, что когда кто пребывает в любви, то не только он пребывает в Боге, но и Бог в нем пребывает (см.: 1Ин. 4, 16). У святых Отцов живое общение с Богом возводится до обожения человека. Так, святой Григорий Богослов[88] изображает человека живым существом, чрез стремление к Богу достигающим обожения[89]. Феодор, епископ Едесский, так учит о цели человека: «цель жизни нашей есть блаженство, или, что все равно, Царство Небесное или Царство Божие, которое состоит не только в том, чтобы зреть царственную, так сказать, Троицу, но и в том, чтобы получать Божественное влияние и как бы принимать обожение, и в сем влиянии находить восполнение и совершение всех недостатков и несовершенств. В сем-то состоит пища умных сил, то есть, в восполнении недостатков посредством Божественного оного влияния»[90]. У святого Макария почти в каждой Беседе можно находить напоминание о живом общении души с Богом. Так, в Беседе 46 он учит, «что Бог сотворил душу человека такою, чтобы быть ей невестою и сообщницею Его, и чтобы Ему быть с нею единым сорастворением и единым духом». Посему, «если душа прилепляется Господу, то и Господь, милосердием и любовию подвигнутый, к ней приходит и ей прилепляется, и тако един дух и едино срастворение и един разум бывает душа и Господь»[91]. «Для человека нужно, говорит он в другом месте, чтобы не только сам он был в Боге, но и Бог был в нем»[92].

Не подумал бы кто, однако ж, что живой союз с Богом есть исчезновение души в Боге с насилием ее самостоятельности и свободы. Нет: хотя душа действительно стоит при сем под Божественным влиянием, прикасается некоторым образом Богу и проникается Его силою, однако ж не перестает быть душою – существом разумно-свободным, подобно тому, как раскаленное железо или уголь, проникаясь огнем, не перестают быть железом и углем. Она приобретает только чрез сие общение полнейшую и скорейшую силу действовать по воле Божией – свободно, но и беспрекословно. С другой стороны, и то неверно, если б кто стал думать, что когда богообщение поставляется последнею целью человека, то человек сподобится его после, в конце, например, всех трудов своих. Нет: оно должно быть всегдашним, непрерывным состоянием человека, так что, коль скоро нет общения с Богом, коль скоро оно не ощущается, человек должен сознаться, что стоит вне своей цели и своего назначения. Состояние, в котором человек сознает, что Бог истинный есть его Бог и сам он есть Божий, то есть говорит в сердце своем Богу: *Господь мой и Бог мой* (Ин. 20, 28), как апостол Фома, и к себе самому: *Божий есмь – Божий есмь* (ср.: Ис. 44, 5),– такое состояние есть единое истинное состояние человека, есть единый решительный признак присутствия в нем начала истинно-нравственной и духовной жизни.

И так далеки от истины те, кои поставляют последнею целью человека самого же человека, какими бы пышными названиями они ни украшали ее, развитием, например, духовных сил или стремлением к усовершенствованию. При такой цели люди разъединяются заботою только о себе и привыкают всё обращать в средство, не исключая даже и Самого Бога, тогда как, на самом деле, человек, как и все сотворенное, есть средство в деснице Божией для целей Его Божественного Промысла. *Вся созда Господь Себе ради* (ср.: Притч. 16, 4). Посему *о Нем живем, движемся и есмы* (ср.: Деян. 17, 28), *яко из Того, и Тем, и в Нем всяческая* (ср.: Рим. И, 36). Несправедливо последнею целью человека поставлять и одно благо ближних, то есть людей, даже и в том смысле, что вся забота его должна быть обращена на благосостояние общества. Содействовать общему благу есть беспрекословно долг человека, но не первый и не исключительный. Если поставить это первым долгом, то всякий человек мысль и сердце обратит на других, а не к Богу, и, следовательно, все в совокупности составят общество людей, сомкнутых в себе, но душою отторгнутых от Бога. Это будет тело без главы. Напротив, при богообщении все люди, сходясь в сей единой цели, не мысленно только, но самым делом соединяются, и все, единым духом и единою силою преисполняясь, составляют единое, живое и стройное тело. Под этим только условием и может созидаться истинный и надежный союз между людьми;

б) вот цель! Спрашивается, какой путь к сей цели или как приспособлен к ней человек?

Твари неразумные достигают своего назначения, сами не зная того, по самой природе или устройству своему. Человек,— тварь разумно-свободная, должен сам сознать свою цель, познать *путь*, ведущий к ней, и *свободно* определить себя идти неуклонно сим путем, чтобы достигнуть цели и осуществить свое назначение. Из сего само собою открывается, что коль скоро указано будет: аа) *значение нравственной свободы* и ее истинное употребление, коль скоро будет определен: бб) *путь*, который она должна избрать, и: вв) обозначены *основания*, по которым она должна это сделать,— то совокупностию всех этих понятий изобразится, как приспособлен человек к своей цели, к которой должен стремиться всем своим существом, и, следовательно, обозначится все, что от него требуется, чтоб быть верным своему назначению, или, что то же, быть в общении с Богом;

аа) удостоив воспринимать человека в живое общение с Собою, Господь даровал ему *свободу*, чтоб сие общение совершалось богодостойным образом, то есть даровал ему власть располагать своими внутренними и внешними действиями по представлению цели, или по своему усмотрению. Ибо человек должен наперед владеть собою, чтоб потом предать себя Богу. Бог, устроив существо человека, отдал его самому себе, чтобы делал, что хочет, с собою и с своими силами. *Сам из начала сотвори человека*, говорит премудрый Сирах, *и остави его в руце произволения его* (Сир. 15, 14).

Свобода принадлежит лицу человека и составляет его характеристическую черту. Своими мыслями, желаниями, чувствами и соответствующими им делами должен заведовать сам человек. В сем смысле он сам для себя есть правительственное лицо. Ближайшие к сознанию силы составляют его внутренний совет, с помощью которых он решает все свои дела и начинания. Требования поступают к человеку с разных сторон, и совне и изнутри, но, при всей силе их, самого действия, внушаемого ими, никогда не бывает до тех пор, пока не последует сознательного решения на него от самого человека. В сем-то решении или согласии на дело состоит существо свободы. Насильно не может исторгнуть его никакая сила. Одно слово: не соизволяю – обезоруживает всякую власть и всякое насилие[93].

Таким изображается человек повсюду в слове Божием. Здесь самые необходимые для него распоряжения предлагаются его свободе и избранию. Так, Моисей, изобразив Израилю, в чем его живот и смерть, благословение и клятва, убеждает его: *избери себе живот, да живеши ты, и семя твое* (ср.: Втор. 30, 19). *Изберите сами себе*, говорит тому же народу Иисус Навин, *кому послужите* (ср.: Нав. 24, 15). То же самое слышим и от Сираха: *предложил ти огнь и воду, и на неже хощеши, простреши руку твою. Пред человеком живот и смерть, и еже аще изволит, дастся ему* (Сир. 15, 16 – 17). И Спаситель, пришедши на землю, не связывает свободы, но предлагает на выбор: *иже аще хощет по Мне ити* и прочее (см.: Мф. 16, 24); *аще хощеши совершен быти* (Мф. 19, 21). Не насильно входит в дом души, а *стою*, говорит, *при дверех, и толку, аще кто услышит* (ср.: Апок. 3, 20). Бог насильно не влечет нас, говорит святой Златоуст: «Он дал нам власть избирать худое и доброе, чтоб мы были добры свободно. Душа, как царица над самой собою и свободная в своих действиях, не всегда покоряется Богу, а Он не хочет насильно и против воли сделать душу добродетельною и святою. Ибо, где нет произволения, там нет и добродетели. Надобно убедить душу, чтобы по своей воле она сделалась доброю»⁹⁴.

В свободе дана человеку некоторая независимость, но не с тем, чтобы он своевольничал, а чтобы свободно подчинил себя воле Божией. Добровольное подчинение свободы воле Божией есть единое истинное и единственно-блаженное употребление свободы. Воля Божия есть начало, по которому человек должен располагать свои действия. Ею одною решительно надлежит руководствоваться ему в своеличных распоряжениях. Под этим только условием его свобода получит простор и широту, ибо ни в самом человеке, ни вне его ничего нет свободного. Все устроено по определенным законам воли Божественной, которая после сего одна и остается совершенно свободною. Посему приличным поприщем для свободы может быть только воля Божия. Подчиняясь ей, свобода человека становится как бы неограниченною или вступает в беспредельную некоторую область: *хождах в широте, яко заповеди Твоя взысках* (Пс. 118, 45), говорит пророк Давид. «Смотри, какие неизъяснимые тайны совершаются в душе, говорит Макарий Великий, как расширяются и распространяются помыслы ума ее и в долготу, и в широту, и в глубину, и в высоту всего видимого и невидимого творения»⁹⁵. Напротив, при другом каком-нибудь употреблении свободы, с одной стороны, постраждет благо человека, с другой – самая свобода попадет в стеснительные узы. Весь человек в своем составе и силах, равно как и весь порядок окружающих его вещей, запечатлены законом Божественной воли. Если человек с таковыми силами и в таком мире начнет действовать по чуждым воле Божией началам, то он необходимо войдет в противоречие и с собою, и с миром: будет расстраивать себя и подвергнется бедственному влиянию совне, то есть человек неизбежно будет бедствовать и страдать. Мало того, самое употребление свободы его ограничится. Самовольно уклоняясь от воли

Божией, человек неизбежно попадает в некоторые узы и теряет значительную часть возможных для него совершенств. «Если свободен человек, спрашивает святитель Тихон, то ему можно делать все, что хочет?» И отвечает: «нет. Не в том свобода, чтобы жить своевольно. Это не столько свобода, сколько рабство – истое, тяжкое. Непокорные Богу подпадают под тяжкое иго мучителя-диавола и греха, делаются беднейшими пленниками страстей и состоят под клятвою законною»[96]. Так человек – тварь свободная, уклонившись от воли Божией, впадает в область мрака, объятую гневом Божиим, где поступает под власть сатаны, греха и страстей, в нем самом и в других свирепствующих;

бб) таким образом сам собою обозначается *путь*, который свободно должны мы избрать, чтобы выполнить свое назначение, именно – путь воли Божией. Один Бог, благоволивший создать нас разумно-свободными и давший нам это высокое назначение – быть в живом общении с Собою, может указать нам верный *путь*, которым можем мы достигнуть сего богообщения и пребывать в нем. *Кто бо от человек познает совет Божий? Или кто помыслит, что хощет Бог? Волю Его кто позна?* (ср.: Прем. 9, 13, 17), если не Сам Он откроет ее. Это объявление воли Божией разумным тварям или указание, как должны они управлять своими внутренними и внешними действиями, чтобы угодить Богу, есть заповедь Божия, или закон нравственный,– *закон Господень непорочный, обращающий души, свидетельство Господне верное, умудряющее младенцы, оправдание Господне правое, веселящее сердце, заповедь Господня светлая, просвещающая очи...* (ср.: Пс. 18, 8–9). Потому неуклонное пребывание в законе Божием, охотное хождение по заповедям Его, верное исполнение оправданий Его есть единственно-благонадежный путь к богообщению. Только *сотворивый та человек жив будет в них* (Гал. 3, 12), учит Апостол. *Аще ли хощеши внити в живот, соблюди заповеди* (Мф. 19, 17), сказал Господь одному ревнителю богоугождения; а всем вообще обетовал: *имеяй заповеди*

Моя и соблюдаай их, той есть любяй Мя... аще кто любит Мя, заповеди Моя соблюдет: и Отец Мой возлюбит его, и к нему приидем и обитель у него сотворим (ср.: Ин. 14, 21, 23).

Посему-то слово Божие называет закон путем, светом, светильником, сияющим в

темном месте (см.: Пс. 118, 32, 35, 105; 2Пет. 1, 19), и исполнению его усвояет те блага, которые могут истекать только из богообщения. Муж, хранящий закон, развивается, как *древо при исходищих вод, еже плод свой даст во время свое, и лист его не отпадет, и вся, елика аще творит, успеет* (ср.: Пс. 1, 3). Посему-то Сам Бог с такою заботливостию и с некоторою, так сказать, настойчивостию открывал всегда людям волю Свою и давал им Свои законоположения. Первое Свое законоположение напечатлел Он в совести, по которой и язычники, не имеющие закона, естеством законное творят, будучи сами для себя закон (см.: Рим. 2, 14). «Душа подлинно дело великое, Божие и чудное, говорит Макарий Великий, при создании ее такою сотворил ее Бог, что в естество ее не было вложено порока; напротив того, Он сотворил ее по образу добродетели Духа, вложил в нее законы добродетелей – рассудительность, благоразумие, любовь и прочие добродетели»[97], для того, как замечает святой Златоуст в одном месте, чтобы никто не отзывался неведением закона[98]. Потом, когда, вследствие падения, помрачилось или как покрывалом каким закрылось это внутреннее законоположение, и в нас образовался, сверх того, ин[99] закон, противовоюющий закону Божию, то Господь послал закон писанный, чтоб восстановить, очистить от примеси и уяснить в сознании людей сей внутренний закон и доставить им надежнейшее руководство к благочестию и богоугождению. Наконец, когда и сей закон, уясняя требования воли Божией, вместе же с тем освещая жизнь человека в ее отношении к закону и, подобно зеркалу, представляя лик ее, всегда почти нечистый и безобразный, только обличал людей в их беззакониях, а не исправлял, только указывал путь, а не давал силы идти по нему,– то милосердый Господь обетовал открыть людям иной путь и дать новый закон. *И дам им путь ин и сердце ино... да законы Моя в мысли их и в сердцах их напишу Я, и буду им в Бога, и тии будут Мне в людие* (ср.: Иер. 32:39, 31:33). И действительно даровал и дарует сей *закон духа жизни о Христе Иисусе* (ср.: Рим. 8, 2);

вв) несмотря, впрочем, на такую важность закона, он все стоит как бы вне свободы. Чтобы свободное существо шло путем закона, для сего необходимо должно произойти предварительно их добровольное сочетание, а для того должны быть *основания*, по которым свободное существо произвольно должно связать себя законом. Существо, невольно влекомое к известному роду деятельности, уже не свободно, равно как и закон, без понудительных оснований к исполнению его, не есть закон.

Само собою очевидно, что основания сии не могут заключаться ни в свободе, потому что она должна еще только воспринять их, чтоб силою их подчинить себя закону, ни в самом законе, потому что он не имеет самостоятельности и независимости. Их надобно искать в источнике свободы и закона – в воле Бога, даровавшего свободу и предписывающего закон. Другими словами: основания, по которым человек добровольно должен подчинить свою свободу закону Божию, суть те же самые, по которым для нас священна воля Божия.

Воля же Божия должна быть священна для нас потому, что есть воля Божия. Бог – Царь наш. Мы беспрекословно, однако ж охотно, должны повиноваться всему, на что есть Его определение. Одно имя – Бог – должно заставлять нас преклоняться пред Его повелением, ибо Он Владыка всего. Посему, когда дается заповедь или изрекается суд на какой-нибудь народ в слове Божием, всегда говорится: *тако* или *сия глаголет Господь. Ибо кто есть рекий противу Ему?* (Иов. 23, 13), как говорит Иов.

Такое безусловное и вместе свободное повиновение Богу само собою образуется в нас:

а) с одной стороны, из сознания того, что Бог есть наш Творец и Промыслитель. Жизнь наша от Бога, силы от Бога, наша участь и все, что есть у нас, тоже от Бога: как же не повиноваться Ему? Посему 24 старца, поклонившись Богу Вседержителю, так воспели: *достоин еси, Господи, прияти славу и честь и силу: яко Ты еси сотворил всяческая, и волею Твоею суть и сотворена* (ср.: Апок. 4, 11). Пророк Давид молится: *вразуми мя, и научуся заповедем Твоим*. Почему же? Потому, что *руце Твои сотвористе мя и создаете мя* (Пс. 118, 73). Далее он же исповедует Богу: *закона Твоего не забых, оправданий Твоих взысках*. Почему же? *Ибо Твой есмь аз... душа моя в руку Твоею выну* (ср.: Пс. 118, 94, 109);

б) с другой – из сознания того, что Он же есть наш Судия и Мздовоздатель. Хотя Бог даровал нам свободу и, следовательно, некоторую независимость, однако ж хощет, чтобы мы непременно достигали своего назначения, и именно – путем Его заповедей. Посему не попускает нам безнаказанно ходить в волях сердца, а преследует судом, чтобы преклонить к повиновению. *Не даде ослабы ни единому же нечествовати* (ср.: Сир. 15, 20), говорит Сирах. Посему, хотя говорит: *аще хощете* (ср.: Мф. 19, 17), но, вместе, прибавляет: *аще не хощете, ниже послушаете Мене, меч вы пояст: уста бо Господня глаголаша сия... не престанет ярость Моя на противныя* до тех пор, пока не покорятся (см.: Ис. 1, 20, 24).

Эти-то два ощущения, которые, впрочем, не всегда сознаются ясно, печатлеемые со всех сторон в сердце, образуют в нем благоговейный страх или чувство всесторонней зависимости нашей от Бога, которое и заставляет нас добровольно покоряться определениям воли Божией, или закону. В душе нашей сие именно чувство всесторонней зависимости от Бога служит единственным основанием подчинения нашей свободы закону. Поэтому всякий раз, как слабеет сие чувство, люди предаются беззакониям, и наоборот – предающиеся беззакониям утешают себя некоторою независимостию от Бога. *Глаголют Господеви: отступи от нас, путий Твоих ведети не хощем. Что достоин, яко да поработаем Ему?* (Иов. 21, 14–15). *Не узрит Господь, ниже уразумеет Бог Иаковль*

(Пс. 93, 7). *Тма окрест мене, и стены закрывают мя... грехов моих не воспомянет Вышний* (Сир. 23, 25). Так и Василий Великий говорит, что все зло «происходит от того, что оставляют Великого и Истинного Единого Царя всех и Бога... и хотят лучше властвовать вопреки Господу, нежели сами быть под властию у Господа»[100]. Вообще источником нечестия в слове Божием почитается богозабвение (см.: Втор. 32, 18) и отступление от Бога (см.: Втор. 32, 15).

Но и это чувство всесторонней зависимости есть только посредствующее, так сказать, звено между законом и свободою. Самое сочетание свободы и закона опять производится самопроизвольным подчинением себя закону, или воле Божией. При всех основаниях не связывает нас насильно Бог, но оставляет нас на свободе, чтобы мы сами себя покорили и предали Ему в жертву свободу – единственное, какое может человек сделать от себя, приношение Богу, достойное Бога. В жертвоприношении свободы Богу состоит истинный характер нравственно-благочестивой жизни, или, что то же, он состоит в решимости не иначе располагать своими внутренними и внешними действиями, как по воле Божией. Сею решимостию начинается и поддерживается нравственная жизнь человека. Слово Божие изображает ее то под видом клятвы и вольного приношения Богу: *кляхся*, говорит Давид, *и поставих сохранити судьбы правды Твоея. Вольная уст моих благоволи, Господи* (ср.: Пс. 118, 106, 108); то под видом смирения пред Богом и обращения к Нему, например у Иова: *аще обратишися и смириши себе пред Господем, и далече сотвориши от жилища твоего неправду... будет тебе Вседержитель Помощник* (ср.: Иов. 22, 23, 23; Ос. 6, 1); то под видом взыскания Господа: *взыщите Господа, и внегда обрести вам Того, призовите: егда же приближится к вам, да оставит нечестивый пути своя, и муж беззаконный советы своя, и да обратится ко Господу* (ср.: Ис. 55, 6–7); то, наконец, под видом исчезновения в законе и Боге: *очи мои исчезосте во спасение Твое и в слово правды Твоея* (ср.: Пс. 118, 81–82).

Заключим из сего, что когда человек, в чувстве всесторонней зависимости своей от Бога, определит себя или решится на неуклонное и всегдашнее хождение в воле Божией, или законе Божием,— то он будет у своей цели, или выполнит свое назначение. Ибо можно сказать всякому: решись и исполняй закон, и будешь находиться в постоянном общении с Богом. Вместе с тем как покорит себя Богу человек, Бог усвояется человеку, а человек — Богу. Ибо так говорит Сам Господь: *будут Мне в люди, и Аз буду им в Бога: понеже обратятся ко Мне всем сердцем своим* (Иер. 24, 7). Святой пророк Давид говорит: *часть моя еси, Господи, рех сохранити закон Твой* (Пс. 118, 57), то есть, желая навсегда иметь Бога своим, или, что то же, быть в общении с Ним, святой Пророк решается всегда исполнять Его святой закон. У Иова это изображается под видом дерзновения к Богу. Он говорит, что обратившийся ко Господу и смирившийся пред Ним имеет Его Помощником своим и сам *возъимеет дерзновение пред Богом*, воззрев весело на небо (см.: Иов. 22, 26); а нечестивый — *еда имать когда дерзновение пред Ним* (ср.: Иов. 27, 10);

в) отсюда главное начало нравственной жизни вообще можно выразить в следующем правиле: *исполняй волю Божию, чтоб быть в общении с Богом*, или: *пребывай в общении с Богом деятельным исполнением Его святой воли*. Это правило изрекается непрерывно во всем пространстве слова Божия, и исполнение его поставляется источником всех благ, а неисполнение — всех зол. Аврааму Бог обещает благословение — и не ему только, но и семени его по нем, под условием благоугождения: *благоугождай предо Мною* (Быт. 17, 1); Бог избрал народ Израильский, и этот народ предает себя Ему, единодушно взывая *вся, елика глагола Господь, сотворим и послушаем* (Исх. 24, 7). И Спаситель говорит: *не всяк глаголяй Ми: Господи, Господи, внидет в Царствие: но творяй волю Отца Моего, Иже на небесех* (ср.: Мф. 7, 21).

2) Начало нравственно-христианской жизни

Началами нравственной жизни вообще изображается существо первого завета, или духовная жизнь человека в первобытном его состоянии. Как покорное дитя, смиренно ходил бы он в воле Божией и тем состоял бы в Его благоволении и пребывал бы в постоянном общении с Ним. Всем нужным к достижению сей цели обладал уже человек, именно: свободою – чистою, нестесняемою, сознанием закона – определенным и очевидным, чувством страха Божия, или зависимости от Бога,– сильным, а потому и решимостию ходить в воле Божией невозмутимою. Как чрез самое сотворение человек поставлен был в своем назначении, так и пребывал бы в нем теми силами и средствами, какие даровал ему милосердый Творец и Промыслитель.

Но когда человек пал, то подвергся всестороннему расстройству и сам в себе, и в своих отношениях. Общение с Богом прервано: человек под клятвою, не смеет воззреть на небо; свободная самодеятельность связана грехом и страстями; закон помрачился; чувство зависимости ослабело, а вместе с тем ослабела и решимость ходить в воле Божией,– до того, что возвратиться к ней человеку самому нет возможности. Его держит в узах греховного рабства князь тьмы – диавол.

Между тем и по падении человек остался человеком. Назначение его и цель есть то же богообщение; путь к сей цели тот же – хождение в воле Божией, к исполнению которой он сам себя должен определить по чувству зависимости своей от Бога. И однако ж, из всего этого человек сам собою не может выполнить ни одного требования. На всех пунктах необходима ему Божественная, чрезвычайная помощь.

Посему Триединый Бог – Отец, чрез Единородного Сына Своего и Святого Духа,– благоволил устроить на земле благодатное царство, в котором и удовлетворяются вполне крайние духовные нужды человека. Здесь отпадший от Бога человек воссоединяется с Ним чрез Господа

Иисуса Христа, как единого Посредника, примиряющего Бога с человеками и человеков, с Богом примиренных, приводящего к источнику истинной жизни; обессилевшая свободная самодеятельность человека восстановляется Божественною благодатию; недостаток исполнения закона восполняется верою во Христа Спасителя; чувство зависимости от Бога и решимость ходить в воле Его воскрешаются в покаянии. Вследствие покаяния, *по вере* в Господа Иисуса Христа, нисходит в человека в Таинствах *Божественная благодать*, которая, возрождая его, соединяет с Господом Иисусом Христом, *а чрез Него и в Нем с Богом*.

Это необходимейшие условия к истинно-христианской жизни. Так явно, что главнейшее в ней есть: а) общение с Господом Иисусом Христом, в котором открывается человеку источник истинной жизни, а на пути к общению со Христом Спасителем и в общении с Ним необходимы, как в самом человеке, отчасти и со стороны человека: аа) покаяние и: бб) вера,— так и свыше – зачинающая, образующая и совершающая в существе человека новую жизнь во Христе: вв) Божественная благодать. По объяснении сих сторон жизни христианской откроется и: 3) главное начало христианской жизни.

а) Общение с Господом Иисусом Христом

Теперь человеку нельзя иначе вступить в живой союз с Богом, как чрез Иисуса Христа. *Никтоже может приити ко Отцу, токмо Мною* (ср.: Ин. 14, 6), говорит Господь. Посему и *един есть Бог, и един Ходатай Бога и человеков – человек Христос Иисус* (ср.: 1Тим. 2, 5), Которым одним имеем *приведение ко Отцу* (ср.: Еф. 2, 18).

Три зла потерпел отпадший от Бога человек: подвергся проклятию Божию, расстроился в себе самом и подпал под власть диавола,— три зла такие, которые опять силою своею держат человека в состоянии отпадения от Бога, так что приближение к Богу не иначе возможно, как с устранением этих зол. От всех их избавил нас Господь Иисус Христос:

– снял с нас клятву смертию Своею (см.: Гал. 3, 13), ибо Он жрен за нас (см.: 1Кор. 5, 7), и мы освящены приношением тела Его (см.: Евр. 10, 10). Во Христе Бог примирил Себе мир (см.: 2Кор. 5, 18–19) и даровал чрез Него людям дерзновение входить пред Себя (см.: Евр. 10, 19). Посему Апостолы и умоляли всех от лица Бога – примириться с Ним во Христе Иисусе (см.: 2Кор. 5, 18–20);

– уврачевал расстройство наше, став для нас силою во спасение (см.: Рим. 1, 17; 1Кор. 6, 14), преисполняясь которою, укрепляемся (см.: 1Тим. 1, 12) и *вся* можем (см.: Флп. 4, 13). Он оживляет *нас мертвых прегрешеньми* (Еф. 2, 3) и освобождает от закона греховного (см.: Рим. 8, 2; Ин. 8, 36). И вообще без Него мы не можем творить ничего истинно доброго (см.: Ин. 13, 5);

– разрушил дела диавола, упразднил его, имущего державу смерти (см.: Евр. 2, 14), осудил сего князя мира и изгнал его вон (см.: Ин. 12:31, 16:11); потому всех верующих извлекает из тьмы в чудный Свои свет и из области сатанины к Богу, облекая их во всеоружие Божие, *яко возмощи им стати противу кознем диавольским* (ср.: Еф. 6, 11).

Но сие неисследимое богатство Христово (см.: Еф. 3, 8) сокрыто в Нем Самом. Он для людей правда, освящение, избавление (см.: 1Кор. 1, 30), живот (см.: Ин. 1, 3; Кол. 3, 4) и единственный источник всех небесных благословений (см.: Еф. 1, 3, 10); в Нем мы сооживлены, спосаждены на небесных (см.: Еф. 2, 5–6), усыновлены Богу (см.: Рим. 8, 4–17), но так, что действительно сподобляются всех благ, заключенных от нас во Христе и открывающихся в Нем падшему человечеству, только те из людей, кои вступают в живое общение с Ним и так тесно соединяются, как члены с телом (см.: 1Кор. 6, 15) или как ветви с лозою (см.: Ин. 15, 5). Посему общение с Господом Иисусом Христом – заповедуется и изображается как единственное и верховное благо. Так Сам Господь говорит Апостолам: *будите во Мне, и Аз в вас* (Ин. 15, 4). Бог Отец чрез Апостолов призывает нас именно *во общение Сына Своего, Господа нашего – Иисуса Христа* (ср.: 1Кор.

1, 9); Апостолы верующих называют *причастниками Христу* (ср.: Евр. 3, 14); молят Бога *вселитися Христу в сердца их* (ср.: Еф. 3, 17); жалеют об упразднившихся от Христа и болезнуют, пока Он опять вообразится в них (см.: Гал. 4:19, 5:4); о самих себе свидетельствуют, что *не ктому уже они живут, но живет в них Христос* (ср.: Гал. 2, 20), и всем заповедуют облекаться во Христа (см.: Рим. 13, 14), поставляя и целию Божественного домостроительства сие: да будем во истинном Сыне Его, Господе нашем Иисусе Христе (см.: 1Ин. 5, 20).

Так открывается, что единственное средство к общению с Богом есть общение с Господом Иисусом Христом. Тайну сию открыл Сам Спаситель святым Апостолам, говоря: *Аз во Отце Моем, и вы во Мне, и Аз в вас* (Ин. 14, 20). Посему учил, что Отец любит тех только, кои любят Его (Сына), приходит к ним и вместе с Ним творит в них Себе обитель (см.: Ин. 14:23, 16:27), и молился ко Отцу: *да вси едино будут, якоже Ты, Отче, во Мне, и Аз в Тебе, да и тии в Нас едино будут* (ср.: Ин. 17, 21).

Таинственного общения с Господом нашим Иисусом Христом сподобляются верующие во Святом Таинстве Крещения. Здесь они соделываются членами тела Христова и облекаются в Господа, как учит Апостол: *елицы во Христа крестистеся, во Христа облекостеся* (Гал. 3, 27), а вместе с тем сподобляются и тех благ, которые стяжал для нас Господь: оправдания и возрождения. Погружаемый в Крещении спогребается Христу и восприемлет силу смерти Его – прощение грехов (см.: Рим. 6, 3–4). Крещенный выходит из купели в обновленной жизни, как нова тварь, *яко ктому не работати греху*, который с сих пор уже *не обладает* им и *не царствует* в нем (см.: Рим. 6, 3–14). О сих благах говорит Апостол: *но омыстеся, но освятистеся, но оправдистеся именем Господа нашего Иисуса Христа и Духом Бога нашего* (1Кор. 6, 11).

Сообщаемые, впрочем, при сем дары запечатлевают внутреннейшие изменения, которые должны происходить в сердце приступающего к Господу прежде Крещения и которыми собственно полагается основание, начало и зародыш жизни истинно-христианской. Сии изменения суть *покаяние и вера*, как требовал и Сам Спаситель от всех, приходящих к Нему, говоря: *покайтеся и веруйте во Евангелие* (Мк. 1, 15). Они производятся в душе *Божественною благодатию* – предваряющею. В Крещении же благодать входит[101] внутрь – в сердце христианина – и потом постоянно пребывает в нем, вспомоществуя ему жить по-христиански и восходить от силы в силу в духовной жизни.

аа) Покаяние

Открывающаяся в сознании и опыте причина худой жизни есть ослабление в нас чувства страха Божия, или чувства зависимости от Бога, ослабление, доходящее иногда до крайней степени – до совершенной потери сего чувства. Действующее в нас начало греховной жизни есть себялюбие или самоугождение, иначе *эгоизм*: самость. Сокрушается самость,– и воскресает у человека страх Божий, или чувство зависимости от Бога, в покаянии.

Тот человек живет в состоянии отпадения от Бога, который для себя только живет и не думает о Боге и небе или, по словам Давида: *не предлагает Бога пред собою* (ср.: Пс. 53:5, 85:14). У такого обыкновенно вся забота о чем-нибудь своем: или о познании, или об искусстве, или о должности, или о семействе, или, еще хуже, о наслаждении и удовлетворении какой-нибудь страсти; о будущей жизни он не думает, а настоящую старается устроить так, чтобы жить спокойно и как бы вечно; внутрь себя не обращается, поэтому и не знает своего состояния и тех следствий, какие будут от его жизни, но всегда считает себя чем-то великим и гоним бывает все вперед суетною заботою; других не любит, а обходится с ними, как только требует приличие,– посему готов и обидеть, если это не очернит его самого; он иногда делает и добрые дела, но они все суть свойства душевного[102], напитаны общим его духом самолюбия, которое отнимает у них истинную цену. Все это исповедует всякий обратившийся к Богу, а необратившийся, пока пребывает в сем состоянии, как бы иногда по видимому строго ни принимался разбирать себя и свою жизнь, никак не может уверить себя, что его дела ничтожны и злы. Сатана, обладающий человеком посредством греха, живущий в человеке, вместе с его самостию,— как летаргическим сном поражает его дух во всех силах. Поэтому он недугует ослеплением, нечувствием и нерадением.

Человеку, находящемуся в таком состоянии, самому очувствоваться нельзя, пока в его греховной тьме не воссияет свет Божественной благодати. Тьму наводит на него сатана, запутывает его в свои сети, от которых никто не возникнет[103] без вразумления свыше (см.: 2Тим. 2, 26). *Никтоже может приити ко Мне*, говорит Господь, *аще не Отец, пославый Мя, привлечет его... Всяк слышавый от Отца и навык, ко Мне приидет* (ср.: Ин. 6, 44–45). Посему Сам Господь стоит *при дверех сердца и толчет*, как бы говоря: *востани спяй и воскресни от мертвых* (ср.: Апок. 3, 20; Еф. 5, 14).

Сей голос Божий – зовущий – приходит к грешнику или непосредственно, прямо в сердце, или посредственно, преимущественно чрез слово Божие, а нередко и чрез многообразные происшествия внешние, в природе и в жизни его самого и других. Но всегда он падает на совесть, пробуждает ее и, наподобие молнии, освещает (ясно представляет сознанию) все законные отношения человека, которые им были нарушены и извращены. Поэтому сие действие благодати и открывается всегда сильным беспокойством духа, смятением, опасением за себя и самопрезрением. Впрочем, оно не влечет насильно человека, а только останавливает его на пути порочном, после чего человек совершенно властен или обратиться к Богу, или опять погрязнуть в тьму самолюбия. В притче о блудном сыне сие состояние выражено словами: *в себе пришед* (ср.: Лк. 15, 17).

В человеке, внявшем (не противодействующем) действию благодати, призывающей и просвещающей его внутреннюю тьму, открывается особенная способность живо воспринимать откровенные истины, как бы некоторый особенный сердечный слух и внятие: *открываются очи* (ср.: Деян. 26, 18), действует *дух премудрости в познании* истины (см.: Еф. 1, 17). Примеры сему представляют все обращающиеся (например, Мария Египетская, Евдокия и прочие). Истины откровенные изучаться могут и без содействия благодатного, но тогда они, слагаясь в уме, обыкновенно не проникают глубоко в сердце. Под действием же благодати сердце именно и питается ими, принимая их внутрь себя, совершенно усвояя и удерживая их в себе,– становится как бы ненапоимою губкою. При сем, так как Откровение составляют закон и Евангелие, то, воспринимая сердцем откровенные истины, обращающийся испытывает двоякого рода изменения: одни тяжкие и безотрадные, другие облегчающие и успокоивающие душу. Однако ж, соответственно состоянию обращающегося, прежде всего всею тяготою своею налегает на него закон и истязует его, как виновника. Ряд изменений такого рода в сердце составляет совокупность покаянных чувств.

В сем порядке прежде всего происходит: 1) *познание грехов*. Закон показывает человеку все обязательные для него действия, или заповеди Божии, а сознание представляет целое поле действий, противных им, с уверением, что они могли и не быть, что все суть дело его свободы и допущены им нередко с сознанием их незаконности. Следствием сего бывает внутреннее *обличение* человека во всех опущениях и нарушениях: человек чувствует себя всесторонне виновным пред Богом, безызвинительным, безответным; 2) отсюда, далее, болезненные, скорбные, *сокрушительные о грехах чувства* теснятся в сердце с разных сторон: *презрение к себе* и негодование на злой свой произвол, потому что сам всему виною; *стыд*, что до такого уничижительного состояния довел себя; *болезненный страх* и ожидание близких зол оттого, что оскорбил грехами своими Бога всемогущего и праведнейшего; наконец, смятенное *чувство беспомощ-*

ности и безнадежности довершает поражение: желал бы человек все зло это стрясть с себя, но оно срослось будто с ним, желал бы даже умереть, чтоб восстать в лучшем состоянии, но не властен сделать это. Тогда-то человек из глубины души начинает вопиять: *что сотворю, что сотворю?* – как вопиял народ от обличений Иоанна Крестителя (см.: Лк. 3, 10, 12, 14) и от слов апостола Петра по сошествии Святого Духа (см.: Деян. 2, 37). Здесь всякий, хотя бы был властелин или другой какой знаменитейший в свете человек, чувствует, что он пойман судом Божиим и совершенно подлежит его силе, что он *червь, а не человек, поношение человеков и уничижение людей* (Пс. 21, 7),– то есть в прах обращается вся самость человеческая и воскресает сознание повинности Богу, или чувство зависимости от Него – полной, неизбежной.

Такие чувства тотчас готовы принести и плод свой, возбудить, то есть, к покорности Богу или в настоящем случае к тому, чтобы исправиться и начать новую жизнь по воле Божией. Но при сем свыше теснит человека чувство гнева Божия и Божией клятвы, а в себе обезоруживает сознание бессилия одолеть себя, по испытанной уже неоднократно силе страстей и испорченной воли. Потому он стоит, как пораженный, даже как бы не смея произвести ни одного движения. Здесь-то в благовременную помощь приходят к нему, с одной стороны,– *вера*, а с другой – *благодатная, вспомоществующая в делании всякаго добра, сила.*

бб) Вера

Стесненному строгим обличением закона грешнику нигде нельзя было найти утешения, кроме Евангелия – проповеди о Христе Спасителе, пришедшем в мир грешников спасти. Без Иисуса Христа Господа грешникам, обличаемым от закона, невозможно бы было избежать отчаяния, почему и возвещается, что собственно для них и пришел Спаситель. *Не приидох,* говорит Он, *призвати праведных, но грешныя на покаяние* (ср.: Лк. 5, 32); еще:

прииде Сын Человеческий взыскати и спасти погибшаго (ср.: Лк. 19, 10). «Вот кому проповедуется евангельское утешение, учит святитель Тихон, *нищим*, то есть тем, которые признают свою духовную нищету, не находят в себе никакой правды пред Богом, а усматривают одно окаянство; *сокрушенным сердцем*, то есть тем, у коих сердце, как стрелою, уязвлено печалию о грехах... Закон всегда есть *пестун во Христа* (ср.: Гал. 3, 24). Показывая нашу виновность и немощь, он заставляет искать иного посредства и, как бы взявши за руку, ведет ко Христу, ибо в тесноте совести нет иного прибежища, кроме Христа, Который *грехи наши Сам на теле Своем вознесе на древо* (ср.: 1Пет. 2, 24) и Которого, *не ведевшаго греха, Бог по нас грех сотвори, да мы будем правда Божия о Нем* (ср.: 2Кор. 3, 21)... Чтоб в сердце зачалась вера евангельская, необходимо предварительно познать немощь свою и живо восчувствовать гнев Божий, клятву, суд и осуждение, определенное грешникам.

Тогда уже в сердце, сим страхом, как огнем, очищенном и предуготовленном, зачинается и вера от Духа Святого» [104].

Как дождь принимает в себя жаждущая земля и как прохладительною влагою оживляется утомленный от зноя (см.: Ис. 18, 4), так истерзанная совестию душа впивает благовестие Евангелия и сокрушенное сердце отрадно внимает утешительным вещаниям веры.

Здесь всему предшествует *познание* Господа нашего Иисуса Христа, или познание устроения спасения в Нем, то, чего просил Апостол ефесянам: *яко уведети* (Еф. 1, 18). Такое познание есть необходимое условие к рождению веры или точка, с которой начинается ее образование, ибо как веровать, не зная предмета веры? Посему Апостолы и посланы были научать проповедию людей, показывать, то есть, в чем истина (см.: Мф. 28, 19). Как уверуют, говорит Апостол, если не услышат от проповедника? (см.: Рим. 10:11, 14–15). У жаждущего спасения это познание сопровождается услаждением, занимает всего его, обнимает все внимание и оставляет после себя желание еще слышать, еще поучаться, еще познавать. Слабое подобие сему представляют афиняне и Агриппа с Фестом при проповеди апостола Павла (см.: Деян. 17:32, 26:28–32).

Но не в сем еще вера. За познанием, искренно принятым, следует *сердечное убеждение в истине Евангелия*, или в том, что спасение рода человеческого действительно устроилось так, как проповедуется, и что основания спасению людей иного нет и не может быть, как в Господе Иисусе Христе. Это сердечное убеждение составляет отличительное свойство веры. Многие знают умом домостроительство спасения, но не у всех их есть вера. Истинно-верующий так привержен сердцем к вере во Христа, что не только небоязненно исповедует Его, но и стоит за сие исповедание до крови: оно дороже ему самой жизни.

Верх же совершенства веры составляет живейшее личное убеждение, что Господь как всех, так и меня спас, как со всех снял проклятие, так и с меня, как всех есть Живот, так и мой. «Истинно верующий, говорит Преосвященный Тихон, исповедует со Апостолом: *верою живу Сына Божия, возлюбившаго мене и предавшаго Себе по мне* (Гал. 2, 20). Сын Божий возлюбил весь мир и предал Себя за весь мир, но апостол Павел сие великое Его благодеяние себе верою присвояет. И святой Дамаскин[105] поет: *пасл еси всего мя человека... до мене... идеши, мене ища заблуждшагося* (глас 2, песнь 4)»[106]. «В такой вере все существо христианского блаженства заключается»[107], ибо от нее возрождается в сердце *действительное ощущение спасения в Господе*, чувство свободы от проклятия и гнева Божия, сознание собственного примирения с Богом в Господе Иисусе Христе. «Такая вера (говорит Преосвященный Тихон) освобождает от греха, клятвы, ада, приносит с собою веселие духовное, радость о Господе Спасителе, о благости и человеколюбии Его собственно к себе, мир и спокойствие совести, как говорит Апостол: *оправдившеся верою, мир имамы к Богу Господем нашим Иисусом Христом* (ср.: Рим. 5, 1)»[108]. Что происходило в сердце галатян под действием сей веры, о том так говорит Апостол: *кое убо бяше блаженство ваше? Свидетелствую бо вам, яко, аще бы было мощно, очеса ваша извертевше дали бысте ми* (Гал. 4, 15).

Все спасительные действия веры, о коих упоминается в Святом Писании, принадлежат такой именно вере. Главный же ее плод и как бы основание всех других есть *оправдание*. «Она (Преосвященный Тихон) таинственно соединяет душу верующего со Христом, как невесту с женихом (см.: Ос. 2, 20; 2Кор. 11, 2). При сем Христос отъемлет от такой души клятву, осуждение, всю скверну греха, а вместо того подает ей благословение, чистоту и святость (см.: 1Кор. 1, 30). Как жену какую, Он облекает ее в чистую багряницу правды, да пред очами Его и Небесного Отца Его явится чиста и, как дщерь царская, духовною утварию *одеяна и преиспещрена* (ср.: Пс. 44, 10). Созерцая сие благо, Пророк, в радости духовной, восклицает от лица души, сподобившейся сего: *да возрадуется душа моя о Господе, облече бо мя в ризу спасения и одеждою веселия одея мя: яко на жениха возложи на мя венец, и яко невесту украси мя красотою* (ср.: Ис. 61, 10)»[109]. Должно, однако ж, знать, что как такое дарование по вере ниспосылается собственно в Таинстве Крещения, где, как говорит Златоустый[110], во время погружения тела в воду дается нам и правда, и усыновление,— так здесь же напечатлевается и последнее чувство веры, то есть действительное ощущение спасения и оправдания в Господе, ибо нельзя ощущать того, чего нет. Следовательно, в Крещении уже, принимаемом с верою, завершается самая вера.

вв) Благодать (содействующая)

Человек, как бы уничтоженный судом закона, по мере вступления в область веры оживает отрадою в сердце, восклоняет главу, убитый скорбию, приходит в напряжение, расслабленный. Чем больше растет вера, тем более вкореняется в нем уверенность в возможности и благоплодности усилий исполнять закон с помощию Божиею, вместе с тем образуется и укрепляется благое намерение определить себя решительно на служение Богу хождением в Его законе. Пока не уверится человек в помиловании и помощи Божией, не может положить и решительного намерения жить по воле Божией (см.: 1Пет. 1, 3).

Посему-то, когда чувство благонадежности в Боге и Божия благословения, изливаемое в сердце верою во всеумилостивительную смерть Господа Иисуса, уверяет его, что Бог не презрит его, не отвергнет, не оставит Своею помощию при исполнении закона ради Господа, тогда уже, утверждаясь на сем чувстве, как на камени, дает человек решительный обет оставить все и посвятить себя Богу всего, без всяких ограничений, воодушевляется ревностию ко всесторонней чистоте и святости, с ненавистию ко греху, со страхом, однако же, чая Божественной силы и помощи... Здесь-то совершается перелом воли: человек бывает в том состоянии, в каком был блудный сын, когда говорил: *возстав, иду*.

Решительное, впрочем, намерение сие есть только условие жизни по Богу, а не самая жизнь. Жизнь есть сила действовать. Жизнь духовная есть сила действовать духовно, или по воле Божией. Такая сила потеряна человеком; посему, пока снова не дастся ему, он не может жить духовно, сколько бы ни полагал намерения. Вот почему излияние благодатной силы в душу верующего существенно необходимо для жизни истинно-христианской. Истинно-христианская жизнь есть жизнь благодатная. Возводится человек до святой решимости; но, чтоб он мог и действовать по ней, необходимо, чтоб с его духом сочеталась благодать. При сем сочетании нравственная сила, знаменуемая только первым воодушевлением, запечатлевается в духе и остается при нем навсегда. В сем-то восстановлении нравственной силы духа и состоит действие возрождения, совершаемого в Крещении, где ниспосылается человеку как оправдание, так и сила действовать *по Богу в правде и преподобии истины* (ср.: Еф. 4, 24). Так истинно-христианская жизнь зачинается в Крещении, которое и называется *банею пакибытия и обновления Духа Святаго* (Тит. 3, 5), *новым рождением* (1Ин. 3, 5, 9), а крещенный – *новою тварию во Христе Иисусе* (ср.: 2Кор. 5, 17)[111].

С сего времени вселившаяся в человека благодать пребывает в нем, вспомоществуя ему быть верным Господу до смерти, чтоб *восприять венец, жизни* (ср.: Апок. 2, 10), ибо все верующие не иначе как *силою Божиею соблюдаются, чрез веру, во спасение, готовое явитися в последнее время* (ср.: 1Пет. 1, 5). Восприяв сию силу, человек благонадежно ходит в исполнении Божественного закона, или ходит как лев, уповая, под беспрерывным осенением Божественной благодати, с радостию, вместе и со страхом, предаваясь ее водительству (см.: Пс. 2,11) и подвизаясь в делах богоугодных, в чувстве крепости своей в Боге, при глубоком сознании своего бессилия. Вся жизнь верующего после сего течет в следующем порядке: он со смиренною покорностию и желанием принимает благодатные освящающие средства – слово Божие и Таинства, а благодать в сие время производит в нем многообразные действия просвещения и укрепления. От сего, с продолжением поприща земной жизни, постепенно растет и спеет духовная жизнь христианина, *восходящаго от силы в силу Господним Духом* (ср.: 2Кор. 3, 18), *дондеже приидет в меру возраста исполнения Христова* (ср.: Еф. 4, 13). Посему у него нет, собственно, ни одного действия, которое бы он совершил без благодати и которого сознательно не относил бы к ней. Они и действительно относятся к ней, как по началу, ибо она возбуждает,– так и по совершению, ибо она дает силу. *Бог есть действуяй в нем, и еже хотети, и еже деяти о благоволении* (ср.: Флп. 2, 13)[112]. У человека свое только пламенное желание пребывать в сем порядке Божественного хранения, в нравственно-доброй жизни, и решительное предание себя водительству Божию.

3) Главное начало нравственно-христианской жизни и ее характер

Итак: а) последняя цель человека неизменно состоит в общении с Богом. Поэтому когда он отпал от Бога и не мог восстановить общения с Ним сам, то, по благоволению Божию, явился Богочеловек Христос Иисус, чтоб чрез Него человек входил в общение с Богом. Таким образом, последнею целию стало общение с Богом во Христе Иисусе Господе нашем. *Никтоже может приити ко Отцу, токмо Мною* (ср.: Ин. 14, 6), говорит Господь.

б) назначенный человеку путь к цели неизменно есть хождение в законе Божием, в заповедях, или в воле Божией. *Сотворивый та человек жив будет в них* (Гал. 3, 12). Поэтому когда человек сделался преступником закона, то не мог иначе надеяться на достижение своей цели, как чрез усвоение себе чужой праведности. Сия усвояемая праведность восполняет недостаток законности в нашей жизни и дает нам возможность быть близкими к Богу. *Немощное бо закона, в немже немоществоваше плотию, Бог Сына Своего посла в подобии плоти греха и о гресе осуди грех во плоти, да оправдание закона исполнится в нас, не по плоти ходящих, но по духу* (Рим. 8, 3–4). Сие усвоение совершается посредством веры во Христа. Посему должно сказать: путь к цели для человека и теперь тот же – исполнение закона, но только восполняемое *верою*. Все грехи человека до обращения и все падения по обращении изглаждаются верою, так что вообще жизнь наша вся пред очами Божиими является праведною не иначе как чрез оправдание верою в Господа нашего Иисуса Христа;

в) достижение цели неизменно должно быть делом свободы человека. Посему когда чрез преступление человек утратил совершенство своей свободы и подпал игу греха и диавола, то не иначе мог взойти в состояние идти к цели, как по расторжении сих уз Божественною благодатию, и, по восприятии ее в помощь,– противиться и одолевать своих врагов. Человек и теперь сам действует в добре, но не иначе как под благодатию. *Он силен Богом* (ср.: 2Кор. 10, 4). Так, свободно идет и теперь человек к цели, но свободою воскрешенною и укрепляемою беспрерывно благодатию;

г) точка опоры для нравственной жизни неизменно есть чувство зависимости от Бога, и существо ее – пожертвование свободы Богу. Поэтому когда все сие уничтожилось грехом, то человек не иначе начинает жить по духу, как когда воскресится в нем чувство зависимости от Бога Божественною благодатию, действующею на него в покаянии, и, вследствие того, чрез посредство веры, возникает решимость всего себя подчинить воле Божией, или принесть свою свободу в жертву Богу. Свидетельствуется сие и запечатлевается в Крещении, где человек отрицается сатаны, всех дел его и всего служения его, и в вере предается Господу Иисусу Христу (почему Крещение и называется *совести благи* вопрошением, или обещанием [см.: 1Пет. 3, 21]). Итак, и теперь начало и характер нравственной жизни человека – пожертвование свободы Богу в чувстве зависимости от Него, совершаемое обетом в Крещении (или покаянии), вследствие перемены воли от покаянного сокрушения о своем развращении.

После сего общее начало нравственной жизни: пребывай в общении с Богом свободнодеятельным исполнением Его воли – должно быть представлено так: пребывай в общении с Богом в Господе Иисусе Христе, деятельным, под руководством и укреплением благодати, хождением в воле Божией, восполняемым и совершаемым верою в бесконечные заслуги Искупителя, как торжественно пред Церковию обещался ты в Крещении (или Таинстве Покаяния).

Судя по таковому началу и по самому составу жизни истинно-христианской, ей должны принадлежать следующие существенные и отличительные свойства, по которым всякий может рассуждать и себя самого, *аще есть в вере* (ср.: 2Кор. 13, 5).

Жизнь истинно-христианская есть:

— сокровенная со Христом в Боге. Утвердившись умом и сердцем в Боге чрез Господа Иисуса Христа, христианин действует пред лицем Бога, по воле Божией, ради славы Божией, силою Божиею. Вниманием и сердцем своим он погружен в Бога;

— отрешенная от чувственного, или бесстрастная. Христианин так возвышается над всем, что в нем и вокруг него, что чужд всякого мирского пристрастия и земных надежд: *вышних ищет, идеже есть Христос, одесную Бога седя* (Кол. 3, 1). Кто приступает к христианству, *уповая в сем только веце*, тот *окаяннейший из всех людей* (ср.: 1Кор. 15, 19);

— самоотверженная. Испытавши, до чего доводит хождение в воле плоти и помышлений, христианин, ради угождения Богу, с неприязнию отвергает всякую свою волю, потому только, что она своя, и всегда, когда воля Божия требует, обходится с собою без сожаления, даже с суровостию, и в отношении к естественным движениям сердца, ума и воли, и в отношении к страстям и требованиям плоти и мира;

— воинственная. Благодатию порожден уже христианин в новую жизнь по Боге, но не уничтожено еще семя зла, в нем таящееся. От сего, в продолжение всей земной жизни, *плоть похотствует на духа, дух же на плоть* (ср.: Гал. 5, 17). Стоя на стороне добра и принимая приражения греха, христианин, облеченный *во вся оружия Божия* (Еф. 6, 11), противится ему и побеждает его;

— бдительная и трезвенная. Чтобы быть в готовности встретить и в состоянии отражать беспрерывные и нечаянные нападения врагов духовных отвне и внутри, особенно от бесов, христианин трезвится, бодрствует, себе внимает (см.: 1Пет. 5, 8; 1Тим. 4, 10). От утра и до вечера стоит у входа сердца своего, блюдя за подкрадывающимися злыми врагами внутреннего покоя и чистоты;

— самопринудительная. Все силы, и духовные и телесные, у него в напряжении то для противоборства сво-

им влечениям к злу, то для принуждения себя на добро. Это два существенных направления воли, решившейся служить Богу;

– *многотрудная, но и пресладостная. Подвизается христианин войти сквозе тесная врата (Лк. 13, 24), но и вкушает правду, мир и радость о Дусе Святе (ср.: Рим. 14, 17);*

– *тщательная*. С огнем благочестивой ревности христианин, *избыточествуя в деле Господни всегда* (ср.: 1Кор. 13, 38), *задняя* забывает и в *предняя* простирается (см.: Флп. 3, 13), преобразуясь от славы в славу, чтобы прийти *в меру возраста исполнения Христова* (Еф. 4, 13);

– *сильная Богом*, потому и *многоплодная, и самоуничиженная*. Христианин чувствует в себе, как говорил Апостол: *вся могу о укрепляющем мя Христе* (ср.: Флп. 4, 13), и, вместе, исповедует: что есть во мне, чего бы я не приял? (см.: 1Кор. 4, 7) – почему и оправдания ищет и ожидает окончательно от единого Христа Спасителя, при всем обилии дел благих.

Б) Подробное указание действий христиански благодатной жизни и жизни греховной на все способности человека

1) О способностях познавательных

а) О высшей способности познания, или разуме

Предмет познаний разума есть верховное Существо – Бог, с бесконечными Своими совершенствами, и Божественный, вечный порядок вещей, отражающийся как в нравственно-религиозном устройстве мира духовного, так и в сотворении и промышлении, или в устройстве тварей, и ходе происшествий и явлений природы и человечества. Все это предметы сокровенные, таинственные, и разум в истинном своем виде есть созерцатель таинств Божества, духа и мира вещественного.

Возможность такого ведения[113] основывается на том, что дух наш сам из мира духовного и имеет к нему некоторое предрасположение, некоторое его чаяние и требование. Так, опыт показывает, что у нас есть потребность Божества, нравственного порядка, порядка промышления, лучшей жизни вечной и прочего и есть общая вера во все сии предметы. Такие требования, верования, чаяния обыкновенно называются идеями, или неопределенным созерцанием чего-то лучшего по бытию и совершенствам, нежели то, что мы знаем вокруг себя. Сии идеи сколько уверяют, что дух наш из иного мира, столько же показывают, что он не лишен возможности познавать его.

Хорошо надо помнить, что из того, что у нас есть идеи, можно заключить только к возможности познания и созерцания мира невидимого, духовного, а не к действительности его, подобно тому как из присутствия зрительной силы в нашем глазе видна только возможность зреть вещи, а самое зрение подлежит своим условиям.

Кто считает идеи действительным созерцанием, тот делает большую ошибку. Идеи доказывают только, что есть невидимые вещи, подобно тому как требование пищи доказывает, что есть пища; а что такое те предметы, каковы они, где,— это еще надобно узнавать. Притом и сие указание на бытие невидимого мира не есть непосредственное, а посредственное, умозаключительное. Убедительно же оно по сильному только его желанию, а не само по себе, так что, умали или уничтожь желание тех невидимых вещей, умалится или уничтожится и самое убеждение в бытии их.

В таком состоянии ведение духовное, или разум, находится во всяком человеке, приходящем в мир сей. Оно является в виде требований невидимого мира, сопровождающихся убеждением в действительном бытии его, но без действительного и верного о нем познания. Разум есть только зрительная духовного мира сила. Очевидно, что, для дальнейшего развития или размножения сего знания, необходимо упражнять сию силу зрения духовного действительным зрением, подобно тому как зрительная сила глаза упражняет и разнообразит опытность зрения нашего действительным зрением. А для сего необходимо входить с тем миром в непосредственное сношение и соприкосновение, как чувственный глаз входит в такое сношение с вещами чувственными, то есть необходимо быть в общении с Богом и миром духовным. Без сего общения ведение духовное навсегда в духе нашем останется в виде предположительного требования и никогда не взойдет на степень знания ясного, действительного, определенно-убедительного, подобно тому как слепой, с закрытыми глазами, у которых не повреждена, однако ж, сила зрения, будет знать только, что верно есть светящиеся и освещаемые вещи, но знать их определенно не возможет, пока не откроются глаза его. Причина сему – падение в грех и пребывание в сем падении. Вместе с отпадением от Бога дух наш отпал от всего Божественного и духовного, не входит с Богом в непосредственное сношение, не видит Его, не созерцает, стал слеп для Него. Надобно возвратить его в прежнее состояние, чтоб он мог знать Его ясно и определенно. Если теперь сие условие может быть исполнено, только когда человек восприимет восстановительные силы в христианстве, то очевидно, что вне истинного христианства, деятельно усвояемого, разум слеп, не знает духовных вещей, а только требует знания их, имеет идеи о них, но неопределенные, неясные, предположительные.

Между тем предметы невидимого мира, по своей высоте и особенно по родству с нашим духом, не могут не занимать человека, не могут не возбуждать в нем желания разгадать их. Это всегда и есть. Редкая усыпленная душа не хочет узнать: что такое оный мир? Многие над тем трудятся. Какой же

плод сего труда? Если один путь к истинному его познанию – опыт духовный, от действительного вкушения вещей духовных, возможного для человека, восстановленного благодатию: то очевидно, что самодельное его познавание не должно обещать многого. Чтоб увериться в сем, стоит только посмотреть на способы, какие, вне истинного пути, употребляет для сего разум, оставленный себе. Из них известны два: один состоит в умозаключительном восходе от низшего к высшему; другой надеется на уяснение идей механическим переходом их от одной силы к другой внутри нас. В том и другом сознается неясность и неполнота духовного ведения и решается вопрос: как уяснить и пополнить сие знание?

Под первым разумеется вот что: заключать от действий к причине всего – Богу, приписывая Ему в высочайшей степени то, что может быть Ему свойственно, и отрицая то, что Ему свойственным быть не может. Нет сомнения, что сим путем немало можно пояснить тайную область идей; но, кроме того, что такое знание касается не всего объема невидимых вещей, а только одного Божества, хотя это и главный предмет,– оно тоже не прямо, не непосредственно, следовательно, также остается по-прежнему предположительным.

Потому оно никак не удовлетворяет, а всегда заставляет ожидать новых подтверждений и доказательств, как это очень сильно выразил Платон[114]. При нем можно сказать только: кажется так и так; но, когда кто скажет: может быть и не так? – не всегда ум найдется, что на это ответить.

Тем больше это приходится испытывать, что здесь же опыт приводит ко многим нерешимым вопросам, касательно, например, Божественного промышления или слишком большого влияния вещества на дух. Мало ли людей, кои, смотря на тайную, непостижимую связь происшествий, говорят: есть ли кто, приводящий все сие в движение; есть ли свобода; что дух? – и прочее. А это и заставляет разум если не оставаться в решительном сомнении, то часто с грустию испытывать сильные нападения со стороны сего врага истины. Вот плод показанного способа. А о том уже нечего и говорить, что при неправом его употреблении он может вести к опасным заблуждениям, как уже это случалось и на самом деле. Отчего Эпикур[115] устранял Бога от мироправления? Оттого, что судил о Нем по своему настроению, что любил сам предаваться сладкому бездействию и покою. Отчего Ориген[116] дошел до мысли о несовместности вечных мучений с благостию Божиею? Оттого, что судил о Нем по своему мягкосердию и поблажливому[117] нраву. То же и другие могут представлять себе и представляют Бога только грозным и неразборчивым деспотом. А жизнь вечную как-как не изображают? И об Ангелах, и о способах спасения, и о прочем как не судят? Всякий судит по себе, по своим наличным познаниям и своему настроению. И очевидно во всем этом извращают истину и превращают ее в ложь, оттого что не тем путем идут к знанию тех вещей.

О втором способе нечего почти и говорить. Он походит на баснословное похождение идей во внутреннем нашем мире. По нему, сначала идеи падают в сознание, отсюда в сердце, потом они принимаются фантазиею, далее, наконец, рассудком, который и строит из них понятия, суждения и умозаключения. Очевидно, что это изображение совершенно чуждо опыта, выдумано и никем не может быть в себе сознано. Однако ж оно очень ясно показывает, что разум сам не знает, как ему познать невидимый мир, потерял истинный к тому способ и придумывает то то, то другое и в этом смятении попадает на смешное и нелепое; ибо, если предмет не совсем виден, надобно идти к нему, а не вертеться или принимать самому разные положения, оставаясь в одинаковом от него отдалении. Неясное в нас самих – непонятно, как в нас же самих может и уясниться само? Пусть, впрочем, и можно вытеснить из себя какие-нибудь мысли при сем поворачивании или трении идей; всё не видно, откуда они могут приобрести достоверность и силу убеждения. Если сами идеи только предположительны, то что и все развитое из них?

Итак, в разуме, пребывающем в отдалении от Бога и благодати Его, *знание* о мире духовном, которое он достает из развития идей предположительного достоинства и способами неверными и ненадежными:

1) *само предположительно*, недоуменно у всех, никого не исключая. Что и как? – эти вопросы разум такой всегда будет себе предлагать и никогда не решит их сам;

2) *всегда почти неверно*, ибо берется не с натуры вещей тех, а образуется по вещам другим, противоположным;

3) и само собою оно *может касаться только малой части* всего – очевиднейшей, каково бытие Божие и Его свойства. Что же касается до законов Божественного мироправления, до нравственно-религиозного порядка мира духовного и особенно до таинства спасения рода человеческого, это или совсем не имеется в мысли, или является в виде самых мечтательных предположений.

Должно при этом заметить, что даже когда разуму дается доступ в Откровение, то и тогда хотя мнения нелепые исправляются, недостающее восполняется, но предположительность все еще остается, в каких бы то степенях ни было. И тогда знает он сии предметы, как умозрение, и, пока не вкусит их самым делом, не знает, как они есть на деле. Посему очень многие истины, и между ними истины спасения, содержатся в уме как нечто чуждое, туда положенное совне, но не сорастворившееся с самою природою ума. Оттого, далее, даже и после полного их изучения, значение их все еще перебивается сомнениями и недоумениями, нерешительностию, готовою всем колебаться, как стебель от легкого дыхания ветра. Вот что говорит о таком познании святой Макарий Египетский.

«Тех, которые возвещают духовное учение, не вкусив и не испытав оного, почитаю я подобными человеку, летом в жаркий полдень идущему по пустой и безводной стране; потом, от сильной и палящей жажды, представляющему в уме своем, будто близ него находится прохладный источник, имеющий сладкую и прозрачную воду, и будто он без всякого препятствия пьет из него досыта; или – человеку, который нимало не вкусил меда, но старается другим изъяснить, какова его сладость. Таковы, поистине, те, которые, самым делом и собственным дознанием не постигнув того, что принадлежит к совершенству, освящению и бесстрастию, хотят наставлять в сем других. Ибо если Бог дарует им хотя несколько почувствовать то, о чем они говорят, то они, конечно, узнают, что *истина и дело* не походят на их рассказ, но весьма много различествуют от него»[118].

«Имеющие внутри себя Божественное богатство Духа если сообщают кому-нибудь духовное учение, то, как бы вынося собственное сокровище, дают им. Напротив, те, кои не имеют сего богатства внутри сердца, из которого струятся благие Божественные мысли, тайны и необыкновенные *речения* глаголов, схватив только несколько цветов из обоих Заветов Писания, носят их на *конце языка* или, быв слушателями духовных мужей, тщеславятся их учением, предлагают оное как будто свое собственное, присвояя себе чуждое приобретение»[119]

"Те даже, кои исполняют добродетели, прилежат слову Божию, но не освободились от страстей,— и те подобны людям, *ходящим ночью при свете звезд*, которые суть заповеди Божии; ибо как они еще не совершенно освободились от тьмы, то невозможно им хорошо *все видеть... Они хорошо делают, что обращаются к нему (к слову пророческому)*, как к светильнику, сияющему в темном месте, пока не начнет рассветать день и не воссияет утренняя звезда в сердцах наших (см.: 2Пет. 1, 19). Но многие ничем не различествуют от тех, *кои ходят среди ночи совершенно без света* и кои не пользуются даже малым оным сиянием, которое есть слово Божие, могущее светить их душам, и потому (почти) похожи на слепых. Это суть те, кои совершенно связаны цепями вещества и житейскими узами»[120]

Вот состояние разума или ведения мира невидимого у людей неблагодатствованных! В каком виде оно у тех, кои прияли Духа благодатного, можно судить уже по противоположности, то есть: оно должно быть ясно, живо, опытно, несомненно истинно, потому что заимствуется из опытного вкушения самых вещей невидимых; должно быть и полно: знать и Бога, и Его свойства, и законы мироправления, и тайны искупления, особенно последние, потому что чрез искупление ум вводится в тот мир. Опять отсылаю хотящих к святому Макарию. Пусть посмотрят, как он изображает сие духовное ведение. Сокращенно его мысли можно совместить в следующем положении: падением закрылось око ума, и человек погряз во тьму. Благодать Святого Духа, чрез возрождение приводя человека в живое общение с Господом Иисусом Христом и Богом, вводит его в духовный мир и показывает все сокровенные тайны Божии, которые он здесь и познает опытно, истинно, полно.

Вот самые места.

«Когда человек преступил заповедь Божию и лишился райской жизни, тогда он связан стал как бы двумя цепями: во-первых, цепию житейских забот... во-вторых, цепию невидимою; ибо душа от духов злобы связана некими узами тьмы, так что не можно ей ни любить Бога, ни веровать в Него, ни заниматься молитвою по ее желанию»[121].

«Когда Христос, сия первая и существенная благодать, послал Божественным ученикам дар Духа, то с тех пор Божественная сила, осеняя всех верующих и обитая в душах их, врачует греховные страсти и освобождает от тьмы и смерти; но до того времени душа была в ранах, содержалась под стражею и объята была греховным мраком. Да и ныне душа, не удостоившаяся еще иметь общение с Господом и силу Святого Духа, которая бы деятельно всею силою и полнотою ее осеняла, находится во тьме, а у тех, на кого низошла благодать Духа Божия и у кого поселилась она в глубине ума, Господь есть как бы душа: *соединяющийся с Господом*, говорит Апостол, *становится один дух с Господом* (ср.: 1Кор. 6, 17)»[122].

«Мы все, то есть совершенною верою рожденные от Духа, открытым лицом взираем на славу Божию... Когда кто обратится ко Господу, взимается покрывало (см.: 2Кор. 3, 16). Сим ясно показал Апостол, что на душе лежало покрывало тьмы, которая, со времени преступления Адамова, имела свободный вход в человечество;

ныне же она, чрез осияние Духа, снимается с верующих и истинно-достойных душ. Для сей самой причины и было Пришествие Иисуса Христа, ибо угодно было Богу, чтоб истинно-верующие приходили в сию меру святости»[123].

«Благодать, пришедши чрез очищение внутреннего человека и ума, *снимает покрывало сатаны*, после преступления возложенное на человеков, и очищает душу от всякой скверны и помысла нечистого, желая, чтобы она, возвратясь в собственное естество, открытыми и ясными очами усматривала славу истинного света. Таковые отселе восхищаются уже в тот век и *видят тамошние красоты и чудеса*. Как телесное око, неповрежденное и здоровое, свободно смотрит на сияние солнечное, так и сии, посредством просвещенного и очищенного ума, повсюду усматривают неприступное сияние Господа»[124].

«Как невозможно без глаз, языка, ушей и ног смотреть, говорить, слышать, ходить,— так равно невозможно, без Бога и сообщаемого Им действия, участвовать в Божественных тайнах, постигать Божественную мудрость, или богатеть по духу. Ибо греческие мудрецы упражняются в науках и ревностно занимаются словопрениями, но рабы Божии, хотя бы и незнакомы были с науками, совершенствуются знанием Божественным и благодатию Божиею»[125].

«Блаженны поистине и счастливы по жизни и сверхъестественному наслаждению те, кои, посредством пламенной и добродетельной жизни, получили *опытное* и *ощутительное* познание небесных тайн Духа и имеют жилище свое на небесах! Они превосходят всех людей, и вот доказательство тому ясное: кому из сильных, или мудрых, или разумных, обращающихся на земле, случилось взойти на небо, производить там дела духовные и зреть красоты Духа? Между тем по видимому нищий, крайне нищий и уничиженный, нимало не известный даже и соседям, падши на лицо свое пред Господом, под руководством Духа, восходит на небо и в твердой вере души своей наслаждается там чудесами, там действует, там имеет жилище, как говорит Божественный Апостол: *наше житие на небесах* (Флп. 3, 20); и еще: *чего не видал глаз, не слыхало ухо, и что на сердце человеку не приходило, то приготовил Бог любящим Его* (ср.: 1Кор. 2, 9); и потом прибавляет: *а нам Бог открыл Духом Своим* (ср.: 1Кор. 2, 10)»[126].

«Имеющий благодать, укоренившуюся в душе и сорастворившуюся с нею... познал на опыте иное богатство, иную честь и иную славу и питает душу нетленною радостию и ощущает и вполне наслаждается оною чрез сообщение с Духом»[127].

«Сколько есть различия между разумным пастырем и бессловесными скотами, столько таковой человек смыслом, знанием и рассуждением различествует от других людей, ибо он имеет иной Дух и иной ум, иной смысл и иную мудрость, нежели какова мудрость мира сего»[128] («Многообразные откровения благодати»[129]).

«Божественный апостол Павел точно и ясно показал, что совершенное таинство Христово опытно познает верующая душа по действию Божию, которое есть сияние небесного света в откровении и силе Духа, дабы кто не подумал, что просвещение Духа бывает только посредством познания ума, и по неведению и нерадению не подвергся опасности уклониться от совершенного таинства благодати»[130].

«Оное сияние Духа не есть только освещение ума и благодатное просвещение, как выше сказано, но есть постоянное и непрестанное в душах сияние существенного света»[131].

«И блаженному Павлу воссиявший на пути свет, посредством коего он восхищен был и до третьего неба и соделался слышателем неизреченных таинств, не было какое-либо просвещение мыслей и разума, но существенное сияние силы благого Духа в душе, коего чрезвычайным блеском ослепились телесные очи, не могли перенести оного, и которым открывается всякое знание и истинно является Бог душе, достойной и любящей Его»[132].

«Всякая душа, за свое усилие и веру по действию и уверению благодати удостоившаяся совершенно облечься во Христа и соединившаяся с небесным светом нетленного образа, и ныне уже участвует в существенном познании небесных таинств»[133].

«Как сначала... определение смерти за преступление... открылось в душе тем, что умственные чувства, лишившись небесного и духовного наслаждения, погасли в нем Адаме и соделались как бы мертвыми,— так ныне крестом и смертию Спасителя примирившийся с человечеством Бог истинно-верующей душе, еще в теле находящейся, снова дает наслаждаться небесным светом и таинствами и снова просвещает умственные чувства Божественным светом благодати»[134].

«Когда случается тебе слышать об общении жениха с невестою, о хорах певцов, о праздниках, то не представляй ничего вещественного и земного. Это берется только в пример по снисхождению, поскольку те вещи неизреченны, духовны и неприкосновенны для плотских очей, но подходят под понятие только души святой и верной. Общение Святого Духа, небесные сокровища, хоры певцов и торжества святых Ангелов понятны только для человека, познавшего сие самым опытом, а неиспытавший не может вовсе и представить себе этого. И так слушай о сем с благоговением, доколе и ты за веру свою не удостоишься достигнуть таковых благ. И тогда ты душевными очами на самом опыте увидишь, каких благ и здесь могут приобщаться христианские души»[135].

Все, что говорит святой Макарий Великий, есть только пространнейшее изъяснение или собственным опытом оправдание того, что слово Божие говорит об уме человека, ради святой жизни соделавшегося сосудом благодати. Ему усвояется *помазание*, научающее всему (см.: 1Ин. 2, 27), *просвещение разума* славы Божией (см.: 2Кор. 4, 6), *свет* (см.: 1Ин. 2, 9–10), *премудрость и откровение вещей духовных* (см.: Еф. 1, 17), *познание духовное* (см.: Кол. 1, 9–10), *ум Христов* (1Кор. 2, 16).

Напротив, у человека, работающего страстям, слово Божие видит *омрачение* (см.: Еф. 5, 18), *тьму* (см.: Еф. 5, 8–11), *неведение Бога и Христа* (см.: Еф. 2, 12; Деян. 3, 13); для него сокрыта *истинная мудрость* (см.: 2Кор. 4, 4), и он *не может разумети* (1Кор. 2, 14).

Из сего видно, что разум в истинном его виде и во всей красоте является только в духе истинных христиан. У тех, кои запутаны в грехи или не радят о чистоте сердца, но принимают слово Божие, теоретическое познание может близко подходить к ведению истинного разума, но сие знание лежит не в уме их, а как бы на уме, как пыль, готовая тотчас слететь, то есть оно не сорастворилось с существом его, почему не уничтожается в нем свойственная ему предположительность, и оно часто подвергается нападениям сомнения, иногда очень глубоким, особенно с той стороны, где лежат тайны искупления и условия его усвоения... Кто же, очистив себя, сорастворился с истинами, тот не боится таких нападений[136]. Что касается до ума, не знающего Божественного Писания, то в нем неизбежны неполнота познания духовных вещей, неверность, а главное,— предположительность... И это еще при добром направлении, то есть когда человек, не предаваясь порочным страстям, ревностно занимается такими вещами и благонамеренно хочет распознать их. Коль же скоро он притом невнимателен к важнейшим истинам, не старается их разъяснить и узнать и предан страстям, то можно сказать, что он совсем не имеет разумного ведения, хотя мнится иметь его. Несколько мыслей, наскоро схваченных, заученных, принятых по слуху,— вот и всё у некоторых. У большей же части качествуют неведение или сомнение и презорство. У таких, истинно,— запустение во внутреннейшем святилище нашего духа, мрак и тьма густая и непроницаемая.

Вот несколько мыслей о разуме! Утвердить в себе надо ту мысль, что здесь дело идет о познании мира невидимого и вещей духовных. Познание мира видимого и вещей чувственных совсем другое дело. Тут действуют другие способности и с другими приемами. Смешивать то и другое не должно. От сего бывает великое зло... Видимое нетрудно узнавать. Иной, узнавши кое-что из сего, говорит: ну, знаю! – и на том останавливается, не заботясь о главном. И другие высоко его ценят и ставят учителем во всем, а он все говорит им о стороннем, а главного и сам не знает.

б) О рассудке

Способность, обращенная на познание видимого, тварного, конечного, называется рассудком. Впрочем, не в имени дело, а в характеристических чертах. На них обращается и внимание особое. Сей рассудок, кажется, сохраняет всю свою силу,– христианин ли кто или нехристианин, добродетелен или порочен, особенно если смотреть на него, как он есть у людей образованных, посвящающих себя основательному изучению каких-нибудь наук. Смешивая рассудок с разумом, они сами себе усвояют большую цену, и другие их считают великими головами. Сами они готовы всегда довольствоваться тем, что знают, а другие рады бы хоть и до того дойти, до чего они добились; мало того: иной, сличая их многоведение, обыкновенно высокотонное, выражаемое хитросплетенными словами, с простыми словами святых Божиих, может, пожалуй, прийти к мысли, что у последних многого недостает против первых. Тем необходимее разъяснить, чем должен быть и чем бывает рассудок у разного рода людей.

Установить надобно понятие о том, что требуется от рассудка, или что он должен от себя выставить на сцену знания. Деятельность его непосредственно утверждается на воображении и памяти, которые при посредстве чувств, наблюдением ли или чтением и слышанием, собирают для него материалы, доставляя сведения о всем являемом и существующем вне нас и в нас так, как все существует и является в пространственно-временных отношениях. Весь этот материал или все собранные таким образом сведения, еще как бы не окачествованные, рассудок должен превратить в ясные понятия и построить из них знание посредством мышления.

Образ деятельности рассудка состоит в *приемах*, какие он употребляет в приобретении подручных ему познаний, именно: рассудок строит наведения[137], составляет понятия, суждения и умозаключения или, иначе, делает обобщения, определяет и развивает мысль. Но на этой стороне его (формальной) мало нужно нам останавливаться. Значительнее содержание рассудочных познаний (материальная сторона рассудка). Его составляют те стороны, к каким обращается рассудок в познании предметов, именно: свойства и состав вещей, причинные их отношения, то есть причина и действие, средства и цель, материя и форма. Что оно, действительно, поневоле как бы двух видов, это зависит от того, что на самом деле, в действительности, мы видим только существа и явления, то, что есть и что бывает. В первом случае нечего более и узнавать, как свойства и состав вещи, равно как и во втором нечего более узнавать, кроме причинных отношений: от чего? для чего? как?

Основою для рассудка в том и другом случае должны быть *наблюдение и опыт*, а орудием *обобщение* и *наведение*. Как действует он,– в примере яснее. Пусть, например, он хочет узнать человека в его свойствах и составе. Для сего нужно ему долго наблюдать над человеком, над его действиями и всем, что в нем бывает. Эти наблюдения составят материалы, по собрании которых начинаются обобщения и наведения. Так, распределяя их на группы, рассудок находит, что в человеке внутри есть представления, желания и чувствования; всматриваясь далее в каждый из сих кругов действий, видит, что все они бывают трех видов: чувственные, душевные и духовные. Возводя все это к началам, он должен будет положить, что в человеке есть три силы и три части. Исходное начало для тех и других есть лицо человека. Выходит, что человек в составе своем есть сочетание трех сил и трех частей, кои, взаимно сопроникаясь, сходятся в одном нераздельном лице человека. В то же самое время он будет чрез отвлечение добывать ясные представления о том, какого свойства каждая сила и каждая часть, а наконец, каково и самое лицо человека или какие неотъемлемые принадлежности каждой человеческой личности. Это, как указано уже,– сознание, свобода и жизнь.

Из сего примера видно, что, в отношении к познанию существ, рассудок нераздельно восходит к представлению состава и свойств: от действий идет к силам, производящим их, от сил – к взаимному их соотношению и строю.

Познание явлений и происшествий строится на основании познания свойств и состава существ и вытекает из них. Точное познание существ, сил и законов их деятельности служит началом при объяснении явлений и происшествий. Здесь основание то же: наблюдение и опыт, но предмет другой и стороны другие. От рассудка требуется здесь больше живости и сообразительности. Подметить причину, угадать цель, взвесить следствие – это занятие более отвлеченное, более дающее простора свободе мысли, но зато много ошибочнее и маловернее. Задача для рассудка – определить причину явления, средства и закон, по коему оно происходило, соприкосновенные обстоятельства явления, цели и следствия его, образ происхождения. Конец трудов для рассудка тогда, когда он с уверенностию удовлетворительно может ответить на вопрос: как из известной причины, по известному закону, при известных пособиях и среди известных обстоятельств могло образоваться то или другое явление? Первое определение есть подготовление себя к ответу на последний вопрос, то есть как бы только материал, последнее – собственно знание. Отсюда выходит, что знание в отношении к явлениям есть созерцание их происхождения, с сознанием неизбежности и необходимости сего именно, а не другого их хода, судя по причине и соприкосновенным обстоятельствам. Так, например, кто будет разбирать подпадение России под иго монголов, тот подготовит себя к точному его познанию, когда узнает, кто и как его произвел, каким способом, когда, что тому способствовало, какие были следствия того; а потом точно узнает его, когда будет в силах объяснить, как оно из состояния России и свойств монголов родилось и развилось, по временным обстоятельствам, в том виде, в каком оно случилось.

Судя по сим обязательным занятиям, от рассудка или от человека относительно рассудка, можно требовать следующих добрых качеств, или добродетелей, которые можно назвать добродетелями рассудка: 1) *труд*. Он до точности с неусыпностию должен дознать все, что как есть, по собственному ли наблюдению или по наблюдениям других. Кто разрабатывает какую-нибудь часть истории, тот знает, как это нужно и как нелегко; 2) *добросовестность*. Нехотение труда или полутруд может понудить поспешить делом и после, при дальнейшем производстве его, позволить пропуски: отсюда бывают большие ошибки в обобщениях и наведениях. Приступая к ним, человек должен сознательно сказать себе: я все сделал, что мог и что нужно, и на основании всего делаю выводы; 3) *внимательная осмотрительность*. Все у него должно быть основано на фактах; между тем или их число, или подробности могут ускользать; может случиться, что малозначительное будет очевиднее, а главное скрытнее; многое может быть ничтожно, а одно важно. Пропуск или ошибка во взоре могут дать всему ходу работ рассудка оборот превратный; 4) от этого всегда належит необходимость *доверять другим*, с ними советоваться, их суду подчиняться, когда нужно, и вообще, сколько можно, менее придавать аподиктической[138] непреложности своим наведениям и смиренно сознавать свою малую дальновидность. Противоположные сим добрым качествам пороки относительно рассудочной деятельности суть: *заносчивость и диктаторство, неосмотрительность, недобросовестность и верхоглядная ветреность*.

После таких замечаний обращаемся к определению состояния рассудка у людей, отчужденных от Бога, и у людей, прилепляющихся к Нему.

У первых он является всегда почти с превратными направлениями. Если осмотреть людей, то найдется бесконечное их в сем отношении разнообразие. Однако ж, судя по сторонам, какие пред сим указаны, можно их распределить или по видам рассудочной деятельности, или по ее добродетелям.

Одни преимущественно остаются при приемах, какие употребляет рассудок при познании вещей (при формальной его деятельности), и или хотят все строить из произвольных своих отвлеченных понятий, по примеру схоластиков[139], или готовы с одинаковою силою утверждать да или нет об одном и том же, по примеру пустословных софистов[140]. Схоластика и софизмы неизбежны для рассудка, при бедности материалов, ибо он есть сила действующая, требующая деятельности; потому, когда не на что обратить своих сил, он вращается с ними в себе самом, и как в нем остаются одни формы, то ходит по ним, как из одной комнаты в другую. Здесь, при неиспорченном нраве, он будет жалкий схоластик, а при испорченном — пустой и злой софист.

Другие более склонны к приобретению самых познаний (к материальной деятельности) и собирают богатство сведений, и притом — о разного рода предметах. У них обыкновенно огромная память, и голова их есть бесконечный магазин, наполненный всякою всячиною. Труд такого рода необходим в познании вещей, но на нем одном останавливаться не должно: один он есть некоторым образом даже отрицание рассудка. Тут видимо материалы не пересмотрены, не очищены, а остаются так, как есть, и или бременят только голову, или употребляются без разбора. Сообразительность и самостоятельность рассудка подавлены.

Третьи стоят на средине между ними и не склоняются ни на ту, ни на другую сторону. Таковы суть преимущественно преступники добродетелей рассудочных, то есть трудиться и работать головою они не хотят и добросовестности имеют мало, а лишь бы как-нибудь; между тем, по великой заносчивости, о всем хотят давать суд, действуя при сем без всякой осмотрительности. Это – ветреники, самохвалы, всезнайки. Есть, впрочем, на сей средине преданные усыплению почти всеконечному, кои довольствуются тем, что как-нибудь услышат или увидят, сами же от себя не хотят поднять, так сказать, ни ноги, ни руки умственной.

Показанные недостатки очевидно обличают нездоровье рассудка, равно как болезненное состояние всей души, в которой он таков. Судя по ним, небоязненно можно заключить, что рассудок у людей неправоходящих сдвинут с своего места, не знает своего пути, потерял свой такт, вкус и свойственные ему приемы при рассматривании вещей познаваемых. Что такие недостатки не суть следствия какого-либо физического расстройства людей, а плод нравственного их повреждения, это очевидно уже из самого их свойства; и опыт уверяет, что коль скоро кто впадет в какое-нибудь из показанных направлений превратных, то не избавится от него и думать о том не станет, пока не переменит всей своей жизни; по крайней мере, большею частию это так. У людей же, к Богу обращающихся и приемлющих восстановительные силы, можно сказать, прежде всего отпадают эти струпы. Они уже не ленятся работать головою, не хитрят мыслию, а смотрят на дела и вещи, как они есть. Оттого часть последующей борьбы у них составляет и борьба с своим рассудком, именно – в тех его неправых действованиях, о коих было сказано. Сверх того, как заходят они к человеку? Чрез грех небрежения и беспечности о себе самом и своем состоянии. Следовательно, вообще можно сказать, что, в ком есть они, тот пребывает во грехе и или еще не сподобился благодати, или потерял ее. Но в ком нет их? Даже и те, кои жизнь свою проводят в научных занятиях, несвободны от них в большей или меньшей степени. Некоторое исключение из сего представляют сильные рассудки (физики, математики, историки). Многие из них обладают познаниями точными, многотрудными, изыскательными, между тем как стоят видимо вне благодатного царства и по образу мыслей, и по жизни. Они представляются держащими истинную средину в рассудочной деятельности, то есть между деятельностию его формальною и материальною, и, сколько можно, выполняют добродетели рассудка. Некоторые видимые успехи надоумляют их чуждаться всякой помощи свыше и располагают верить, что они целы и невредимы. Но такая самоуверенность сейчас и обличает нездравость их рассудка, ибо здравый всегда осязательно видит и указывает свои слабости и свою немощь. Если теперь эта заносчивость обща почти всем крепким рассудкам, то все их надобно считать поврежденными. Сверх того, мы только не знаем всего производства их работ кабинетных, не имеем досуга тщательнее пересмотреть их труды обнародованные, а то всегда могли бы найти там, как и находят, немалые, общие с другими, грехи, например: натяжки посредством понятий отвлеченных, чтоб дополнить промежутки опытов и застоять[141] свою теорию, довольство и малым числом фактов, коль скоро они по нашим мыслям, склонность видеть во всем отражение своих мыслей с унижением чужих, возношение себя над всеми другими людьми одного класса и вообще стремление скорее завершить свое дело, не смотря на то, выполнено или не выполнено все, что требуется к совершенству и верности их мыслей; то есть и они-то падают в софизмы и схоластику, то забывают о добродетелях рассудка.

После сего, не боясь сих крепких голов, можно оставить в силе прежнее заключение, что рассудок у людей неправоходящих, преданных греху и страстям, вообще расстроен до того, что, при всем усилии многоученых, он платит дань своей немощи и высвободиться из нее не имеет сил. В этом еще осязательнее всякий уверится, когда позаботится вникнуть в обыкновенные наши понятия, суждения и умствования, хотя в продолжение одного дня, в том кругу, в каком живет. Здесь почти повсюдны:

1) *в понятиях*: неясность, сбивчивость, безотчетность, незнание их цены и подчинения, следовательно – запутанность и нестройность;

2) *в суждениях*: опрометчивость и поспешность, чувственность, изменчивость, отсутствие оценки, неведение, болтливость и шутовство, поверхностность;

3) *в заключениях*: недальновидность и близорукость, безначалие или предположительность, предрассудки и софизмы.

Еще: неверие, легковерие, упорство, хитрость и изворотливость, особенно же пустота в слове и мысли, показывают, что рассудок большею частию не пользуется своими правами и сидит, как в какой засаде, без действия или действует, но превратно. От этого не свободен ни один из людей, неправоходящих и благодати Божией восстановительной не причастных.

Допустим, впрочем, что рассудок у кого-нибудь сохранит истинную средину между показанными прежде крайностями, тщательно соблюдая лежащие на нем обязанности, будет успешно идти к предложенной цели,— дойдет ли он при всем том до всего, что нужно?

Заметить должно, что иное знание рассудок достает сам по себе, а иное он должен доставать в связи с разумом. Есть познания, которые разум иногда может постигнуть один, но которых рассудок один, отдельно от разума, постигнуть никак не может. Чтоб видеть, что это, представим себе, что есть каждая тварная вещь – исключительный предмет рассудка? Кроме фактического, есть еще в каждой вещи мыслимое, разумеемое только и созерцаемое, внутреннейшее ее существо, отпечатленное и выраженное фактическою ее стороною. Каждая тварь есть состав сил и стихий, стройно сочетанных между собою, по известному образцу или мысли, которую они и должны отпечатлеть на себе. Сия мысль не есть, впрочем, в вещи, как видимая часть, стоящая в ряду других частей, а есть нечто невидимое, сокрытое под видимым, его проникающее и одушевляющее,— потому более мыслимое и созерцаемое, нежели осязаемое. При всем том, однако ж, оно не есть что-нибудь мечтаемое, а есть действительно там присущая мысль. Подобно тому как в картине видимый очерк, сочетание частей, разнообразие поз, красок и оттенков воодушевляются какою-нибудь мыслию, которую картина выражает и коею проникается,— мыслию, которая присуща в картине, однако ж не составляет в ряду с другими отдельную часть: так и во всякой вещи есть своя сокровенная мысль,— животворная ее сущность, ибо мир, как во всем своем составе, так и в малейших частях, есть бесконечно-мудрое, художественное произведение Божие. Мысль Божия о мире и частях его (мир идеальный), от вечности содержавшаяся в уме Божием, при переходе во время или при осуществлении волею Божиею бесконечною, была облечена силами и стихиями, чрез кои и явилась в действительности, как равно и теперь сокровенные планы Божественного мироправления осуществляются многообразным сочетанием различных явлений природы и человечества.

И так в мире мы всегда видим видимую, являемую сторону, под нею силы и стихии, а под ними еще должны усмотреть и кроющуюся там мысль Божию. Сия мысль — цель наших усилий; постижение ее и есть собственно знание, а прочее все — подготовительные сведения. Так рассматривающий картину, когда расскажет краски, перечислит члены, опишет их положение и сочетание, еще ничего не скажет о картине, потому что не объясняет главного,— того, что выражает картина: так и тот, кто, рассматривая твари, явления и происшествия в мире, когда узнает, как все есть, а именно: в вещах — состав сил и стихий, в происшествиях — сочетание причин и производство их со следствиями, еще не знает ни вещей, ни явлений, пока не скажет, какая мысль Божия кроется в тех и других, что они выражают собою, какое их вечное значение.

Как вещь и происшествие являются в действительности, об этом дают нам знать чувства; сокрытые под являемым силы и стихии узнает рассудок посредством обобщения и наведения; спрашивается, как узнать мысль, которую они выражают?

Ответ простой: как узнается мысль художника? Посредством эстетического чувства — способности, одинаковой со способностию, участвовавшею в производстве картины. То же и в отношении к вещам тварным: познать их сокровенное, положенное в них от ума Божественного, можно только посредством силы Божественного свойства. Сия сила в нас есть дух, и в духе разум.

Итак, когда рассудок своим трудом дошел до конца, то есть до узла сил и стихий, разузнал все фактическое, он должен взять как бы за руку разум и сказать ему: поди посмотри, что тут такое есть еще. Но очевидно, что разум сей должен быть разум здравый, зрящий, а не слепой и испорченный, как и чувство только здравое познает идеи художнических произведений. Разум же здравый, зрячий, как мы видели, есть только у тех, кои, обратясь от греха к Богу, прияли благодать, а у работающих греху и благодати не имеющих он извращен и удален от истины. Следовательно, и познание сокровенного в вещах возможно только для первого, оставаясь недосягаемым для второго.

Что действительно стремление разгадать сокровенную сторону вещей свойственно духу нашему, об этом представляет свидетельство каждый мыслитель. Физик хочет разгадать значение существ, сил, стихий, историк – определить значение происшествий, психолог – значение каждой способности и самого человека. Очевидно, никто не довольствуется познанием фактической стороны, но всякому хочется проникнуть глубже под нее. Обыкновенно называют это философиею или идеальностию в знании. При всей естественности, однако ж, такого стремления, его всеобщности и как бы неудержимости, оно не увольняется от необходимого условия: иметь разум, не только развитый Откровением, но и просвещенный благодатию. Без сего его построения будут чистая мечта: доказательство тому – вся история философии; ибо когда разум извращен, а малейшая часть оставшегося в нем истинного, по силе убеждения, есть не более как предположение, то и дальнейшее, созидаемое разумом на том, что есть в нем, все необходимо будет одного свойства: неистинно и мечтательно. Следствием сего необходимым должно быть то, что и само фактическое извращается, а рассудок иногда дает себе волю утверждать, как закон, силу и стихию, то, чего на деле нет (нынешние геологи). Он отуманивается, и затем осязательный мрак налегает на всю область знания.

Совсем не то с человеком чистым по жизни, просвещаемым свыше. Он не умолчит о сокровенном, когда почувствует его, но никогда не станет выдавать за созерцание истины того, что не есть таково. Ему не усвояется всеведение, но утверждается, что если доступно человеку знание сокровенного в вещах и явлениях, то – только человеку облагодатствованному; ибо та область есть собственно область Божественного ума, где лежат умственные сокровища Бога Царя. Да не надеется кто-нибудь вторгнуться туда насилием или самовольно. Истинная философия есть Богом даруемая мудрость.

Сорастворившись с умом Божиим, разум человека, к Богу прилепившегося, может быть введен Им и в тайны бытия и явлений, ибо между Откровениями, которые усвояет святой Макарий Великий благодатию Божиего просвещенному духу, почему не разуметь и тайн творения и промышления, когда ему несомненно принадлежит ведение тайн искупления, сокровеннейших и таинственнейших. Не напрасно у святого Исаака Сирианина сей разум духовный называется чувствованием тайн, чувствованием сокровенного, высшим духовным созерцанием[142]. Святой Максим Исповедник[143] учит: «как основание радиусов, прямолинейно выходящих из одного центра, представляется в самом центре совершенно неразделеным, так просто и единично будет познание существа, соединившегося с Богом, о всех заключающихся в Нем первообразах вещей сотворенных»[144]. Сюда же можно отнести свидетельство Соломона, что Бог дал ему *о сущих познание неложное*, и что он потому, *елика суть скрыта и явна*, познал... (см.: Прем. 7, 17–21).

Если теперь кто хочет искать истинных идеи или идеального познания вещей и философии, пусть ищет их преимущественно в слове Божием, затем в писаниях святых Отец, затем в богослужебных наших книгах. Например, когда говорится, что Господь пришел возглавить *всяческая*, что истинные христиане суть цари и иереи, что языкообразное сошествие Святого Духа есть начало и основание соединения всех народов, разделенных смешением языков при столпотворении, что жизнь наша есть странничество, милостыня — предпослание сокровища на небо и прочее, все сие представляет истинные идеи, созерцания или чувствования сокровенного.

То особенно замечательно, что просвещаемые благодатию нередко созерцают значение вещей без особенной помощи со стороны рассудка, то есть рассудок у них еще не знает фактического строя вещей или знает его отчасти, а они уже созерцают их значение; тогда как, напротив, многоученый, но Бога забывший широко изображает действительный быт и, кажется, исчерпывает все в нем до малейших подробностей, между тем не видит и не умеет сказать сокровенного в нем смысла. Если теперь ценить того и другого по истинному их весу, то, очевидно, первый должен стоять несравненно выше последнего, ибо у него недостает того, без чего можно обойтись, что есть только средство и что легко можно восполнить всякому; у другого же недостает главного, существенного, чего он сам восполнить не может. Потому, при встрече, например, каких-нибудь оговорок в сочинениях Отеческих, против нынешних опытных познаний, не должно в мыслях своих тотчас унижать их пред каким-нибудь многосведущим физиком. В его время так был постигаем действительный быт вещей, в наше — он признается таким,— после, может быть, еще инаким будут его изображать; но истинное значение, указанное первым, во веки веков пребудет одно. Читая, например, Беседы Василия Великого на Шестоднев, найдешь там два или три слова, которым противоречат настоящие физики; но зато у него беспрерывно почти указываются сокровенности вещей драгоценнейшие, чего не доставит ни одна физика. Само собою после сего разумеется, что совершеннейшее знание представляет тот, кто в себе соединяет благодатное просвещение разума с многознающим рассудком. Но в отдельности гораздо выше и ценнее первый, нежели последний.

Такое, впрочем, совершенство знания, в духе облагодатствованного, есть плод более разума, нежели рассудка или, лучше, следствие восполнения рассудка разумом. Что же происходит в самом его рассудке? Уничтожение его несовершенств, не только произвольных, но нередко и непроизвольных, и его оздравление. Благодать, пришедши, не приносит с собою много сведений, но научает человека вниманию и как бы обязывает к точному рассматриванию вещей; она не истолковывает ему законов мышления, но вливает любовь к истине, которая не позволяет уклоняться от путей правых и слишком полагаться на отвлеченности, следовательно, поставляет его на истинную средину и утверждает в ней, чего он сам собою сделать никак не может. От сего нередко и не посвящавший себя наукам человек становится рассудительным и здравомыслящим и долгими опытами жизни наконец приобретает истинную, достаточную не на его одного долю, мудрость. У человека же научного образуется особый метод исследования, особое чутье к открытию истины и истинного пути к ней, а это, при помощи добродетелей рассудочных, которые теперь вместе с другими возвращаются в сердце, как то: труде и уменье трудиться, добросовестности, осмотрительности, смиренном доверии, особенно же при Божием благословении, сообщает его умственным трудам особенные свойства: успешность, прочность, плодотворность. Такая здравость рассудочной деятельности для всякого очевидна и в обыкновенном его поведении, и в сношениях: в *понятиях*, отличающихся, кроме ясности, определенности и отчетливости, и некоторою сердечною глубиною; в *суждениях*, отличающихся верностию, осмотрительностию, осязательностию, различительностию; в *умствованиях*, отличающихся прочностию, дальновидностию, единством и стройностию. Все же в совокупности такие свойства доставляют ему титул человека с здравым рассудком или здравомыслящего.

Остается еще приложить два замечания о влиянии худой воли на рассудок и о том, что бывает, когда рассудок преобладает над разумом.

Тогда как рассудок у неправоходящего сам по себе, потеряв точку опоры, влается туда и сюда, воля мало-помалу вливает в него свое развращение. Здесь составляются сказанные Апостолом *стихии мира: мудрование плотское, мудрость бесовская*, то есть образуются разные убеждения в угодность развратной воле, каковы, например, что жизнь кончится нескоро-нескоро, и конца не видно, что только и жизни, что в благосостоянии и счастии на земле, что надо поддержать свое имя и честь, как бы то ни было, надо иметь руки сильные, к коим бы можно было обратиться в случае нужды, надо уметь пользоваться обстоятельствами и прочее. Все они содержатся в рассудке без исследования, поэтому суть предрассудки; в слове редко выражаются, а хранятся глубоко в сердце и известны только самому человеку, приходя к нему в сознание в виде тайных помышлений, в свободное от хлопот время, а более – служа сокровенною пружиною, приводящею в движение его дела.

Но если бы и без такого повреждения со стороны воли оставался рассудок, и тогда много вреда для высших истин ожидать бы надлежало от преобладания его над разумом. Тем значительнее и как бы неотвратимее сей вред при тлетворном действии на него воли.

Известно, что преимущественный предмет рассудка составляет то, что есть и бывает в нас и вне нас, и больше – последнее; опора его деятельности – опыт: с него уже он начинает, а не прежде. Отсюда главное свойство рассудочных познаний – осязательность. Рассудок начинает с опыта, который преобразовывает по сродным себе приемам. Кто стоит на степени рассудка и преимущественно им действует, у того мало-помалу образуется склонность, переходящая потом и в постоянное правило и нрав умственный – то только и признавать истинным, в чем осязательно можно увериться и что можно поверить рассудочным способом. При сем мало-помалу должен неизбежно заслоняться мир духовный и ведение о нем терять значимость. Ведение это у человека, оставленного себе, как мы видели, предположительно, между тем как рассудок все представляет осязательно очевидным и образует потребность осязательности. Это само собою должно наводить тень сомнения на мир духовный и духовные вещи. Поэтому рассудочных научников вообще можно назвать колеблющимися маловерами в отношении к невидимому и духовному. Присоединись к сему недоброе сердце с страстями, которому есть сильное основание желать, чтоб не было иного мира и иных законов и надежд, кроме видимых,— тогда не избежит человек или сомнения, или, еще больше, окончательного неверия.

Что рассудок своею деятельностью составляет общие положения, всегда приложимые к делу,— это образует в нем сильное доверие к своему разумению, склонность постигать и выше всего ставить свое постижение. Оттого он не отдает должного чествования Откровению, и если принимает его, то хочет толковать не иначе как по своему разумению, или даже и признает в нем истинным только ясно разумеемое. Эта болезнь – *рационализм*, которого в редком нет сердце у научников, хотя в слове он и не открывается.

Другие худые склонности умственные от рассудка навязываются душе ради предметов, к которым обращены его труды.

Вне нас, где больше живем чувствами, всё вещественно, всё есть состав стихий и все там изменения и явления суть не что иное, как следствие действия и противодействия, вражды и мира между стихиями. Кто постоянно занимается этим одним, у того рождается мысль, а потом и начало, что, кроме вещества, ничего и нет. Это несчастное настроение или болезнь ума, именуемая *материализмом*, чаще всего постигает занимающихся химиею и медициною. С ним всегда соединены, как гибельные последствия,— отвержение бессмертия души, Бога и нравственного закона Божия.

Далее, замечаемый повсюду в природе видимой механизм ведет к мысли, что на все положена печать неизбежной необходимости, которой отвратить не сильна никакая рука. Все ей подчинено, а сама она — никому. Это *фатализм*, которого не избежали и мудрые стоики.

Замечаемая повсюду естественность или то, что всякая вещь достигает цели своими силами и все, что ни исходит из нее, есть плод ее деятельности, приводит к положению, что нет втечения в мир сей иных сторонних высших сил, даже силы Божией, в помощь и содействие тем, кои есть в нем. Следовательно, нет чудес, нет и благодати. Человек сам собою может идти и дойдет, куда дойти должен. Это *натурализм*.

Столько исчадий опаснейших рождает рассудок, когда ему дают слишком много власти, дают больше, нежели сколько следует. Их бытие оправдывает опыт. Здесь объясняется только, как естественно они образуются у человека, которого разум не просвещен ведением духовным, у которого, потому, ведение сие остается предположительным, не превращено в осязательное посредством опыта духовного. И можно еще приложить, что если они естественно развиваются у человека неправоходящего, то их должно предполагать во всяком таком, если не все, то какие-нибудь, если не в развитии, то в семени. И действительно, редкий не искушается ими, редкому подчас они не нравятся и редкий по крайней мере своим путем не приходит к помышлению: а может быть и так.

Такой свет после такого мрака воссияет в душе человека по обращении его к Богу и по приятии благодати! И *во-первых*, все пришлые от развращенной воли начала тотчас исчезают, как мрак в комнате освещенной или нечистые силы из освященного места. Противоположные им убеждения образуются в сердце, в самом производстве обращения кающегося. Когда изгоняется из сердца нечистота, тогда же уничтожаются и все следствия ее. Он чувствует, что жизнь коротка и надобно спешить делом, что себя надобно озлоблять, что всего надо ожидать от Бога, а не от себя, на мнения людские не смотреть и прочее. *Во-вторых*, вредные следствия преобладания рассудка или совсем предотвращаются, если обращение упреждает его развитие, или исправляются здесь же, и рассудок превращается в служебную силу, покорную разуму. Так как умственные злые склонности главным образом происходят от осязательности познаний рассудка и предположительности идей разума, оставленного себе, то с уничтожением сего основания падает само собою и то, что на нем строится. Основание же сие уничтожается в покаявшемся, к Богу обратившемся и к Нему прилепившемся, ибо с сего времени он начинает осязательно познавать вещи духовные, как прежде познавал чувственные. Это равенство осязательности уничтожает колебание сомнения, а то, что в разуме просвещенном предлагаются истины драгоценнейшие, преклоняет на его сторону сознание и ему покоряет. Когда таким образом чрез сей новый путь узнает человек многое сокровеннейшее, чего прежде не постигал, но что теперь ясно созерцает, тогда естественно перестает верить исключительно своему разумению. Такой уже и не подумает, что нет духа, когда живет в духе, или что все подчинено неизбежной необходимости, когда ощущает силу, пришедшую к нему свыше, совне, или что все может сам, когда только принятою от Бога силою избег угнетавшего его зла (пример Августина[145]).

Вместе с тем начинается новая жизнь для рассудка, и в человеке новое направление научности, если она была или ею занимаются. Так прежде рассудок действовал как господин, так теперь начинает действовать как подчиненный, по порученности от лица разума духовного. Поэтому как прежде, при рассматривании вещей, человек ничего не видел, не мог и не хотел видеть, кроме самых вещей: так теперь во всем видит яснейшее отражение мира духовного, и в вещах и в явлениях. Весь мир проникнут действительно духовным, Божественным (см.: Рим. 1, 20); но прежде это не замечалось, а теперь созерцается ясно. Затем все существующее и все являющееся превращается в обширное и беспрерывное поучение или разумную книгу, как сказал Антоний Великий. Что это действительно так, сейчас можно увериться, читая какого-нибудь святого Отца. У всякого из них поминутно предлагается зрение духовного в чувственном или сквозь чувственное. У Преосвященного Тихона составлено из сего целых четыре книги, под заглавием: *Сокровище, от мира собираемое*.

Отсюда следует, что целость, полнота и истина знания собственно принадлежат людям, восстановленным благодатию и в Боге живущим. У других оно и неполно, и неистинно. Как верна мысль блаженного Августина, которую он с такою настойчивостию доказывал, что только жизнь ведет в храм мудрости, а не наоборот! О ложных направлениях рассудка говорится обыкновенно в логиках, и там же предлагаются разные средства к избежанию их. Очевидно, какова цена сих наставлений. Что ни говори логика, без внутреннего изменения ничего не сделаешь. Кому сказано: смотри, верь Откровению,— тот, пожалуй, и себе то же будет говорить, но в сердце и на деле будет верить только себе; или еще: будет говорить, что нужна помощь Божия, но полагаться будет только на себя. Воспитать души нашей в способностях, как должно, нельзя без подчинения ее врачевательным и восстановительным благодатным средствам.

Коротко: у того, кто стоит вне сих средств, знание таково: духовный мир и его вещи как облаком и туманом сокрыты; им мало он верит или не думает об них; знание рассудочное обращено у него только к видимому, действительному, осязаемому; сокровенное в вещах не видится; причины познаются только ближайшие, наличные; намерения Промысла ускользают из внимания... Потому все знание его поверхностно: в составе неполно, в общем же духе растлено, извращено каким-нибудь неправым настроением умственным.

в) О низших способностях познавательных

Низшие способности познания суть: наблюдение внутреннее и внешнее, воображение и память. Все они действуют почти совместно, и сделанное одною тотчас принимается другою. Что увидел глаз, образ того сейчас снимается воображением и слагается в память, как в какой архив. Все внешнее и внутреннее, подлежащее нашему знанию и касающееся нашего сознания, непременно есть и предмет сих способностей. Они составляют как бы вход во внутреннюю нашу храмину, а потому в области знания имеют значительную цену и – не только в области знания, но и во всей деятельности человека.

От первоначальной деятельности воображения и памяти, когда они только воспринимают предметы, осведомляются об них, дают знать о них душе, должно отличать деятельность последующую, которою приобретенное прежде употребляется в дело по нуждам души. Составленные воображением и хранящиеся в памяти образы употребляются или в том же виде, в каком они приобретены, или в виде измененном. Первую деятельность называют *воспоминанием*, или воображением воспроизводительным, вторую – *фантазиею*. В той и другой действуют совместно воображение и память, только каждая своим особым образом.

В воспоминании воображение дает образ, а память свидетельствует, что это тот самый, какой познан прежде. Поэтому воспоминание воспроизводит только прежнее и приносит пред очи сознания, что сокрыто было во глубине памяти. Причины воспоминания суть: 1) большею частью *связь предлежащих образов и предметов с прошедшими* (иначе: ассоциация идей). Разные виды сей связи дали бытие разным законам воспоминания, каковы: закон сосуществования и последования, сходства и противоположности, целого и частей, причины и действия, средства и цели, материи и формы; 2) другая, не менее значительная, часть воспоминании происходит *от движении воли и сердца*. Потребность или страсть, будучи возбуждена, невольно наводит мысль на предметы, коими может быть удовлетворена, как бы приковывает к ним внимание, равно как и наоборот – образ предмета страстного растревоживает страсть. Сия причина воспоминания значительнейшую роль играет в жизни, а первая – в знании; 3) но есть еще *сокровенные причины* воспоминания: не знать, почему и как приходят образы прежних предметов и в покойном состоянии, и без всякой связи с наличными занятиями. Их должно производить или от духов злых, если образы худые, или от духов добрых – Ангела Хранителя, если они хороши.

Фантазия творит совершенно новые образы, хотя из прежнего материала и большею частию по готовым или известным уже образцам. В ней должно различать деятельность хорошую – дельную и движения беспорядочные – самовольные. В первой она составляет образы для понятий рассудка, помогает при соображении, живо представляя мысль в каком-либо образе, воображает читаемое и слышимое и подобное... вообще – действует в интересах знания. Во второй мечтает или предается самовольному движению, в коем строит разные истории небывалые, в угодность своему сердцу, которым не правит почти сознание, а напротив, оно увлекает собою наше внимание и занимает всего человека. Царство мечтаний – *сон*, в коем падает сознание и самодеятельность и владычествуют образы, иногда под чьим-либо сторонним влиянием.

г) О наблюдении

Наблюдений два вида: одно *внешнее*, другое *внутреннее*.

Внешнее, или восприятие внешних вещей посредством чувств, изменяется образом жизни не столько в своем существе, сколько в употреблении, ибо чувства всегда остаются те же, только обращаются не к тем предметам,– вследствие сего получает отличие не столько в своем производстве, сколько в своем содержании. Это тотчас обнаруживается, коль скоро спросить, кто что видал и кто что слыхал или куда кто охотнее обращает слух, очи и прочие чувства.

Так, в состоянии *греховном* чувства предаются не интересам познания и не совершенствованию души, но преимущественно в угодность страстям. В сем занятии они как управляются страстями, так и, обратно, сами питают их. Поэтому, например, очи называются исполненными блуд о деяния и непрестанного греха (см.: 2Пет. 2, 14). Сверх того, по такому направлению, им не нужно внимательно рассматривать предметы, а только лишь мало-мало касаться их,— отчего способность наблюдать больше и больше заглушается и теряется. Между тем душа вся в чувствах беспрестанно: от сего образуется в ней склонность ко внешнему, или к жизни вовне. Каково употребление чувств, таково и содержание их: предметы преимущественно страстные; от этого иные священных предметов не умеют и представить.

Человек, к Богу обратившийся и живущий по-христиански, чувствам своим не дает воли, держит их строго в своей власти и обращает только туда, куда считает нужным, по примеру Иова, который полагал *завет очам своим* (ср.: Иов. 31, 1). Далее, все они подчиняются у него нуждам и пользам духа, и их руководит если не познание, которое не всеобще, то всегда благочестивое настроение. Поэтому он смотрит только на то, что может назидать, на святые изображения и прочее.

Как новое свойство, заметна в нем степенность чувств или внимательность в них: их дело – обстоятельно рассмотреть. Такая деятельность, с одной стороны, образует мало- помалу способность отчетливо наблюдать, которая чрез то стяжает зоркость или меткость; с другой – от власти души над чувствами, или от подчинения их душе, чувства не увлекают ее вовне, а дают ей возможность пребывать в себе – внутри. Наконец на сем пути чрез чувства собираются истинные сокровища и для познаний, и для добродетельной жизни, приобретается такое стяжание, с которым безукоризненно можно явиться и пред Царя славы... Это то же, как если б кто набрал разных драгоценностей и представлял их взору других.

Внешнее наблюдение с первого раза представляется делом малозначительным в нравственной жизни, между тем оно здесь имеет великую важность.

Чрез него доставляется душе первая пища; и как пища на тело имеет существенное влияние изменением его соков и состава, так и наблюдение некоторым образом изменяет состав души и полагает основу характеру. В сем отношении его сравнивают с запахом, который проникает сосуд, только что сделанный, но еще не высохший. Этот запах сохраняется в нем если не навсегда, то надолго-надолго. То же бывает и с душою: первые предметы чувств образуют, можно сказать, будущего человека.

Оно представляет душе первое поприще для упражнения сил и производит первый их сгиб и склонение. Отсюда образуется в ней не только навык, но и склонность обходиться с такими, а не другими предметами, ибо обыкновенно мы неохотно беремся за то, к чему не привыкли. В сем отношении употребление чувств то же, что первое направление древесного ствола, по выходе его из-под земли.

Итак, употребление чувств не должно считать маловажным.

Внутреннее наблюдение есть замечание того, что происходит в душе, посредством сознания или внутреннего чувства. Это наблюдение есть источник самопознания и познания вообще души человеческой. Оно представляет больше различия в падшем и восставшем, нежели внешнее, ибо здесь сие различие касается не только употребления внутреннего чувства, но и самой его способности наблюдать. К такой мысли приводит то, что, хотя душа сама к себе ближе всех, познаний, однако ж, о душе у нас очень мало, и те, какие есть, большею частию односторонни и лживы. Напротив, какое богатство самопознания у святых подвижников, исцеляемых или исцеленных от греховной болезни! Отсюда видно, что способность самонаблюдения у одних в самом худом состоянии, а у других во всей высоте благосостояния. Что обыкновенно приводится в психологиях в оправдание скудости душезнания, то должно обратить в осуждение грешной души, или в обличение ее расстройства грехом, а не в оправдание малознания души человеческой.

Говорят, что беспрерывно прибывающие совне впечатления увлекают душу ковне и не позволяют ей обратиться на саму себя. Но если во власти человека состоит не поддаваться увлечению от внешних впечатлений, то беспрерывному устремлению души вовне надобно искать другой причины, именно: это есть нужда грешной души – бежать из себя, где смрад греха, ковне, где чается или полагается благо. Склонность к чувственности и видимости – одна из первых черт и действий повреждения. Следовательно, нечего и ожидать хорошего душезнания от того, в ком царствует грех. Его можно ожидать только от того, кто отказался от греха и врачует себя. В этом оно как бы естественно, ибо одно из первых благодатных действий есть возвращение внимания души внутрь себя, с отвлечением его от внешнего.

Говорят, что житейские заботы и дела службы поглощают все время: в суетах некогда подумать о душе и о том, что в ней. Причина не во внешних делах и нуждах, а во внутренней суетливости, которая гонит человека все вперед. Если б усмирить сию внутреннюю немощь – суетность, то внешние дела еще много оставляли бы времени для занятия собою. Неуспешность – не от недостатка времени, ибо на что особое время для смотрения за душою, когда это может и должно совершаться среди дел? Наблюдать должно душу действующую. Так, не во времени сила, а в необращении души на саму себя. А сие необращение происходит от расстройства души грехом. Где сие расстройство врачуется благодатию и вся деятельность человека обращается на единое на потребу,– там установляется вместе и спокойное течение дел, оставляющее душе возможность быть в себе и зорко блюсти за своею деятельностью. Дела внешние и житейские занятия тогда не препятствуют познавать свою душу. Следовательно, оправдание себя сими делами должно обратить в осуждение.

Говорят: деятельность душевная такова, что ее почти наблюдать нельзя, именно: она мгновенна, быстра, летуча, многосложна. Нельзя установить на нее постоянного взора и, если установишь, нельзя разложить содержания наблюдаемого действия. Но в душе качествуют смятение, беспорядочность движений и волнение от невнимания, беспечности и предания себя произволу помыслов; а эти недобрые расположения происходят от греха или от потери над собою власти. Кто Божественною благодатию воцарен внутри себя, тот держит свое внутреннее в своей власти, а потому видит, куда что направляется. Ему свойственно трезвение или бдительность, по коим не ускользают от его внимания тайно приходящие возмущения. Сверх того, долгим упражнением в сем внутреннем делании он стяжает зоркость ока умственного, точно и определенно все в себе видящего.

Заключим: есть истинные препятствия к самонаблюдению: внешность, забота, расхищение ума. Они не дело неизбежной необходимости, а происходят от греха. Следовательно, пока есть в ком грех, будут и сии препятствия и не будет хорошего душезнания. Человек в греховном состоянии не знает своей души и знать не может. Сии препятствия мало-помалу устраняются и потом совсем исчезают по мере искоренения греха, а вместе с тем растет и приходит к совершенству и самое познание души. Если теперь грех, а за ним и сии препятствия теряют свою силу только в людях богопреданных от действия сил благодатных, то очевидно, что душезнания истинного, прочного, полного должно искать только у тех, кои живут истинно по-христиански. Кто, не принадлежа к числу таких, хочет знать душу,– обратись к святым Отцам, особенно подвижникам, и черпай из сего источника обильно психологическую мудрость.

д) О памяти и воображении

Сии две способности принадлежат к числу рабочих сил, а потому обыкновенно бывают таковы, каков весь человек. Чем набита память и чем занято воображение у грешника? Предметами греховными, питающими только страсти. Это сейчас можно увидеть по разговору. Грешник и слова не скажет о духовном, потому что ничего такого не представляет его память, будто ничего такого он не слыхал и не видал. Конечно, он и видел и слышал, но оно не усвоено и не удержано, потому что к тому не лежит душа. Вследствие такого отчуждения от духовных предметов умаляется и способность к воображению и памятованию их: от неупражнения и нехотения не умеют вообразить их и упомнить.

У человека, по-христиански живущего, по противоположности, все содержание памяти и воображения свято, чисто, Божественно. Они наполнены у него духовными предметами, к коим имеется особое расположение, а вместе, приобретается и особое умение воображать и запоминать их. Наоборот, ему чуждо памятование и воображение предметов порочных: они противны ему и потому не принимаются душою. Как первым легко воображается и запоминается греховное и злое, так вторым – духовное и доброе.

е) О воспоминании, или воспроизводительном воображении

Состояние воспоминания соответствует состоянию памяти и воображения, ибо воспроизводится воспоминанием обыкновенно то, что воображено и помнится. Нельзя, однако ж, не указать резкой особенности между причинами или законами воспоминания, какие преимущественно качествуют и бывают в силе у живущих по духу Христову и у преданных страстям и миру. У *последних* главнейшею причиною воспоминании бывают страстные возбуждения или движения привычных потребностей, потому что в этом жизнь их. Соответственно тому, и из законов сочетания образов в них действуют преимущественно те, кои относятся более к внешней стороне вещей, нежели к внутренней; образы в их голове вяжутся более по внешним пространственно-временным отношениям, нежели по внутренним отношениям причинности, а далее, наконец, и тайные впечатления или влияния приходят более от духов злых, нежели добрых. Есть приставник от сатаны около грешника, который ходит за ним и омрачает его, набивая голову страстными образами. У *первых* все наоборот: тайные влияния нисходят к ним от Божественного, осеняющего их Духа и Ангела Хранителя, сопутствующего им всегда и во всем содействующего; из законов сочетания образов действуют преимущественно те, кои касаются внутренней связи причин, свойств, частей; страсти же и потребности если и возбуждаются, то подавляются на первых порах. Сверх того, между ними есть разность и по родам воспоминаний. Есть воспоминания невольные, сами собою приходящие, и есть воспоминания вольные, самодеятельностию духа вызываемые. У преданных страстям качествуют почти исключительно воспоминания невольные, ибо по характеру своему они преданы внутреннему механизму движений. У живущих по духу Христову, напротив, преимущественно имеют место воспоминания произвольные, ибо они владеют собою и не позволяют чему-либо являться пред сознание без своего ведома; по крайней мере, у них о том есть ревность и установляется прямо к тому направленный подвиг внутренний: бдительность и трезвение...

ж) О фантазии

В ней, как видели, должно отличать две деятельности: *дельную и самовольную*. В отношении *к первой* можно сказать, что у людей, чуждых духа Христова, мало способности отвлеченные понятия и истины представлять в приличных образах; оттого у них они большею частию являются искаженными и уродливыми. Напротив, если где искать приличного обображения[146] сих истин, то исключительно у христиан, исполненных духа Христова, который сообщает им особенное к тому уменье или чутье, определяющее благоприличие сочетания образов.

Последняя является у тех и других в таком состоянии.

Главная, можно сказать, немощь фантазии у грешников есть склонность *мечтать*. Это не случайное нечто, а неизбежное, как бы сроднившееся с душою их, такое, что есть беспрерывно и почти у всех. Свойства сей мечтательности, именно: удаление от действительного, развлечение, смятение, непостоянство мыслей – дают ясно разуметь ее причину. Когда человек сдвинулся с своего места истинного и попал в ложное, неистинное, то вслед за тем и мысли его устремились не к тому, что истинно, а к тому, что мнится быть таковым,– к обманчивым призракам. Так как твердость и постоянство есть только в действительном, то уклонившиеся от него мысли неизбежно должны мястись[147] подобно вихрю, пыли или инею. Отсюда – фантазия греховная постоянно ветрена.

Сия ветреность и обличает, и в свою очередь сама производит состояние души очень опасное. К плодам ее, или к сопровождающим ее свойствам, можно отнести:

1) *внутреннее растление: в уме* – уклонение от важных и трудных занятий и отвращение к ним, затем поверхностность или легкомыслие; *в воле* – распаление страсти. В мечтах – *я* играет первую роль, в удовлетворение какой-нибудь из своих страстей. Человек, пребывая на одном месте, мстит, бранится, ненавидит, завидует, гордится, ведет войну и прочее... Так как сим увлекается вся душа, то мечта сквернит человека в себе самом. *В чувстве* – беспрерывное поражение, ибо удары образов прямо падают на сердце и делают, что мечтающий – то же, что идущий среди терния. Но главное в сем отношении есть увлечение сердца. Не успеешь осмотреться, разобрать дела, а сердце уже сговорилось с предметом и требует дела. Если человек есть раб сердца, то преимущественно от ветрености фантазии или владычества образов;

2) но зло не ограничивается внутренним: оно переходит вовне и здесь *освечивает все окружающее человека.* Человек страстный все видит в радужном цвете, то есть вещи представляются им не в их истинном виде, не так, как они есть, а как приспособляются и соответствуют нашим чувствам и нашим страстям. Затем, обратно, ими и питаются страсти. Человек-мечтатель живет как в какой атмосфере страстной, составленной из внутренних образов и внешнего призрачного вида вещей;

3) тогда как это есть внутри и вне человека, то есть когда самовольная фантазия, как в темницу какую, заключает человека,– *в сем мраке* всею силою *начинает свирепствовать сатана.* Когда фантазия предается самовольному движению, тогда приходит сатана в сердце и похищает у него слово Божие или добро, как семя, посеянное при пути, и, напротив, засеменяет свое зло, как в притче *враг человек* посеял плевелы среди пшеницы. Опомнившись от мечтаний, человек находит, что настроен на известное зло, и понять не умеет как и откуда;

4) в сем-то смятении, среди возмущающих образов и вражиих сил, как в чаду, зарождаются *страстные планы на грех,* во вред себе и другим: разного рода происки, коварные подыски[148] от зависти, лести и злобы, интриги, зловредные общины, а главное – все предприятия в удовлетворение главной своей страсти;

5) но, кроме сего, от самоволия фантазии у человека, невнимательного к себе, рождаются еще и постоянные расположения, в коих *мечтательность* превращается в постоянный *характер.* Таковы: склонность жить в образах, склонность острить, шутить, празднословить, отвращение от умственного труда, страсть к чтению пустых книг, к играм, балам, театрам.

Фантазия больше всего подвергается повреждению от греха, или это повреждение в ней заметнее, нежели в других силах. Потому она и у начавшего работать Господу не вдруг исцеляется, а постепенно, хотя с самого начала он поставляет правилом или делает распоряжение, сколько можно, установлять или поставлять в своих правилах сию силу.

Так в самом начале он входит внутрь себя, утишает тамошнее смятение, собирает свои мысли. Самособранность — неотъемлемое свойство обратившейся к Богу души, которым связывается своеволие фантазии.

В благоустроенном таким образом своем внутреннем он строит себе духовный храм, как бы небо, в коем и напрягается пребывать вниманием, в присутствии Бога, Ангелов и святых.

Изнутри тот же порядок переходит и вовне, в помощь внутреннему. Здесь все вещи преобразуются в смысле, осечиваются или покрываются духовным некоторым покровом, по коему нечаянные на них взгляды или намеренное смотрение не развлекает, не отклоняет от преднамеренного, а созидает и держит в нем. В дополнение к сему он окружается Ангелами и молитвами святых, кои, как лучи, устремлены к нему, и живет, таким образом, в духовной некоторой, светоносной и Божественной, атмосфере, которая и способствует ему к скорейшему образованию христианского характера.

Нельзя сказать, чтоб фантазия и у них не своевольничала. Но если это бывает, то не по их соизволению, а против воли. Сами же они начинают с первых дней борьбу с помыслами, многотрудную, разнообразную, непрерывную. Можно сказать, все внимание их обращается на помыслы и потом не сводится с них до самого конца. Отсюда кто из подвизающихся не знает коварства помыслов? И какое обширное можно встречать изображение их и способов побороть их у всякого писавшего подвижника! Впрочем, труд и время смиряют наконец воображение, и во внутреннем мире водворяются мир и тишина, свет, как от воссиявшего по рассеянии облаков солнца. Основание сему полагается в самом еще обращении, ибо оно вставляет человека в свой чин, на свое место, возвращает к действительному, вместе с чем и своеволие фантазии, или мечта, теряет свою основу. Далее, постоянно дельные занятия отнимают у нее пищу, и она истощается, как засыхающее дерево.

з) О сне

Во сне проходит третья часть жизни. Быть не может, чтоб он не имел глубокого для нее значения. В естественном порядке им возобновляются силы и образуется существо человека – душевно-телесное. Нельзя потому не быть и в отношении к нему большой разности в людях, живущих по духу Христову и – противно ему. Хотя в нем и не участвует самодеятельность, но изменение благодатное касается и самого бытия, следовательно, и того, что вне области свободы.

Здесь дело не о сне тела, но о *сновидениях*. Сновидения суть самовольные движения воображения во сне тела, с отсутствием самосознания и самодеятельности воли. В ходе сновидений различают три степени: *бред*, при дремании, собственно *сновидение* или сонное мечтание, при совершенном сне тела, и *сон сокровенный*, непомнимый, при мертвом сне тела. В производстве их владычествует сердечная жизнь с образами. Когда власть души над собою теряется, тогда образы воображения, как из заклепов[149] каких вырвавшись, наполняют всю область души. Здесь образы разных времен и мест, настоящие и прошедшие, худые и добрые, смешиваются и сочетаются по законам, которых познать нет возможности. Личность самого сновидца теряется: он вставляется в представляемые воображением драмы, как лицо стороннее, и подвергается странным превращениям: то радуется, то страждет, то повышается, то посрамляется и прочее. Так как душа теряет самодеятельность во сне, то еще сильнейшему подвергается влиянию другого мира, нежели въяве, и добрая – влиянию доброго, худая – злого. В самой, однако ж, драме он считает себя лицом- соображающим, желающим, решающим на добро или зло. Сие участие иногда простирается до того, что, проснувшись, сновидец скорбит или радуется, стыдится или одобряет себя за то, как поступал там. Между сими сновидениями различают три рода: одни *беспорядочные*, о которых пишет Сирах: *якоже емляйся за стень, или го-*

няй ветры, тако емляй веру сном (ср.: Сир. 34, 2). Другие *вразумительные*, кои в человеке, начинающем приходить в сознание, влагаются Богом или Ангелом Хранителем. О них Иов говорит, что, во время сна и в ночных видениях, когда объемлет человека сон, когда он спит на постели, Бог открывает ухо его и, научив его, запечатлевает для того, чтоб отвести человека от дела худого, чтоб удалить от него гордость и чтоб удержать душу его от могилы (см.: Иов. 33, 15–18). Третьи, наконец, бывают особенные сны – *Божественные, пророческие*. О них говорит Сам Бог: *аще будет в вас пророк, в видении познаюся ему, и во сне возглаголю ему* (ср.: Чис. 12, 6).

Сновидения бывают таковы, каково сердце. Их можно большею частию считать свидетелями о нравственном нашем состоянии, которое в бодрственном состоянии не всегда видится. У человека беспечного, преданного страстям, они всегда нечисты, страстны: душа там бывает игралищем греха. У человека, обратившегося и ревнующего об очищении сердца, они бывают то хороши, то худы, смотря по тому, что возьмет перевес, а иногда,– каким заснет. Он же подвергается здесь частым нападениям бесов, которые иногда сильно соблазняют малоопытных, как замечает святой Лествичник. Заботливого человека это и заставляет, отходя ко сну, по наставлению Церкви, вопиять к Богу и Ангелу Хранителю, чтоб сон его сохранен был свободным от всякого *диаволя мечтания* и – ему самому чрез сон еще более укрепиться в добре. По мере очищения сердца очищаются и сновидения, так что у святых и совершенных они бывают как бы продолжением их бодрственной деятельности. Не простирается ли она даже до сохранения самодеятельности и самоуправления?

Из сего рассмотрения познавательных способностей открывается, что человек, не идущий правым путем и не приемлющий восстановительных сил, отделен от мира духовного, невидимого, и не знает его как должно; мир видимый знает поверхностно, и то, если занимается сим узнаванием; большею же частию только видит его и наблюдает. Преимуществует в нем воображение, среди деятельности коего он живет, как в тумане, в толпе призраков, причем подвергается частому близкому влиянию злых духов. У человека, живущего по духу Христову, всё иначе: низшие способности, особенно воображение, укрощены и обращаются в орудные, не властвующие уже силы, как и должно; напротив, способности высшие действуют во всей силе. Разум его есть сокровище тайн Божиих, ибо непосредственно входит в общение с невидимым миром и непосредственно испытывает его своим духом. Вместе же с тем он приобретает способность прозревать в тайны творения и промышления до того, что, хотя многих еще недостает данных и хотя еще рассудок не сделал надлежащих подготовлений разбором видимого строя вещей или хода происшествий,– это не препятствует ему разгадывать внутреннейшее, вечное их значение. Рассудок хотя не всегда обогащается многими сведениями, но всегда возвращается к своему месту и, ревнуя об исполнении свойственных ему добродетелей, с продолжением времени приобретает здравомыслие, которое умеет дать всему суд в своем кругу, а нередко, не спеша, обсуживает основательно и сторонние вещи.

2) О деятельных силах человека, или о состоянии сил деятельных

Второй класс качествующих в нас сил есть совокупность сил деятельных. Они тоже являются на трех степенях, соответственно силам познавательным. Выше всех стоит *совесть*, которая передает сознанию волю Божию,– сила высшая, отрешенная. Затем следует *воля*, занимающаяся устроением нашего временного быта и временных наших отношений. Ниже всех стоит *способность низших пожеланий*.

а) О совести

Как разум назначен открывать человеку иной, духовный, совершеннейший мир и давать знать о его устройстве и свойствах, так совесть назначена к тому, чтобы образовать человека в гражданина того мира, куда впоследствии он должен переселиться. С сею целию она возвещает ему тамошние законы, обязывает выполнять их, судить его по ним, награждает или наказывает. Совесть называют практическим сознанием. В сем отношении можно сказать, что она есть сила духа, которая, сознавая закон и свободу, определяет взаимное отношение их. По занятиям или действиям в совести видят *законодателя, свидетеля, или судию*, и *воздаятеля*. Во всех сих сторонах ее видны большие в ней разности в добром христианине и в человеке-грешнике, отпадшем от Бога.

Уже по тому самому, что грешник отделился от Бога, должно ожидать, что совесть у него не может быть исправна; ибо если она есть то голос Бога в душе (законодатель), то око Его (свидетель), то наместница Его правосудия (судия и воздаятель): то при отпадении от Него все сии Божественные, так сказать, наития на нас чрез дух – должны ослабеть и умалиться в числе и силе. Сверх того, совесть не действует одна, отдельно, а берет себе в посредники и орудия другие силы: рассудок, волю, силу чувствования. Если сии расстроены в путях своих, то и от совести нельзя ожидать правой деятельности.

Есть невольные, ненамеренные, так сказать, уклонения совести от путей правды, как бы заблуждения, и есть намеренные ее искажения или порча совести от противодействия ей, в угодность порокам и страстям. Эти две стороны сейчас же представляются во всех трех действиях совести. Так:

1) дело совести, как законодателя,– показывать законы, по коим должно действовать существу разумно-свободному, и склонять к тому волю его силою своего обязательства.

Как мало у совести силы побудить волю к исполнению своих предписаний, ясно даже сознаваемых, о том и говорить нечего. Это она еще может как-нибудь сделать, если не встречается с какою-нибудь страстию и склонностию, но, коль скоро есть подобное столкновение, голос ее не слышится, и силою его одного человек не может преодолеть себя. Посему часто человек согрешает по бессилию совести, многие добродетели знает только по слуху, многими из них только соуслаждается, равно как и пороки иные не любит только на словах и – до времени и случая.

Самое законодательство, кажется, дело и легчайшее, отправляется совестию неверно. Предписания совести сознаются в виде требований. Так как и другие потребности, естественные или привитые после, тоже выставляют свои требования, то неудивительно, что человек при смятении, царствующем в нем по падении, не может иногда разобрать, чему повиноваться. Так, относительно *главного начала* в нравственной деятельности, или того, куда должно быть устремляемо все внимание и направлены все помышления, совесть большею частию совсем почти молчит; оттого человек должен бывает вопрошать: *что сотворив, живот вечный наследую*? – и, когда к нему обращаются с подобным вопросом, приходит в смущение и вынужден бывает сознаваться в неведении, а если иногда и предлагает что в ответ, то предлагает начала превратные, составляемые превратным умом в заговоре со склонностями, как у фарисеев, саддукеев[150], стоиков и других. Но когда неизвестно главное начало, то вслед за тем не только теряется нить взаимоподчинения и соотношения частных законов, и одни возвышаются пред другими без разумных оснований, по случайным обстоятельствам, но и многое входит в закон, что не должно быть законом. Так, например, иной выше всего ставит гражданскую службу, другой богослужение, тот – кабинетные занятия ученого. Касательно же *частных случаев*, когда, то есть, совесть сейчас же должна определить, как кому поступить в известном случае,– еще больше неопределенности, недальновидности и запутанности. Тут большею частию она или оставляет человека самому себе, отчего он нередко оставляет без внимания доброе, а делает худое что по одному неведению зла; или колеблется между *да* и *нет*, поставляет человека в нерешительном уверении, хорошо ли то, что он делает; или называет горькое сладким, а сладкое горьким, и это – даже у законодателей, занимавшихся тем, людей опытных в жизни. Вообще, совесть оставляет человека действовать наудачу, по влечению обстоятельств, без внутреннего уверения и одобрения. По всему видно, что сей законодатель отстранен от своей должности, лишен господства и до того ослабел, что не вступается за свои права; напротив, действующею представляется иная некая сила – за совесть.

Еще большему повреждению и искажению подвергается законодательствующая совесть, если встречается с *эгоизмом* и *ему подчиняется*. Здесь сначала ее законы перетолковываются, потом извращаются и наконец заменяются совсем иными, самовольными и даже противными законам истинным. Мы охотно верим тому, что любим, и сильно желаем, чтоб истина была на стороне любимого. Поэтому если случится услышать голос совести с заповедию, противною нашей склонности, то он имеет для нас меньше убеждения, нежели требования сердца. В подобных обстоятельствах тотчас рождается недоумение касательно истинного смысла заповеди: мы спрашиваем с сомнением: да так ли это должно понимать? таково ли требование закона? ко всем ли он идет? идет ли ко мне и моему положению? При этом раздумье дела большею частию только отстраняются, оставляются до другого времени под сомнением; но скоро затем представляются мысли в угоду сердцу, закон перетолковывается, и мы удаляем себя от исполнения его под разными предлогами. Так, под предлогом сохранения здоровья, удаляются от поста и воздержания, а под предлогом поддержания благосостояния семейного и нужд, отказываются от благотворения; в виде праведного возмездия берут рост[151]; отстаивая честь, выходят на дуэль и прочее. Все сие, впрочем, пагубно вполовину, если заходит недалеко, касается частных случаев, и притом у одного лица, но долговременная деятельность в одном роде, с перетолкованием смысла закона, доводит до того, что он совсем искажается и в совести, а на место его ставится превратное правило. От того считают скупость бережливостью, расточительность — щедростью, гнев — чувством благородного негодования, потворство — снисходительностью, жестокость — ревностию по правде, лесть — гибкостью характера, хитрость — благоразумием, гордость — чувством достоинства. Случись при этом кому-либо обращаться в таком кругу, где помянутые мнения приняты и содержатся как правила, определяющие внешнее поведение человека во всех его положениях,— что удивительного, если он сии правила примет за решительное законодательство совести, и удовлетворение им станет считать и первым делом, и добродетелью, как, напротив, жизнь или поступки не по ним станет осуждать не языком только, но и чувством совести;

2) совесть, как свидетель и судия, сознает, как обошелся человек с предписанным ею законом, и, подводя под него поступок со всеми обстоятельствами, и внутренними и внешними, определяет, прав ли человек или виноват. Суд суда совестного, как говорится, неподкупен. Это и бывает так, только не всегда. Можно ожидать неверности в суде совестном во всех тех случаях, где неверно законодательство совести, ибо тогда нет начала для суда. Сверх того, для верности суда надобно заметить поступок во всех частях, особенно внутренние, при нем бывшие расположения; у человека же грешника, при постоянном расхищении ума, многое очень может быть опущено из внимания. Потому у него совести не к чему прилагать суда. Наконец, не последнее дело при сем — ревность к правоте, чтоб неослабно преследовать все преступное, ибо без сего многое и из замеченного может быть пропущено мимо ушей; это и еще основание неверности суда совести у грешника, ибо он и грешник потому, что не имеет ревности к правде. Из сего следует, что совести следовало бы действовать так: ревнуя о правде, тщательно следить за делами человека и, мало какая окажется неисправность, тотчас предавать его суду и судить, не лицемеря. Но таких действий нет в совести

у человека-грешника. Как же можно ожидать верного суда от такой совести!

Уже из того видна его ненадежность, что по нему каждый человек самому себе представляется лучшим, нежели каков есть на самом деле. Исключая решительных случаев и важных грехов, всякий готов говорить: что ж такое я сделал? Поэтому богобоязненные судии о себе самих и говорят себе: *от тайных моих очисти мя* (Пс. 18, 13). Совесть в падшем состоянии – разбитое зеркало. Как разбитое зеркало, и она теперь не так представляет дела наши и нас, как бы следовало.

Такова совесть, как свидетель и судия, если к ней не примешивается *страсть*; в сем же случае весы ее еще больше *склоняются на неправую сторону*, и суд искажается. Когда совесть сама по себе судит о частных случаях, то здесь суд ее еще бывает по временам не неверен; но, коль скоро надлежит судить свои страстные дела, суд совести всегда крив. Таков суд у честолюбца за честолюбие, у скупца за скупость и прочее, тогда как в других делах та же совесть бывает недремлющею. Немалый признак искажения совести есть *уклонение суда от себя на других*. Совесть нам дана затем, чтоб судить нас самих; если она судит других, надобно сказать, что она не свое дело стала делать. На это осуждение других можно теперь смотреть, как на указание того, каков бы должен быть суд наш над нами самими, и как на обличение постоянной неверности сего последнего. Так в осуждении других суд обыкновенно бывает скор, мгновенен, тогда как над самими собою он медлен, отсрочивается, а следует – наоборот. Суд о других бывает неумолимо строг, тогда как суд о себе всегда прикрывается снисходительностью, а следует – наоборот. Оканчивается же сей суд всегда почти: *несмь, якоже прочий человецы...* Как строго купец судит о делах правоведа, светский – о духовных и прочее! Тогда как на других беспрерывно идет из сердца осуждение, себя любим мы покрывать оправданием. *Самооправдание* – общий почти грех. Выставляют то слабость, то неведение, то обстоятельства, то соблазны, примеры, число участников и чем-чем не оправдывают себя! Если наконец не удастся это, упорно стоим за себя. *Упорная несознательность* – плод великого повреждения совести и, вместе, сильного эгоизма. Человек внутри говорит наперекор себе: не виноват,– пустое,– ничего! – и при этом разные употребляются извороты, преимущественно касательно судимого поступка, напрягаясь подвесть его под случаи, в коих подобные поступки бывают извинительны;

3) совесть, как мздовоздаятель. Коль скоро произнесен суд, и человек сознал в себе: виноват,– начинается скорбь, туга, досада на себя, укоры, терзания или мучения совести. Такие чувства и суть воздаяния за грехи от совести, как, напротив, отрадные чувства совестного оправдания суть воздаяния за правду. Что это есть и как бывает сильно, показывают те преследования, каким подвергаются великие преступники от совести, когда она и внутри терзаниями, и вовне привидениями страшит их, и наяву и во сне. Но и опять, сколько несправедливости у нее и с сей стороны! Основание им *одно* – в неверности первых двух действий, законодательства и суда, ибо невиновного за что мучить? *Другое* – в состоянии сердца: сердце ожестелое равнодушно, как его не вини. От этого сознание своей виновности большею частию остается в мысли, не тревожа сердца, и человек часто говорит: виноват, да что ж такое? – и остается холодным зрителем своих грехов, нередко немалых. Немалое при сем значение имеет обстоятельство времени и места. Так, недавнее преступление беспокоит еще довольно сильно, а по времени оно превращается в простое напоминание; место преступления также встревоживает сильно, а вдали от него мы покойны. Нередко нападает на совесть страшливость (скрупулезность), по которой, считая всякое почти дело грехом, она за все тревожит и ест человека. Состояние того, кто подвергается такому суду, мучительно, и потому есть состояние болезненное, неестественное.

Но все это происходит само собою, без нашего злонамеренного участия. Где же привходит умысел, там мы или искажаем совестное воздаяние, или заставляем его молчать. Это производится разными способами усыпления совести. Усыпление сие приходит и само собою от учащения грехопадений, ибо известно, что второе падение меньше мучит, третье еще менее, и так все менее и менее, а наконец совесть совсем немеет: делай что хочешь. Из опасения, чтоб усыпленная совесть как-нибудь снова не пробудилась, прибегают к разным хитростям. Таковы: избрание себе снисходительного духовника, лживая исповедь, ложное успокоение себя разрешением, ограничение дальнейшего исправления одною внешностию, или одними внешними делами благочестия, и чрезмерная надежда на милосердие Господне; или, еще хуже,— убеждение себя, что мучения совести суть суеверные страхи, из неопытного детства перешедшие; намеренное удаление себя от лиц и мест, даже от предметов размышления, могущих растревожить совесть, намеренное развлечение или предание себя суетным, одуряющим, сильным впечатлениям и, наконец, край всего — хвастовство своими грехами. Такими способами мало-помалу успевают совсем заглушить совесть, и она молчит до времени.

И так совесть в греховном состоянии, по законодательству, по суду и воздаянию, то сама собою неверна, то намеренно искажается ради страстей. От сего одни свободно предаются всему разливу страстей и греховной жизни, ибо, когда совесть улажена с страстями, кто вразумит? Другие живут в холодной беспечности, ни худо ни добро. У тех и других, очевидно, деятельность извращена, и она пробудет такой до пробуждения совести. Мерою развращения определяется, что бывает при сем с человеком. Ибо иные, хотя после сильного и томительного перелома, возвращаются к жизни истинной; другие, напротив, с пробуждением совести предаются отчаянию и допивают горькую чашу беззаконий, чтоб потом испивать до дна и чашу гнева Божия.

У человека, к Богу обратившегося и восстановившего благодатное с Ним общение, совесть заблуждающая вразумляется, искаженная, исправляется во всех трех своих должностях. Первый луч благодати падает на совесть и своим Божественным огнем очищает ее, как злато в горниле. Когда же совершается обращение и восстановляется общение с Богом, тогда возвращается совести и вся первоначальная сила. Тогда что будет препятствовать гласу Божию – закону совести проходить до глубины души? Что помешает лучу из ока Божия – суду совести пасть на дела и намерения человека и осветить их? Или почему бы душа не могла согреваться теплотою предчувствуемого благоволения Божия или содрогаться страхом гнева Божия? Между Богом и совестию средостение разорено, силы орудные для совести восстановлены, следовательно, совесть обладает всеми способами для исправного действования:

1) так она делается исправною в законодательстве. Сознание законов Божественных и возбуждает грешника от усыпления, но оно впоследствии не сокращается, а возвышается. Этому способствует сама благодать, которая, как *помазание, учит всякаго, как должно поступать* (ср.: 1Ин. 2, 27), и руководит его на всех путях жизни, тайно и явно. Этому способствует жажда слова Божия, от коего обратившийся грешник не отстает, а ищет или слышать, или читать его, впивает его, питается им и все черпаемое из него превращает во глубине сердца в правила и начала и тем освещает свою совесть. Этому способствует самая жизнь. Чувствуя себя определенным на хождение в воле Божией, он тщательно исследует волю Божию для себя и во всех до него касающихся случаях и всегда в отношении к греху говорит себе: *како совершу глагол сей злый и согрешу пред Богом*,– а к добру: *готово сердце мое, готово!* Таким образом навыкает он на жизнь законную в своем кругу и не имеет уже нужды справляться с книгою законов, но знает их прямо, подобно опытному правоведу. Что же касается до нападений со стороны развратной воли, то хотя они и чувствуются, но голос их подавляется тот же час; даже хотя бы он и еще слышен был, деятельность законная наперекор им не

оставляется, ибо определено ходить в воле Божией без саможаления, со всеми пожертвованиями, среди всяких озлоблений, и внутренних и внешних;

2) является она исправною в судопроизводстве. Бдительное и трезвенное око, уставленное на себя, замечает все оттенки дел внутренних и внешних. Когда в то же время с другой стороны стоит чистое зеркало совести,— что препятствует отражаться в сем зеркале делу в истинном его виде и потому — суду совести быть истинным? Суждение есть приложение начала к частному случаю. Если то и другое есть, оно не может не совершиться и, если то и другое верно, не может быть неверным. К совершенству сего действия совести далее способствует то, что считается величайшим грехом,— осудить другого, и, когда это случится нечаянно, очищается сильным раскаянием. Но когда суд весь обращен на себя, то здесь он совершается без укрывательства, без ложного снисхождения, со всею подробностью и полнотою, касаясь не дел только и слов, но и намерений и мыслей. В предостережение же от погрешностей в сем деле избирается сторонний судия (духовник или опытный старец, которому открывают всё), который и решает дело и которого решение принимается как решение Божие. Здесь не встретится грубого самооправдания и несознательности, ибо жизнь почти вся проводится в самоосуждении и чувствах покаяния; дела свои не считаются совершенными и законченными, и свое лицо — достойным милостей. Как плодотворны такие расположения! Они сначала приводят мир в душу, не возмущаемый никакими внешними неприятностями, ибо виновный чувствует себя достойным всяких казней; потом и чистоту в жизнь, ибо, чем больше осуждается дел или сторон в делах, тем они должны становиться совершеннее, если такой пересмотр совершается с целью достигать совершенства;

3) исправна она и в воздаянии. Окамененное нечувствие прогнано, когда Божия благодать разваряла все существо человека; есть и постоянная молитва об избавлении от него напоследок. Посему как в бароме-

тре легкое колебание в атмосфере отражается тотчас, так и в обратившемся или жало обвинения совестного тотчас оставляет рану болезненного сокрушения, или елей оправдания намащает душу помазанием мира и исполняет отрадным благоуханием радости. При сем заметить должно, что и мучения совести совсем иной имеют здесь оттенок, нежели какой имеют они у необращенного. Они отрадно-умиленны, не ожесточают, не отревают, не сожигают. Может быть, это потому, что по обращении, при ревности к богоугождению, случаются только некоторые, нечаянные, ненамеренные грехи. Правда, не оставляются без внимания и прошедшие дела и, когда нужно, воспроизводятся деятельно, разъясняются со всеми обстоятельствами, со всеми последствиями и предаются внутреннему суду, как бы настал час смерти, суда Божия и окончательного приговора, и в разверстом таким образом сердце омывается слезами все содеянное вопреки воле Божией; но опять и это не подавляет их духа безнадежностию. Бывает в крушении дух от сличения прошедшего с будущим, но оно всегда оканчивается отрадным успокоением в Боге: грешник, но Твое создание, к Тебе обращаюсь, буди воля Твоя! – и в этом горении совестном избавляют себя от огня будущего. Мир совести у святых не исключал такого крушения духа, а напротив, многие всё время проводили в слезах,– иные были сухи оттого, как говорили они, что помнили беспрестанно огнь гееннский, который опалял их непрестанно (см.: Макарий Великий). Такое состояние совести, с одной стороны, приносило им трезвенность освежающую и ободряющую, с другой – в отношении к Богу и всему характеру их жизни преисполняло их сладостным миром, неизъяснимою отрадою, всеобъемлющим богоблаженством. Мир Божий, превосходящий всякий ум, осенял их (см.: Флп. 4, 7). В этом состоянии они получали непреодолимое воодушевление на дела богоугодные. Апостол Павел дороже всего почитал свидетельство своей совести и ради него шел на все скорби. То же чувствовали и другие (см.: Иов. 27, 6). Это – отрадная манна, укрепительная пища небесная, приносимая Ангелами с неба. Это и есть радость о Дусе Святе, или сила, по коей можно, следуя Апостолу, непрестанно радоваться.

Плоды такого состояния совести суть: *прежде всего – дерзновение* пред Богом, по которому несмущенно и несомненно обращаются к Богу, как невинные дети к отцу; потом – *живая, сильная и скорая деятельность*, ибо чистая совесть привлекает силу Божественную, которая, преисполняя собою всю душу, сообщает ей неутомимость, непрестанность труда, непреодолимость препятствиями, в чем собственно и состоит *свобода духа*, свойственная человеку; *наконец*, и воля сливается с совестию и прекращается всякое внутри восстание: человек вступает в то состояние, когда ему закон не лежит, потому что он сам весь преисполняется законом.

б) О воле

Ниже совести в числе деятельных сил стоит воля, которой принадлежит устроение нашей земной временной жизни: предприятия, планы, нравы, поступки, поведение – вообще всё, чем выражает себя человек вовне изнутри. Ее можно назвать способностью стремлений и расположений. Главный предмет ее – благо. Виды ее действий – желание и отвращение: отвращаясь от зла, стремиться к добру – в этом вся жизнь. Желать зла и отвращаться от добра человек не может, а может только зло считать добром, а добро – недобром и, по обольщению, первого желать под видом добра, а последнего не желать, представляя его недобрым.

Неизбежность или основание и источник стремлений и желаний есть неполнота нашего существа. Чувство сей неполноты заставляет человека искать предметов для восполнения себя. В сем отношении человек есть земля жаждущая или губка; число потребностей – число отверстий ее. Предмет, в котором чает человек найти удовлетворение своей нужде, считается благом, которое, чем многообъятнее, тем выше. Очевидно, что верховным благом человека может быть только то, что вполне всесторонне его успокаивает. Такое благо есть един Бог. Если, далее, сила стремления определяется качеством ожидаемого блага, то стремление к Богу должно быть высшим и сильнейшим у нас стремлением. Этого же должно ожидать еще и вот почему: стремление есть отражение потребности, а потребность есть отражение устройства нашего существа. Так как человек создан по образу Божию, то его главною потребностью, а за нею стремлением должна быть жажда Бога и Божественных вещей. *Что ми есть на небеси, и от Тебе что восхотех на земли, Боже сердца моего, и часть моя, Боже, во век* (ср.: Пс. 72, 25–26).

В человеке, в невинном состоянии, и была сия правота в сердце или воле, но чрез падение в нем должно было произойти и действительно произошло превращение. Куда направилась его воля? Как видно из обстоятельств падения, к себе. Вместо Бога человек сам себя возлюбил бесконечною любовию, себя поставил исключительною целию, а все другое средством.

Отсюда видно, что главное расположение, гнездящееся в самой глубине души у человека, падшего и еще не восставшего, есть *самолюбие*, или *эгоизм*. Это расположение так естественно, всеобще, сильно, неотразимо, что Аристотель[152] (язычник) в своем нравоучении написал: «даже и добрый человек все делает для себя, потому и должно любить себя». Вот почему заповедуется в самом начале доброй жизни во Христе Иисусе *отвергаться себя*, потом во все продолжение хождения в след Христа *не себе угождати* (Рим. 15, 1), *не своего искать* (ср.: Флп. 2, 4). Когда Макарий Великий советует войти глубоко внутрь себя и убить на самом дне сердца гнездящегося змия, то разумеет под сим змием самолюбие[153].

Все порочные расположения или все нравственное зло истекает уже из самолюбия, как говорит Феодор, епископ Едесский: «самолюбие есть мать неизобразимых зол. Кто побеждается им, тот входит в союз и со всеми прочими страстями»[154]. Нетрудно, впрочем, заметить, что между сими страстями есть начальнейшие и неточные, стоящие во главе других, сами оплавлены будучи самолюбием. Эти первые порождения самости суть: *гордость* или вообще жажда возвышения, *корыстолюбие*, или любостяжание, и *плотоугодие* или, полнее, жажда наслаждений и удовольствий всесторонних. Это подтверждает опыт и простое наведение, что, какую ни возьми страсть, всегда, восходя к источнику, придешь к какой-нибудь из показанных страстей начальных. Посему говорит святой Максим Исповедник: «блюди себе от матери злых – самолюбия. От сего бо рождаются три первых страстных помысла – чревобесия, сребролюбия и тщеславия, от которых потом разрождается и весь злых собор»[155] (то же у Феодора Едесского[156], Григория Синайского[157] в Добротолюбии). Мир есть овеществленное самолюбие, или есть совокупность его порождений в лицах и действиях, ибо святой Иоанн Богослов все, что в мире, делит на три класса: похоть плоти, похоть очей и гордость житейскую (см.: 1Ин. 2, 16), то есть что там все движется по действию сих трех страстей. Он есть поприще, где развивается во всей своей широте деятельность греховной воли.

Каждая из сих начальных страстей в свою очередь раскрывается множеством других, исполненных ее духом и характером. Они кладут свою печать как на всех силах человека, так и на всей его деятельности и тем осложняют его страстность и размножают страсти:

1) похоть плоти есть ненасытимое желание удовольствий или беспрерывное искание предметов, могущих услаждать внутренние и внешние чувства души. Она заставляет поставлять единственною целию собственное наслаждение или жить в свое удовольствие и к тому направлять все встречающееся и все предпринимаемое. Разнообразие частных склонностей, вытекающих из нее, зависит и от предметов удовольствия, и от органов, которыми оно вкушается. Так, из удовольствий вкуса рождаются сластолюбие, пьянство, многоядение; из половых страстей – распутство в разных видах; из

органов движения – рассеянность или ленивость; из душевных чувств – порочная любовь и мечтательное сластолюбие чрез воображение и прочее. Главнейшие же ее порождения суть: чревонеистовство, блуд, леность, забавы и утехи.

Кто обладается этою страстию, того она заставляет везде действовать по своему качеству и на всем отпечатлевает свой дух.

Так, в *отношении к религии*, в *богопознании*, сластолюбцы, по свойственному им легкомыслию и по исключительному почти обращению ковне, истин боговедения не принимают глубоко к сердцу, от чего истины сии не только, как не имеющие корня, остаются бесплодными, но и подвергаются сильным нападениям внутри от склонностей, обращенных к иному порядку, а сие последнее обстоятельство человека, преданного удовольствиям, или поставляет неминуемо в состояние равнодушия к истинам веры, или, еще хуже, повергает в сомнение о них. В *богопочтении* им нужно приятное священнодействие, и в храмах они ищут не славы и чествования Бога, а услаждения слуха и зрения. В самом внутреннем богопочтении преимущественно ищут сладостных движений сердца и с напряжением вызывают их, отчего во *время напасти отпадают* (Лк. 8, 13), когда за истину нужно бывает испытывать скорби, внутренние ли то или внешние. *Они враги креста; им Бог чрево* (ср.: Флп. 3, 18–19).

В отношении к себе. Сластолюбец весь занят удовольствиями, и притом только настоящими, говоря в себе: *да ямы и пиемы, утре бо умрем* (ср.: Ис. 22, 13; 56, 12; 1Кор. 15, 32; Прем. 2, 6); о будущем он и не помышляет и оттого не радит о следствиях своей жизни, даже предначинающихся, даже тогда, как встречает внезапно болезни, бедность, бесславие. Душа у него в презрении; одно тело пространно питается (см.: Тит. 1, 12; 1Тим. 5, 6). От этого не найдешь в нем ни понятий точных и стоящих, ни твердых правил жизни. И по поступкам, и по мыслям он влается, как прах ветром. Он чужд занятий солидных, постоянных, усильных, долговременных,–

оттого и ничего не может представить от своего лица, чтоб могло его пережить.

И в отношении к другим он не лучше. Правда, лично обижать других он неохотно решается, потому что это может сопровождаться неприятностями. Но уже всякий, несходный с ним в нраве, неготовый разделять с ним его дел, есть не только чужой ему, но и неприятель. При сем, случись только нужда, он готов на всякие несправедливости: обман, несдержание слова, ложные обещания, хитрые уловки. К дружбе есть в нем склонность, но обыкновенно друзья у него избираются не по истинному достоинству и бывают недолговременны. В обращении бывает желание показать вежливость, но тут же колкости, остроты, насмешки, иногда и нахальство.

Мало доброго бывает от таковых и *в быту житейском, и в гражданском*. Собственно, они ни повелевать, ни повиноваться как следует не способны. Сластолюбец – отец, муж, господин, начальник – хуже всего. Дети, жена, семейство, вверенные гибнут. Всему причиною сроднившееся с ним нерадение и ложная кротость или поблажка, потому что взыскание часто сопровождается неприятностию. У низших во всех видах не бывает возмутительного противления, но всегда почти ропот, медленность, ленивость; вообще они больше *слышатели, нежели творцы закона* (ср.: Иак. 1, 22);

2) *корысть* есть ненасытимое желание иметь, или искание и стяжевание вещей под видом пользы, затем только, чтоб сказать об них: мои. Предметов сей страсти множество: дом со всеми частями, поля, слуги, а главное – деньги, потому что ими можно все доставать. Иные, впрочем, исключительно пристращаются к серебру и золоту. От этого сию страсть можно видеть преимущественно в двух видах: сребролюбии и любоимании, или стяжательности. Судя по употреблению, под влиянием тщеславия она является *пышностию*, от гордости и властолюбия – *всемирною оборотливостию*, стремящеюся захватить всю торговлю в свои руки, а от безумия – *скупостию*. Беспрерывно сопутствуют сей страсти забота мучащая, зависть,

страхи, печаль и скорби. Титул, приличный обладаемому ею человеку,— интересан[158] ибо он шага не сделает без того, чтоб ему это не принесло пользы, и все, чего ни коснется рука его, слово, мысль,— все несет ему свою дань. Потом, когда вещь поступила в его область, он говорит: моя навсегда... Эта исключительность владения решительная, сердечная, как ограду какую обводит около его вещей и отревает всех других.

В *отношении к религии*. Познать Бога ему некогда; поэтому он содержит веру так, как слышал и принял и как умеет вообразить душою, загроможденною вещами чувственными. Больше всего склонен он к суеверию, антропоморфизму[159], идолопоклонству. Сильная и исключительная любовь к вещам делает подозрительным его богопочитание внутреннее, ибо, как говорит Господь, *нельзя Богу работати и мамоне* (ср.: Мф. 6, 24).

Посему он прямо называется идолопоклонником (см.: Еф. 5, 5; Кол. 3, 5; Мф. 19, 22; Иов. 31, 24). Он будто и чтит Бога, но не сердцем, а чем-нибудь внешним, и притом не иначе как в ожидании умножения прибытков или из страха потерять и желания сохранить то, что имеется. Потому он склонен ко *внешнему богопочтению* и любит в нем богатство и великолепие. Страсть к стяжанию, при недостатке прямых путей, приводит его иногда к магии и другим нелепостям (см.: 1Тим. 6, 9).

В *отношении к себе*. У любостяжательного вид некоторых добродетелей бросается в глаза. Он будто бережлив, а между тем скуп; труд и неусыпность его только для корысти; воздержание от удовольствий и наслаждений затем только, чтоб не истратиться. У него собственно нет заботы ни о душе, ни о теле: он себя приносит в жертву вещам. Забота не дает ему времени насладиться стяжанием, и оттого нет мира в душе его. Случись несчастие, он готов пасть в отчаяние, легко теряет ум и делается сумасшедшим, а иногда налагает на себя руки.

В *отношении к другим* он бесчеловечен, завистлив, коварен, вероломен, сутяга; благодетельствовать даром не любит, разве только победит его тщеславие; дружбы короткой не знает. Нет неправды, на которую не решился бы корыстный, как показал на себе Иуда (см.: Мф. 26, 15). От него – воровство, святотатство (см.: Нав. 7, 1; Деян. 5, 1–2), убийства, предательства.

Корыстолюбивый – негожий *член дома, общества и Церкви* (см.: Притч. 15, 27; 29, 4; 1Цар. 8, 3; 2Тим. 3, 3; Флп. 2, 20–21; 1Пет. 5, 2). Низшие из них обыкновенно покорны, рачительны и трудятся, чтоб как-нибудь запасти копейку; но они склонны обмануть господина или начальника,– как-нибудь похитить себе и скрыть концы; и сейчас же оставляют их, коль скоро те в какой-нибудь беде. Высшие или начальствующие в каком-нибудь виде – ничего нет хуже, по небрежению и беспечности о других. Ни до кого им нет нужды, ни до правды, ни до людей. Начальника такого не любят, ибо он все как-нибудь хочет оттянуть копейку; посему ему неверны и всячески ищут обхитрить его. В доме он худо содержит всех, как и себя, оставляет без внимания детей и семейство все. Там водворяются грубость и невежество;

3) *гордость* есть ненасытимое желание возвышения, или усильное искание предметов, чрез кои бы можно было стать выше всех других. Самолюбие здесь очевиднее всего. Оно тут как бы своим лицом, ибо тут вся забота о своем *я*. Первое порождение гордости внутреннейшее – есть самомнение, по коему все другие считаются ниже нас; даже те, кои высоко превосходят нас, в сравнении с нами не слишком важны. Проторгаясь наружу, она ищет уже и предметов возвышающих и, судя по ним, сама изменяется. Останавливаясь на предметах ничтожных, например, на силе тела, красоте, одежде, родстве и другом чем, она есть *тщеславие*; обращаясь к степеням чести и славы, она есть *властолюбие* и *честолюбие*; услаждаясь молвою, говором и вниманием людей, она есть *славолюбие*. Во всех, впрочем, этих видах, кроме, может быть, самомнения, гордость сопровождается еще своеволием, непокоривостию, самоуверенностию, самонадеянностию, притязательностию, презрением других, неблагодарностию, завистию, гневливостию до мести

и злопамятства. Главнейшими, впрочем, ее отраслями можно почесть зависть с ненавистию и гнев с злопамятством.

В слове Божием гордые называются еще *высокомудрствующими* (см.: Рим. 11:20, 12:16; 1Тим. 6, 17; Ис. 14, 13), *напыщенними* (ср.: 2Тим. 3, 4), *высокосердыми* (см.: Втор. 8:14, 17:20; 4Цар. 14, 10; Иез. 28, 2), *презорливыми* (см.: Лк. 18, 9, 11; Гал. 3, 26).

Возносящий себя над всеми в сердце своем:

– *в отношении к религии, в богопознании*,– самый опасный человек. Он способен впасть в самую бездну нечестия. По склонности особиться от других, он или сам изобретает, или легко принимает изобретенные мнения новые, отличающиеся некою высотою и странностию. Нередко, чтоб показать свою отличность от простого народа, он отвергает самые очевидные истины, каковы: бытие Бога, бессмертие души и прочее. Посему справедливо таковых считают изобретателями ересей (см.: 1Тим. 6, 3–3). Вообще свойственные ему спорливость и упорство в мнениях принятых очень неблагоприятны истине. В *богопочтении* внешнем он любит чопорность, блеск, искусственность, во внутреннем – напряженность, высоту, отвлеченность, в молитве – многоглаголивость свысока, в обнаружении благочестия – причудливость: все по-своему, не как другие; он может также принимать все виды богослужения для славы и тщеславия и обращать их в средства к удовлетворению своего властолюбия, как Иеровоам (см.: 3Цар. 12, 28–29).

Воздержность, работность, бережливость, терпеливость, постоянство дают ему вид строгого исполнителя обязанностей в *отношении к себе*, но – только вид, ибо всё это добродетели средственные, а не существенные, и потому их цена зависит от духа, с каким предприемлются и содержатся. Справедливо, что он заботится более об образовании своей души, но для чего и в каком духе? Затем, чтоб блеснуть, или еще для того, чтоб поддержать славу науки или славу свою и своего звания и прочее; от этого занимается более тем, что славится в его время. Но он гневлив, задорен и не дает себе покоя; от сего скоро истощает силы свои и наживает болезни.

– в *отношении к другим* он есть лицо самое несправедливое: все к себе относит, а другим ничего не приписывает; он охотник всегда повелевать и никогда повиноваться. Другие, по мыслям его, должны быть средствами для его целей, и, действительно, он так действует на них или насилием, когда уже силен, или хитростию, пока еще не силен. Он политикан, следовательно препритворный; благодарности не жди от него, потому что он усвояет себе право принимать от других услуги, как дань. При случае оскорбить, сделать насилие, оказать презрение, устрашить он не прочь. Ему желательно, чтоб его более боялись, нежели любили. Дружба у него – до соответствия своим целям.

– в быту *житейском и гражданском* все нестроение от таких. Низшие с сим характером не хотят повиноваться, не терпят лежащих на них уз долга, почему всегда готовы к возмущениям. Высшие самовольны, жестокосерды; немилостиво наказывают, неохотно прощают; хотят править словом и взглядом, а не убеждением (см.: 1Пет. 5, 3). В обращении любят задавать тон, но к редким уважительны, а искренни – ни к кому. Посему они нетерпимы в обществе, ненавистны людям и Богу, Который им противится и нередко их унижает для вразумления (см.: Мф. 23, 12; 1Пет. 5, 5; Иак. 4, 6; Иов. 9:13, 40:6–7; Мф. 11, 23). В семействе их нет мира, а брани и свары; дети грубеют; слуги своевольничают; жены то скорбят, то привыкают к упорству.

Вот ближайшие порождения самолюбия: похоть плоти, похоть очес и гордость житейская, с происходящими от них страстьми. Есть, впрочем, по замечанию святых Отец, и между происходящими от них тоже начальнейшие, как бы необходимые и всегдашние их спутники. Таковыми признаются пять: гнев, блуд, печаль, леность, тщеславие. Происхождение их из первых очень просто. Так, сластолюбие является преимущественно в двух страстях: чревоугодии и блуде – и сопутствуется расслаблением и леностию; с сребролюбием всегда в связи печаль и зависть, с гордостию – гнев и тщеславие. Сии производные три ставятся с первыми, по силе их и многоплодности, в один разряд, так что начальнейших, или неточных, считается прямо восемь или семь, ибо иные тщеславия не отделяют от гордости. Смотри о сем Феодора Едесского[160]; преподобного Нила[161] о различных помыслах[162]; Православное исповедание[163]. Смотри то же и у Лествичника в Главах о сих страстях[164]. В сих статьях характеристика каждого порока определена с достаточною полнотою и производные от них страсти – с достаточною подробностию. Особенный путь к развитию страстей избран святым Григорием Синайским[165].

Он разделяет их на душевные и телесные, душевные опять – по трем способностям: мыслящей, вожделетельной и раздражительной. Но нетрудно заметить, что он не отходит от общего разделения, а только решает вопрос: как самолюбие трехсоставное отражается в частях существа человеческого и его способностях? Оттого страсти, производимые, например, от мысленной силы, одни имеют качества гордости, другие – любоимания, третьи – сластолюбия. По крайней мере, организование и развитие страстей этим путем и возможно, и может принести несомненную пользу в жизни. Тут можно видеть значение каждой страсти, а из их значения выводить наукообразно средства против них, хотя это будут те же самые, какие теперь предлагаются по опытам богомудрых Отцов. Только само собою разумеется, что такое дело требует и близкого знакомства с писаниями святых Отцов, и глубокого познания человеческого существа. Но сим кто доволен? Петр Дамаскин, собрав из Божественных Писаний имена страстей, числом 298, без всякого порядка, прибавляет: «вот что нашел я в Писаниях; а расположить их по чину я не мог, даже и покуситься на то не решаюсь, ибо, по слову святого Лествичника, поищешь в злых ведения, то есть разумного их понятия и объяснения, и не обрящешь»[166].

Что касается до сих страстей в их приложении к каждому человеку, то постигнуть невозможно, как разнообразно и иногда уродливо их сочетание в одном лице. У всякого человека, работающего греху, самость с своими тремя порождениями и с некоторыми из пяти страстей всегда есть, только у одного преимуществует одна, у другого – другая. Вместе с ними качествует в нем и целое племя страстей по характеру и духу своей родоначальницы, которая разнообразится в людях по влиянию пола, возраста, состояния. Подробное указание возможных сочетаний было бы очень хорошим руководством к самопознанию, ибо человек должен знать и главную свою страсть, и все ее семейство в себе. В сем сочетании они иногда усиливают одна другую или одна другую ограничивают, отчего имеют место множество кажущихся добродетелей, которыми обыкновенно обольщают себя люди.

Как у кого разнообразятся страсти, это всего лучше объясняет его история. Всякий рождается на свет поврежденным, с самостию, или семенем всех возможных страстей. Что у одного это семя развивается преимущественно одною стороною, у другого – другою, это прежде всего зависит от темперамента, принимаемого от родителей, далее от воспитания, больше же всего от подражания, которое питается предлежащими примерами, обычаями, обращением или сообществом. Как дерево молодое, человек, среди сих обстоятельств, невольно наклоняется на одну какую-либо сторону, а потом, вступив в путь жизни и действуя в том же направлении, утверждается в нем привычкою, которая становится второю, как говорят, природою. И стал таким образом человек окачествован овладевшею им страстию или закален в ней, и вся его натура проникнута ею.

Установившийся в таком направлении сидит, как в темнице, в узах и выпутаться оттуда уже никак не может сам собою. Страсти те, или худы настроения воли, сами из себя составляют непроницаемый покров или крепкую ограду, не пропускающую к нему спасительного света Божия. И, *во-первых*, на каждую страсть есть круг предметов, ее удовлетворяющих, которые считает человек благом и обладание которыми поставляет последнею целию. Как с благами, он сорастворяется с ними душою своею, как бы химически, и живет в них; поэтому озреться[167] на себя не может, пока не придет иное начало, не сорастворится с его сердцем и не отвлечет его от них. *Во-вторых*, привыкши обращаться в кругу одних предметов, человек по необходимости как бы нападает на некоторые мысли, поблажащие его страсти и сокрывающие ее от ока совести. Из таковых мыслей составляются особые греховные начала, которые справедливо можно назвать предрассудками сердца или воли. Так, самолюбие держит в голове человека постоянную мысль, что он лучше других, скрашивает свои недостатки и кажет человека себе самому всегда хорошим. Удовольственность уверяет, что наслаждения так нам естественны, что без них быть нельзя; потому – что отказывать себе в них, когда сама природа расположила к ним? А рассеянность и ветреность не позволяют вникнуть и разобрать, в чем сила. У сребролюбия сколько прав! Нельзя прожить – береги про черный день, дом – яма и прочее, а между тем забота все гонит вперед и вперед. Гордость говорит: кому ж и занять те или другие должности? Если все станут отказываться, тогда что? уж поставлен на такой дороге, что ж сделаешь?.. А тут лезут в глаза некоторые добрые на вид свойства, поддерживаемые тоже страстию. В показанном сорастворении сердца с видимыми благами и в развратных началах, оправдывающих страсть, хотя видимо они предрассудочного свойства, лежит самая твердая преграда к действию благодати на сердце грешника и обращению его.

По влиянию сих причин ни один из обладаемых страстями не считает себя худым, не видит нужды в исправлении, не видит, что исправлять. На кого, однако ж, воздействует благодать, в том происходит существенное изменение в настроении воли. Сие изменение, как мы видели (в «О начале христианской жизни»), совершается, когда сокрушительным действием покаяния сокрушается самость, и человек, чрез веру в Господа Иисуса Христа, восходя к благонадежности спасения и решаясь работать Господу до положения живота, ради того в Таинстве Крещения или Покаяния непостижимо воссоединяется чрез Господа Иисуса Христа с Богом и становится причастником Божественного естества. Как прежде, отпадши от Бога, он остановился на себе и ради себя прилепился к тленному, так теперь, по обращении, отвергшись себя и всего тварного, он сердцем прилепляется к Богу. Отсюда – главные расположения воли у христианина суть: *самоотвержение* и ревность о пребывании в сообщении с Богом, или *любовь*:

1) *самоотвержение* есть отрицание самолюбия. Оно преследует все, на чем есть печать самости, ненавидит ее и отвращается от всех вещей, питающих ее; ставит ни во что все преимущества временные, телесные, внешние; изъемлет из всех вещей сотворенных свое сердце. В последнем отношении оно состоит, собственно, не в неимении или оставлении вещей, а в изъятии из них сердца, или в таком состоянии, по коему все они считаются как бы чуждыми, сторонними, не занимающими души и не привязывающими к себе; потому оно однозначительно с беспристрастием или бесстрастием, когда сердцу чуждо все, кроме Бога.

Будучи по природе своей отвержением самолюбия, оно и плоды приносит или рождает в нас расположения, совершенно противоположные тем, какие производит самость; именно:

– вместо гордости у самоотверженного *смирение*,– такое расположение, по коему он считает себя тварию самою ничтожнейшею, достойною всякого презрения и унижения; приписывая себе одни грехи, все доброе он относит к источнику всякого добра – Богу; он не усвояет себе никаких преимуществ пред другими, а всякого считает высшим себя. Это есть самоуничижение, соединенное с чувством своей бедности и слабости;

– вместо корыстности у него не только *бескорыстие и нестяжательность*, но и чувство *странничества*. Он ничего не называет своим, а все Божиим, себя же только приставником к имуществу Божию, отчего свободно общится им со всяким неимущим. Все, что есть у него, он считает только врученным ему на время, и дом, и земли, и села. В чувстве сердца он не имеет пребывающего здесь места, а взыскует града грядущего, почему все предпосылает в небесное свое отечество;

– вместо похотей и утех – *самоумерщвление* и *самоозлобление*. Нет скорби, какой бы он не считал себя достойным. Поэтому как живущий в грехе жалеет себя и обходится с собою, как с больным местом; так обратившийся к Богу гневается на себя и готов себя умучить; морит себя голодом, неспанием, трудом; рад, когда оскорбят или нанесут удары, и ненасытим бывает в самоозлоблениях;

2) *любовь к Богу*, или жажда пребывания в общении с Богом, как верховным благом, и успокоение в Нем, или сознание блаженства в Его общении, изливается в сердце обратившегося к Богу Духом Святым и к Богу устремляет все существо его. Сия любовь есть действительное вкушение богоблаженства, а не мысленное или воображаемое. Потому, кто недоумевает, как можно отрешиться от всего, тому надобно сказать: отрешиться от всего тварного, чтоб соединиться с Творцом,– значит переменить благо мнимое на истинное. Любовь есть необходимое дополнение самоотвержения или отрешения от всего. Вкусивший сладкого не хочет горького: и вкусивший Бога не захочет ничего, кроме Него. Следовательно, истинное самоотвержение современно богообщению.

Из сей любви или жажды Божественного, по роду ее, развиваются или водружаются в сердце следующие постоянные расположения, составляющие положительное начало христианской деятельности:

а) *хождение пред Богом*. Он зрит Бога пред собою, пред лицем Его действует, как бы по поручительству от Него. К Богу, вместе с сердцем, прикован и вниманием своим не сводит как бы с Него глаз. Посему и говорится, что живот его сокровен есть в Боге. Григорий Богослов говорит, что «меньше дышать, нежели как воспоминать о Боге должно»[168]. Посему некоторые сию память и старались привязать к дыханию[169];

б) *ревность к богоугождению*, или постоянное, усердное, искреннее исполнение всякой узнанной воли Божией, без укрывательства пред собою и без всякого послабления, хотя бы то стоило жизни. Она сопровождается заботливым узнаванием сей воли и скорым приступлением к ее исполнению сквозь все препятствия. Апостол Павел выражает это расположение словом: *гоню*;

в) *печаль по Бозе*, по коей, с одной стороны, он желает разрешиться, чтоб со Христом быть, чтоб скорее пришло для него Царство Божие, с другой – сетует о неполноте славы Божией в себе и других, отчего проливает слезы в беспрерывных почти чувствах покаяния. Таково свойство любящего, что ему хочется быть пред лицом любимого; оттого скорбно, если, живуще в теле, отходит от Господа;

3) отсюда само собою видно, что порядок жизни человека-христианина, или *образ его деятельности*, должен соответствовать сим двум коренным направлениям – самоотвержению и любви. Оно так и есть, по изображению святых.

Так, у христианина всегдашнее имеется:

а) *самопротивление* и *самопринуждение*, то есть он постоянно противится себе во зле и наклоняет себя на добро. Возникают худые движения – надобно их прекратить; нужно делать добро, а сердце не лежит – надобно себя к тому склонить. В этом состоит непрерывная борьба человека с самим собою. Постоянным в ней упражнением он наконец образует в себе доброго, охотно действующего человека, погашает зло и преобразует деятельность сил на добро[170];

б) так как не вдруг истребляется зло, а пребывает еще в человеке обратившемся, то ему заповедуется или свойственна *непрерывная бдительность, трезвение*, чтоб не пропустить чего, по невниманию, пагубного и не пасть. Он есть страж над самим собою бодренный, такой, который пребывает в беспрерывном ожидании нападения и тотчас мыслию прозорливою видит подступающего врага;

в) ему свойственно также и постоянное *напряжение сил с отгнанием всякого послабления*. Нельзя сказать: довольно напряжения; ибо иные, пять-шесть лет проведя покойно, возмущались и падали[171]. Посему истинный христианин всегда только начинает, думает еще, что не трудился, еще стоит в преддверии, не достиг. Мысль о послаблении себе есть самая убийственная. Поэтому велят: определи себя на труды и подвиги до конца жизни.

Очевидно, что сии последние расположения: борьбу, трезвение и напряжение без послабления, как совмещающие в себе самоотвержение и любовь, можно назвать средоточными или первоначальными и потому неточными. Чрез них развиваются после и расположения, вытекающие из самоотвержения, и расположения, происходящие из любви, а все в совокупности завершаются совершенным самоотвержением и совершенною любовию. Этим, можно сказать, характеризуется подвижничество, или ему указывается путь истинный и, вместе, истинное значение в жизни христианской.

Все, доселе сказанное, касается направлений воли, кои составляют сторону ее материальную. Но как рассудок, кроме материальной, имеет еще и деятельность формальную, так есть своего рода формальная деятельность и у воли. Определим ее коротко.

Деятельность воли непосредственно утверждается на пожеланиях. Ее дело – неопределенные и, так сказать, неокачествованные еще пожелания приводить в порядок, соглашать с своими целями, нуждами и существующим порядком, устанавливать поступки и начинания человеческие и начертывать целую систему правил для порядка общественной и домашней своей деятельности. Она то же в деятельности, что рассудок в познании.

В сей деятельности воли различают три части: *выбор, решимость* и *самое дело*. В выборе ищут, на чем остановиться; в решимости колебание желаний утверждается на едином, которое, по открытии средств, и приводится в исполнение на деле. Во всех сих моментах есть новые немалые разности у грешника с ищущим правды:

1) *выбор*. Что и как избирается? Надобно знать, что роды предметов уже определены предварительно. Они указываются главным характером жизни. Как один к тому только и обращается, что питает самолюбие, то есть или к утехам, или к интересам, или к отличиям: так, напротив, у другого все намерения устремляются единственно и исключительно к богоугождению; только *елика истинна и честна, аще кая добродетель и похвала, сия он помышляет* (ср.: Флп. 4, 8). Можно сказать, что сумма дел во всех видах у первого вся страстного и самостного свойства, тогда как дела другого все проникнуты самоотверженным стремлением к Богу. Исключения очень редки, и то, может быть, только по внешнему виду. Но здесь же основание различия и в *форме избрания*; ибо, тогда как один избирает между двумя предметами, из коих угоден тот и другой, избирает без напряжения и спора с собою,— другой, напротив, избирает не только одно добро из двух, но еще и наперекор восстающим страстным пожеланиям и помыслам; посему его выбор всегда есть плод борьбы и победы или сопровождается ими в большей или меньшей мере. Сверх того, первому часто бывает не нужно и избирать, ибо он действует по заведенному порядку, при коем нет нужды останавливаться, думать и рассуждать; у последнего не может быть заведенного порядка, а напротив, и дела обычные требуют всей внутренней деятельности, как бы они совершались в первый раз. Тот часто предается влечению желания и делает то, куда падает его воля сама собою. Этот зоркою мыслию всегда устремляется вперед и из предлежащего избирает только то, на чем видит отражение воли Божией. Тот, по самоуверенности и заносчивости, часто позволяет себе действовать наудачу, ожидая, что все, что будет сказано и сделано от его высокого лица, будет хорошо и достойно всеобщего одобрения. Этот ни на минуту не позволяет себе оплошности и со всем вниманием и добросовестностью рассматривает

каждое, даже малое, обстоятельство и не иначе приступает к делу, как по ясном сознании на него воли Божией. Тот часто избирает потому только, что ему хочется, по своенравию и развращению своей воли, тогда как следовало бы во всем покоряться расчету и указаниям рассудка. Этот имеет постоянное направление, враждебное своей воле, почему и подавляет ее восстания при первых возникновениях. От этого как тот воспитывает своими выборами или безвыборностию своенравие и непокорность, так этот образует в себе разумное послушание и охотную покорность воле Божией;

2) *решимость* – это внутренний акт воли мгновенный, измеряемый непоколебимостию желания, а не длительностию или направлением; почему одинаков, можно сказать, к какому бы роду дел ни относился. Должно, однако ж, различать некоторые действия, предшествующие и сопутствующие ей. Известно, что после выбора, на переходе к решимости, происходит склонение сердца и воли к предмету. Но у одного это склонение часто предшествует уже выбору, всегда почти решает его, по крайней мере, только ждет его конца, чтоб исторгнуться из сердца, почему никогда не заключает трудности, не требует особенного напряжения и почти не составляет особенного акта. У другого расположение сердца к предмету не столь естественно, по крайней мере в первых опытах, не может быть мгновенно, есть дело не беструдное, иногда не недолгое, есть особый акт, требующий всего внимания и напряжения. Посему здесь часто делают, не успевши склонить сердца, и наперекор ему, и с болезнию его. Эта покорность и гибкость сердца приобретается продолжительными потовыми трудами.

У одного мера желания есть мера надежды. Ему кажется, что дело задуманное уже в руках. Движением крови возбуждаемая жизнедеятельность приводит ко мнению о достаточности сил своих к выполнению начинании своих без сторонней помощи; поэтому здесь дела совершаются сколько с жадностию, столько же и с самоуверенностию. У другого не так. Без отуманивающего жара желания, при нехолодном намерении, по разумном избрании, с ожиданием препятствий и опасностей внутри и вне, степенно, без самонадеянности приступают к делу, напрягая все свои силы, но благоуспешности ожидая единственно от помощи и благословения Вышнего.

Доселе как будто все выгоды на стороне первого, но с сей точки, то есть с акта решимости, начинается поворот. Решимость есть акт мгновенный, внутренний, однако ж имеет разные степени силы и твердости. Сия твердость не может быть определяема мерою предшествующего желания. Она есть плод всецелой твердости духа, а не кипучести одной силы,— воли или сердца. Если у первого нет целости духа, то решимость его не может доходить до той силы, на какой стоит она всегда у последнего. Можно сказать утвердительно, что у первого решимость всегда бывает колеблющеюся, у второго, напротив, она непоколебима, ибо от чего иного у первого, как вообще, так и в частности, есть робость, неустойчивость, особенно — когда в исполнении требовании или предприятии нужно бывает потревожить его чувствительнейшие стороны. Последний идет мужественно пред царей и владык, на муки и смерть,— отчего? От твердой решимости, ибо она у него есть сила непоколебимая. После сего кому должно приписать в высшей степени терпение в делах? Последнему. Первый сам слаб и дела свои вести покушается более чужими руками;

3) *дело* — естественный плод выбора и решимости. Но до него еще избираются средства, и дело соображается с обыкновенным порядком жизни, где берется во внимание свое лицо и другие лица и вещи. В производстве сих занятий первый не раздумывает пользоваться и законным и незаконным, второй — только законным; тот прибегает и к хитростям, последний действует всегда открыто и искренно; у того внимание обращено более ко внешним отношениям, у сего — ко внутренним; у того политика, у сего духовная мудрость; тот отстаивает более себя, сей — славу Божию, святую веру и спасение вечное; у того в виду только дело, у сего и многоплодность его; у

того средства только положительные, очевидные, у сего нередко таинственные, внушаемые верою; тот страшлив, сомнителен,– сей, уповая, ходит[172] и прочее.

Самое дело характеризуется предметом, целию и средствами, но и в его производстве могут таиться немалые разности. Так, у первого нужнейшими делами считаются дела, клонящиеся к удовлетворению страстей, у последнего – дела спасения; в отношении к сим последним делам тот недугует отлагательством, сей спешит к ним с неудержимым рвением; тот если попускает их, то только внешно, сей всегда влагает в них и сердце. Все поведение их от утра до вечера противоположно, если сличать его в одни и те же часы. У первого дела только на вид, у второго дела основательные и плодовитые. Следствия дел: у первого вместе с делом кончается всякая радость и веселие, у последнего она здесь или начинается, или возвышается; там сделанное дело вкореняет страсть или навык к подобным же делам, здесь оно укрепляет намерение, не связывая свободы; там часто за делом следует внешнее одобрение с внутренним стыдом, здесь – нередко неприятности вовне с одобрением внутренним; там следствия хорошие усвояются себе, худы другим, здесь худы приписывают себе, хорошие другим; там за неуспешность рвут себе волосы, здесь всё предают Богу, от Которого и ожидалось всё.

Частыми делами в одном роде образуются наклонности, или постоянные расположения. Какие это у того и другого, уже было показано.

в) О низших пожеланиях

Наконец, и в низших пожеланиях у людей, Богу работающих, и у преданных греху немало разностей. Есть у нас потребности. Их немного, и они вытекают из устройства существа нашего. Предметов на каждую потребность может быть много, как например, на удовлетворение потребности питания сколько яств и разного рода питья? Коль скоро изведан предмет, он становится предметом и пожелания, всякий раз, как возбудится потребность. Частое удовлетворение одного и того же желания образует склонность. И так пожелания стоят на переходе от потребностей к склонностям. Посему, хотя кажутся незначительными, имеют, однако ж, великую силу в жизни.

Их можно определить так: это – склонения воли к тому или другому предмету, под видом приятного, по представлению чувств и воображения. Здесь сейчас же видны и точки различия их у добрых и недобрых.

Как потому, что пожелания обращаются более к чувственно-приятному, которого седалище, как видели прежде, в теле, так и потому, что они возбуждаются чувствами, способность сия у одних погрязла в чувственность, сделалась плотскою, животною (см.: 2Пет. 2, 12–13), представляя самое очевидное свидетельство унижения и развращения человеческого. У других, которые, вместо удовольственности, питают жажду к самоозлоблению и самостеснению, сии пожелания в нужных случаях вставляются в самые необходимые пределы, в ненужных подавляются, в позволительных, или, как говорят, в невинных удовольствиях, если и послабляются иногда, как показал примером лука Антоний Великий[173], то тут же строго и блюдутся и употребляются больше не в наслаждение, а в обман, так сказать, тела и чувственности. Вообще же они здесь отвлекаются от чувственности и приучаются к предметам духовным, в созидание духа, а не разорение. Это пожертие плотского духовным доходит у некоторых до того, что, вместо свойственной приятности от чувственного, чувствуется отвращение и неприязнь к нему, даже, например, ко сну и к питанию. Посему если и низшая воля обнаруживается в двух действиях: желании и отвращении, то они содержатся в обратном отношении у добрых и недобрых. Где желание одного, там отвращение другого, и, где отвращение одного, там желание другого.

Другие отличия зависят от связи пожеланий с воображением. Образ предмета вызывает желание тем живейшее, чем живее он вообразится. По сему, так сказать, заговору пожеланий с воображением некоторые из свойств последнего естественно переходят на первые. А тут и разность. Так, у первого воображение беспрерывно играет образами, и как последние у него бесчисленны, разнообразны, смятенны, изменчивы, то и пожелания у него бесконечно разнообразны, большею частию смятенны, как и мечта, и изменчивы до прихотливости и причудливости. Воображение у него движется само собою, по законам сцепления образов; и пожелания у него тянутся некоторою привычною чередою, механически, как бы без ведома, и сами собою одно другое вызывают, одно другое посекают. У него владычествует воображение, и он живет в нем или в его мире, как в стихийном каком составе, и высвободиться из его обаяний[174] не в силах. Раб он есть своих пожеланий. Они мятут его беспрерывно и держат как в каких тенетах. От этого он переходит только от желания к наслаждению и от наслаждения снова к желаниям.

У другого, напротив, все это зло отсечено, вместе с приведением в порядок воображения. Сначала с пожеланиями, как и с помыслами, учреждается борьба и ведется с трудом и скорбию, но не без успеха. Наконец, и пожелания умиряются. Потому здесь не найдешь ни смятения их своенравного, ни владычества над свободою, ни механического движения. Они подчинены высшей власти и ею правятся. Можно даже сказать, что и рождаются уже по указанию сей власти, а без того молчат или лежат в своих потаенных заклепах.

Вот еще одна черта различия. Пожелания стоят на переходе от потребностей к склонностям и условливают их образование. У первого это неизбежно. Но если склонность делает насилие потребности, заковывая ее в определенную форму, и ее искажает или дает ей неверное, неестественное направление, то и должно заключить, что у первого потребности и природа находятся в насильственном порабощении. Наоборот, у последнего, с укрощением пожеланий, пресекается переход к склонностям. Посему последние естественно должны слабеть и истощаться, а от сего потребность приходит в естественное состояние. Укрощением пожеланий природа высвобождается из теснящих ее уз и поставляется в свой чин.

Итак, коротко: деятельные силы или деятельная желательная сторона духа нашего у тех, кои пребывают в отдалении от Бога и предаются греху, отклонилась от высшего, духовного мира, которого законы, открывающиеся в совести, то затемнены, то искажены, затем приняла разнообразные эгоистические расположения или превратилась в страсти и наконец предалась владычеству пожеланий смятенных, нестройных, призрачных. У человека, обратившегося к Богу, Божественная благодать врачует сие низвращение. Она печатлеет в совести Божественные законы, потом, соответственно им, изменяет и преобразует и расположения воли; пожелания же низшие умиротворяет или даже подавляет, но, во всяком случае, подчиняет и отдает на распоряжение самому человеку.

3) О силах чувствующих, или сердце

Тогда как умом человек хочет все собрать в себя, а волею себя выразить вовне, или извести наружу в делах богатство своего внутреннего стяжания,— сердце пребывает в себе и вращается внутри, не исходя. Видно, что оно лежит глубже тех сил деятельных и составляет для них как бы подкладку или основу. Однако ж в сем положении оно не то же для них, что сцена для действующих на ней лиц, а само принимает живое участие в их движениях. Они отражаются своею деятельностию в сердце, и, обратно, сердце отражает себя в них. Посему оно справедливо почитается корнем существа человеческого, фокусом всех его сил духовных, душевных и животно-телесных. Имея такое значение в человеке, оно исключительное значение должно иметь и в отношении ко всему, что вне его, ибо человек состоит в связи со всем сущим. Сия связь не может инуды[175] утверждаться, как в центре его существа, подобно тому как связь в часах утверждена на соотношении центров всех колес их. Если центр существа человеческого есть сердце, то им он входит в связь со всем существующим. В этих двух отношениях и надобно определять разные состояния сердца, то есть: б) как центра сил и: а) как точки соприкосновения со всем сущим вне нас.

а) О сердце как точке соприкосновения или седалище симпатии

С чем имеем живой союз, с тем быть вместе нам приятно, в кругу того мы как в своей стихии, иначе – мы имеем к тому живое сочувствие. Если всё, что вне человека и с чем он может иметь живой союз, есть Бог и Божественный порядок вещей, мир духовный и мир вещественный: то они и составляют как бы три области, в коих пребывать должно быть приятно человеку, с коими он должен иметь сочувствие. Каково же оно?

Услаждение Богом и сочувствие с миром Божественным у человека-грешника заглушено и извращено. Вот некоторые признаки того: Бог объемлет человека, носит его силою Своею, питает его щедротами благости Своей, а он того не чувствует. Следовательно, его сердце для Божественного онемело, замерло, не принимает впечатлений от него; если же не принимает впечатлений и не вкушает его, то не может иметь и влечения к нему, как к неизведанному, не может обнаружить, что ему сладостно пребывать в нем, что оно ему сочувствует, ибо нельзя человеку сказать, что он находит приятность быть в том или другом месте, среди тех или других вещей и лиц, когда он не был там и не видал их. Что такое неведение или безгласность симпатии есть, это очевидно, ибо почти повсюду. Для грешников Божественное есть земля неведомая, и при вопросах они не могут сказать, хорошо ли там или худо, разве только предположительно иной скажет что, без убеждения и силы; а скажет ли кто, как там хорошо, об этом и спрашивать нечего. Это первое.

Во-вторых, кто вкусит сладкого, тот не захочет горького. Что сладостнее Божественного? Потому не оно ли должно бы поглощать всего человека, заглушая собою все другие ощущения? Необходимым следствием живого союза с Богом должно бы быть бесстрастие ко всему другому. Сердце есть сосуд: если его всё наполнить Божественным,— где место другому чему? Если теперь найдется сердце с сильными пристрастиями к чему не Божественному, то о нем надобно сказать, что оно потеряло сочувствие к сему миру, отделено от него. Сердце же грешника всегда пристрастно к чему-нибудь, потому что страстно. Оно вообще любит услаждаться чувственным, греховным; но в нем всегда есть один какой-нибудь предмет, в который оно входит все, в котором пребывает денно-нощно, который раскрашает многоразлично в мечтах дневных и сновидениях ночных; есть, то есть, нечто, что заменяет Бога и, как истукан, стоит в глубине сердца, в самых сокровенных и потаенных его изгибах, чтоб одному им любоваться. Всякий страстный есть, по существу дела, идолопоклонник.

Наконец, если Божественное неведомо, а напротив, сладостно другое, противоположное, то, при встрече образов Божественного, человек-грешник должен или быть к ним равнодушным, как к предметам сторонним, или ощущать беспокойство от присутствия их, чувствовать себя здесь как бы не в своем месте, отвращаться и бежать. Отчего грешнику не хочется участвовать в священнодействиях, быть в церкви, слышать пение, смотреть на святые изображения, слушать слово Божие, читать духовные книги или молитвы? Все это для него предметы неприятные, отревающие от себя; они ему не по сердцу, не принимаются им, не питают его, а мучат. Сердце имеет свойство упругих тел. Как сии, при натиске совне, отталкивают предметы, так и оно еще больше отревает от себя Божественное и само отревается от него, при насильственном соприкосновении с ним. Как вода извергает палку, вертикально погруженную в нее, так оно спешит освободиться от того, что входит в него совне – из другого мира.

Человек же, к Богу обратившийся и приявший Божественную благодать, вместе с тем воспринимает и сродство свое с Божественным, как рожденный от Бога, в Боге и мире Божественном пребывает, будучи, как говорит Макарий Великий, восхищен в оный век. Вкусивши, сколько благ Господь, познал он и сладость, свойственную Божественным вещам. При самом первом обращении к Богу принимает он решительное намерение подавить и искоренить в себе всякое пристрастие и к тому обращает всю внутреннюю свою власть и всю силу, принятую от Бога. Сначала борьба, а потом и свет бесстрастия или земное небо бывает в нем или восходит на него, как говорит святой Лествичник. Но это уже в последних степенях совершенства. Чтоб воспитать такое расположение, прямо по обращении он окружает себя предметами, отражающими Божественное, и назначает занятия, способные питать духовные чувства,— каковы: молитва, богомыслие, богослужение, чтение слова Божия и прочее. Отделивши себя ими от всего земного и внутри силою духа подавляя земные чувства, он мало-помалу успевает отрешиться от всего и приучается вкушать Божественное и в нем предвкушать вечное блаженство. Это и должно иметь в виду при образовании сердца по духу христианской жизни — оживить сочувствие с Божественным, сделать, чтоб человеку было приятно обращаться в мире том, чтоб он был в нем, как в своей стихии. Иначе – оно причинит страдание, а не блаженство. Грешнику и в раю мука нестерпимая.

Теперь о сочувствии с миром духовным, то есть с Ангелами и людьми (ибо тело что в человеке?). Что значит страх при появлении святых Ангелов, страх сокрушительный, болезненный? Это больше, нежели то, если б они были чужды нам или были иной совсем природы. Где же сродство и сочувствие? И это еще у людей, как опыты показывают (в Ветхом Завете), хотя воспитываемых в плотских началах, однако ж по Божию устроению. Людям же грешным они, можно сказать, и не являются затем, что они не вынесут их присутствия. Другой, еще больший признак отчуждения, есть неверие в бытие их.

Если уже мысль об них не вмещается среди мыслей, то что сказать о сердце, которое еще глубже мыслей? Чему не верит кто, то неприязненно отвергает, то ему не по сердцу. Не должно ли потому в грешниках, по крайней мере, некоторых, главных, положить враждование и неприязнь к ангельскому миру, а не только отсутствие сочувствия? И в отношении к людям то, что с первого взгляда всякий почти нам кажется чужим, что от него к нам от нас к нему несет холодом и потом после на все время остается в нас равнодушие к нему,— не означает ли потери симпатии? Редкие исключения из сего не противоречат общему выводу, а напротив — еще больше показывают извращение сочувствия. Бывает мгновенное сочувствие и сроднение с некоторыми лицами, без предварительных сношений; но, кроме того, что тут часто кроются великие ошибки даже на гибель человеку, оно всегда почти есть плод отражения подобного в подобном. Равнодушие не всеобще, ибо к некоторым питается пристрастие; но и оно дышит неправдою и ведет всегда к неправде. Сверх того, что значат антипатия и ненависть, по которым одни без всякого повода, другие вследствие взаимных сношений не могут показаться друг другу на глаза; что иное значит это зверство, по коему находят удовольствие в погублении других, как не решительное извращение сочувствия к людям? Отделившись таким образом от сродных себе братий, чем любуется человек? где проводит время с удовольствием? среди чего пребывать ему сладостно? Он там только в своей стихии, где видит отражение своего лица, с радужным его осиянием, в вещах ли или лицах, например среди произведений своего ума и деятельности или среди суетных вещей, коими можно привлечь на себя взоры людей, или среди людей, при посредстве которых может питаться его самодовольство и прочее. Видно, что от других он возвратился в себя и себе одному сочувствует.

В человеке, к Богу обратившемся, благодать врачует и сей недуг. В самоотвержении полагается семя ненависти ко всему тому, на чем есть след нашего я; а это не привлекает, а гонит самоотверженного от себя самого. Сначала это бывает не так легко и совершается более с насилием, а потом обращается в естественное как бы чувство. Далее, мера погашения страстей есть мера сроднения его с человечеством и Ангелами. Сначала напрягается он думать и чувствовать, что *несть Иудей, ни Еллин, несть раб, ни свободь, ни мужеск пол, ни женск* (ср.: Кол. 3, 11), а наконец доходит до того, что, подобно Макарию Великому, желал бы все человечество обнять единым объятием и считать родным последнейшего в свете человека. Что касается до его отношения к ангельскому миру, то он живет как бы в нем: бывает, что часто видит Ангелов, питается от них, видит их при других, слышит их поющих, и все это с таким восхищением и радостию, что даже положено правилом отличать бесов, преобразившихся в Ангела светла (см.: 2Кор. 11, 14), от истинных Ангелов — по той радости и миру, который остается при сем на душе. Из этого видно, что сочувствие с духовным миром Божественною благодатию вполне восстановляется в человеке, оставляющем грех и обращающемся к Богу.

Сочувствие с миром вещественным очень живо сознается всяким; особенно сильно оно бывает во время весны и лета, как со всею природою, так и более с живою, органическою тварию. Но и здесь уже с первого раза не показывает ли, по крайней мере, его неправильного направления то, что оно одно между другими сильно, тогда как ему следовало бы быть слабее других. Опять, что значит порабощение живых тварей выгодам животной нашей экономии, когда они подвергаются терзаниям и мучениям без всякой жалости? Или что значит привязанность человека исключительно к одному месту и климату, тогда как он, по назначению, мог бы с радостию жить везде? Это — извращения сего сочувствия, а то, что он иногда никаких не имеет чувств в отношении к природе, свидетельствует о его онемении.

Неважно, если у людей, Богу угождающих, остаются подобные явления. Однако ж без труда везде почти, как видно на опыте, прекращаются терзания животных и – именно по сочувствию; видна, без боязни за жизнь, готовность пребывать во всяком месте на земле (см.: Василий Великий), способность чувствовать покой при хладе и зное, тем больше – потребность жить и дышать природою не в угодность плоти (см.: Антоний Великий), радоваться творениям Божиим, с веселием и восхищением ходить среди них. Всё это – очевиднейшие признаки возвращения или исцеления сочувствия к миру вещественному. При всем том, опять, эта особенность не такая, чтоб о ней можно было жалеть, если б ее и не было. Ибо главное в человеке – дух, а он может поглощать плоть со всеми ее благовидными движениями; к тому же и в самой природе теперь не всё так, как бы следовало быть.

б) О сердце как центре сил существа человеческого

В сердце отражаются своею деятельностию все силы существа человеческого на всех их степенях. Следовательно, в нем должны быть чувства: аа) духовные, бб) душевные и: вв) животно-чувственные, которые, впрочем, и по образу своего происхождения, и по своим свойствам так разнятся, что и самую способность чувствовать надобно полагать в трех видах.

аа) Сердце как приятелище и вместилище духовных чувств

Такие духовные чувства суть те изменения в сердце, кои происходят в нем от созерцания или воздействия на него предметов из духовного мира. Совокупность их можно назвать *чувствованиями религиозными*.

Так как душа грешная отделена от Бога и мира Божественного, то чувств религиозных в истинном их виде в ней быть не может. Их и нет почти. Это лучше всего видеть из сравнения состояния сих чувств в человеке-грешнике и истинном христианине. Так, неточное чувство зависимости от Бога у первого находится в разных степенях слабости до совершенного исчезновения или даже отвержения: отойди от нас; а у другого оно столько сильно, что он чувствует на себе руку Божию, чувствует, как Он держит его Своею силою. И вера есть чувство. Первый предположительно знает о бытии предметов веры, если не успел погрязнуть в неверие; другой верою живет и утверждает ее царство, как свое бытие. И далее, разные, верою изливаемые в сердце, чувства, из ощущения благости, правосудия, могущества, промышления, как то: страх, благоговение, преданность в волю Божию, упование, любовь и другие – уже по тому самому не могут или совсем быть, или быть в силе у первого, что в нем недостает веры,– их источника. Они у него суть только мысли и представления, а не ощущения. То же должно сказать о благодарении, славословии и даже молитве. А у второго все сии чувства составляют, можно сказать, естественную стихию, в коей он живет. Вся жизнь его слагается из перехода от одного из сих чувств к другому. Живущему в Боге свойственно быть полну чувствами, истекающими от действия Его на душу. Что сказать о чувствах, в продолжение самого изменения на лучшее происходящих в душе и составляющих естественный оного состав и следствие, как то: о сознании своей виновности пред Богом, стыде пред Ним, раскаянии, жаре ревности к богоугождению, чувстве помилования во Христе Иисусе Господе нашем и спасения ради Него? Это исключительное достояние людей, к Богу обратившихся и Богу работающих. Кто может ощущать сладость того, чего не принял, не вкушал?

Но, как на очевиднейшую особенность, должно указать на следующие обстоятельства:

1) нельзя сказать, чтоб у грешника не было никаких религиозных чувств; но главный их тон есть чувство отревающего страха, чувство некоторым образом болезненное, беспокойное, вследствие коего не хотят или даже боятся вознести мысленные свои очи на небо к Богу и ходят, как под прикрытием непроницаемого некоторого

свода, в темном богозабвении. В работающем Богу, напротив, главное чувство есть чувство сыновства Богу, чувство прилепляющее, сладостное, всего человека к Богу восхищающее и повергающее его в лоно Его беспредельно-благое. О сем чувстве неоднократно и пространно внушают Апостолы, ибо они были им преимущественно исполнены;

2) затем, вся жизнь первого проходит в некоторой безнадежной страшливости или нерешительности в делах. Уповает он только на очевидное, то есть на прямые способы, какие доставляются наличными силами его и пособиями других лиц, вообще не на Бога уповает, а на что-нибудь вне Бога. А это, кроме того, что означает извращение его религиозности внутренней, его самого содержит среди томительных сомнений, страхований. Другой, напротив, уповая ходит. Не отказывается и он от естественных средств, но их сила, по нему, зависит от Бога, и, если есть какой в них недостаток, он не задерживается тем в деятельности, а несомненно просит и получает. Близ Господь, Который сказал: все, что попросите с верою, *приимете* (Мф. 21, 22). Это свойство особенно раскрыто святым Исааком Сирианином в Словах о трех степенях разума[176].

бб) Сердце как вместилище душевных чувств

Чувства душевные суть те движения сердца, кои происходят в нем вследствие изменений, происходящих в душе, от свойственной ей деятельности. Они разделяются на *теоретические, практические и эстетические*, поколику, то есть, происходят от воздействия рассудка и воли или суть следствия вращания сердца в себе самом, или в своей области.

Теоретические чувства рождаются из отношения сердца к познаваемым истинам. Здесь потребностию знать рассудок возбуждается к деятельности, а потом, в конце своих трудов, плод их слагает в сердце. Первое есть любознательность, последнее — чувство истины в разных степенях. Сюда относятся разные степени убеждения и разные виды неубеждения, как то: несомненность, сомнение, вероятие, неверие, отвержение, недоумение и прочее. Уже с первого раза видны разницы в сем отношении, ибо кто томится неверием или сомнением или упорствует в отвержении истины? Человек, отпадший от Бога, Который есть истина. Притом, до познания ли истины ему, когда он обложен суетами? Такого, даже если он трудится над науками, можно подозревать — искренне ли его любознание? По любви ли к истине все у него делается или ex officio[177] и по каким-нибудь сторонним побуждениям? Как мало, сверх того, у него вкуса к истине, уменья и желания наслаждаться ею,— видно из свойственной ему лености, бегания умственного труда, владычества в нем воображения, легкомыслия. Особенно надобно обратить внимание на силу убеждения в истине. Убеждение есть следствие проникновения сердца истиною. Сердце, пребывающее во лжи, не пустит в себя истины. Итак, бывают ли у грешника несомненные убеждения в истине? Нет; по крайней мере, смотря на неоднократные опыты, как один и тот же легко перебегает от одних начал к другим,— можно подозревать его в том. Притом, где же плод убеждения, если он есть? И опять, что значит, что у человека, отшатнувшегося с доброго пути, на коем был, тотчас выпадают из сердца очень многие убеждения и он никак не может воспроизвести их в себе, пока не возвратится на прежний путь? Также, недостаток ревности стоять за истину от чего другого, как не от слабости убеждения? Из таких фактов можно вообще вывести заключение, что у грешников или мало, или совсем нет несомненных убеждений.

Совсем другое у тех, кои от тьмы греха обратились к свету Божию. Жажда истины, можно сказать, первая у них жажда; у них слово Божие непрестанно в устах и мысли. Сладость истины кто знает, как не они, когда живут в истине? Исчадий неверия и сомнения у них нет, а напротив, сила убеждения срастается с их бытием, отчего знаемое тотчас переходит в дело, и за истину они готовы отдать самую жизнь и – отдают, когда нужно.

Приложим еще одно замечание. Чувство истины – способность сердцем, без пособий сторонних, узнавать истинный порядок вещей, истинные их свойства,– свойственная природе человека,– способность удивительная, у первого заглушена совершенно, у второго же оживает, усиливается и наконец является во всей своей силе. Так, по одному чутью узнают брата, врага, друга, сыновей, нужное лицо и то, как в каком случае поступить.

Чувства практические суть те движения сердца, кои состоят в существенной связи с деятельностью воли и то возбуждают ее, то сами последуют за нею. Их, можно сказать, два рода: чувства самости (эгоистические), приятные и неприятные, и разного вида расположения к людям, добрые и недобрые (чувства симпатические). Первого рода суть: самодовольство или самопрезрение, самовозношение, самоуничижение, надменность, спесь и прочее. Второго: равнодушие, из которого, с одной стороны,– уважение, соревнование, сорадование, соболезнование, сожаление, признательность, дружба и прочее, с другой – зависть, злорадство, месть, ненависть, вражда, презрение, осуждение и прочее. Впрочем, всякое вообще настроение духа постоянное оставляет след в душе глубокий, почему отзывается в сердце чувством одобрительным, если настроение хорошо, неодобрительным, если оно худо. Теперь с первого раза уже видно, каковы должны быть сии чувства у добрых христиан и у недобрых грешников. У первых должно положить все чувства добрые, с самого начала их пути, если не во всем совершенстве, то в семени. Трудом и подвигом они высвобождают добрые чувства из уз эгоизма, очищают и насаждают их в сердце. Апостол говорит им: *облецытеся во утробы щедрот, благость, милосердие, кротость* (ср.: Кол. 3, 12) и прочее. Одежда же духа есть осеняющее его чувство. Что касается до чувств эгоистических, то нельзя сказать, чтоб они не возникали, особенно сначала; но им не дается силы, установляется противодействие им, принимаются средства к изгнанию их, и, действительно, они изгоняются из души всякий раз, как возникают. Подвиги, труды, молитвы наконец подавляют их и на место их напечатлевают противоположные им чувства. Все дело состоит в том, чтоб внедрить в сердце добрые чувства, ибо что есть в сердце, то есть пред Богом.

У беспечного грешника нет такого разделения. Как он свою жизнь предал обыкновенному течению, то и чувства у него, и добрые и злые, развиваются и укореняются в сердце вместе, без его ведома, и составляют смесь иногда очень странную. Они исторгаются из его сердца при случае сами собою, без чина и порядка. Как ревности о чистоте чувств сердечных у него нет, то он и не напрягается дать перевес чувствам добрым, а оставляет их самим себе и большею частию искажает пристрастиями и страстями. Судя по сему, нравственная цена их ничтожна. Напротив, чувства эгоистические у него глубоко лежат в сердце и там устрояют себе жилище постоянное. Можно сказать, нет минуты, в которую он не имел бы на душе или самодовольства, или, если нет ему пищи, досады на себя и прочее. Это случайность, если они когда-либо заглушаются в сердце, что большею, впрочем, частию бывает от прилива естественных симпатических чувств к родным и приятелям.

Есть еще между практическими чувствами особенная способность, с одной стороны, ощущать сладость добра очевидного, с другой — сердцем узнавать доброту сокровенную, без внешних пособий. То и другое, поколику означает совершенство духа, не может быть в грешном сердце в своей чистоте, а разве только в слабых оттенках или легких соуслаждениях закону. У доброго христианина сия способность является во всей силе. Кто лучше его может осязать красоту добродетели? Доброту же и худобу поступков и сердец других он узнает нередко по непосредственному осязанию духовному.

Эстетические чувства суть те движения сердца, кои происходят в нем от действия на него особенного рода предметов, называемых изящными, или прекрасными.

Здесь сердце наслаждается предметом потому только, что он сам по себе хорош, нравится и услаждает без особенных его отношений к личным нашим интересам. Сила, лежащая в основании сих чувствований, называется вкусом. Разнообразие чувств в нем зависит от свойства предметов, но определять их и различать одно от другого очень трудно; посему они и имена свои получают от предметов и суть чувства изящного, высокого и прочее. Опять, есть свои оттенки в чувстве красоты картины, статуи и прочего. Изящным вообще называют удачное и разительное выражение в чувственной форме чего-нибудь духовного, то есть мысли, чувства, добродетели, страсти. Очевидно, что внешнее здесь малозначительно и главное – внутреннее, то, что выражается. По различию сего внутреннего содержания должно различать и вкусы. Их два вида: один – истинный, любящий надлежащее содержание изящного, другой – ложный и извращенный, любящий ненадлежащее его содержание. Теперь вопрос: какое надлежащее и какое ненадлежащее содержание изящного?

Что такое идея или чувство изящного? Оно есть или воспоминание о потерянном рае, или предощущение будущего Небесного Царствия. Если изящные предметы строятся под руководством сего чувства, то вот и источник содержания для них! Изображай райское, святое, небесное. Эту землю плачевную преврати в преддверие неба твоим искусством. Если человека повсюду окружают предметы земные, ради коих он может забывать о небе – своем отечестве; то окружи его такими искусственными произведениями, которые напоминали бы ему о нем, подобно тому как иные, живя в чужой стране, окружают себя изображениями своего города, дома, родителей и прочего. Мир,– творение Божие, преисполнен отражениями Божественных свойств, но там они в такой широте и необъятности: собери их в малый объем и представь умному взору человека слабого в картине или музыке. Опять,– что должен человек образовать в душе своей в жизни сей? Святые и небесные расположения. Дай же ему в помощь и внешний лик сих расположений, чтоб тем успешнее он мог внедрить их в себе. Из всего этого видно, что главным содержанием изящного должны быть предметы мира духовного. Само собою разумеется, что им должна соответствовать и внешняя форма. Если теперь изображаются страсти, и преимущественно плотские, изображаются в свойственном им бесстыдстве и приманчивых видах, или если изображаются и добрые предметы, но в формах, недостойных их: в таком случае изящное извращается. Теперь легко судить об истинном и ложном вкусе: истинный вкус наслаждается предметами, выражающими мир духовный, нравственный, Божественный; извращенный вкус любит наслаждаться предметами, изображающими страсти или вообще оттененными страстию и питающими ее.

Как, теперь, должен быть извращен вкус у грешника, видно из настроения его души, которая в нем исполнена страстей и предана похотям. Он не найдет красоты в духовном. Не без удовольствия иногда смотрит он и на картины духовные, но только если они оттенены по его духу, равно и пение церковное готов слушать, но если оно имеет молитвы страстные. Ему везде скучно, где не встречает он предметов одного с ним духа. И напротив, как цел вкус у живущего по духу Христову! Как в себе, так и вовне он не любит видеть и тени страстей, преследует их и гнушается ими. С другой стороны, как внутри напрягается он чувствовать свято, так и вовне любит смотреть только на предметы святые и, коль скоро встретит их, один почти умеет оценить все их достоинство и все совершенство.

Таким образом, грех извращает и предметы изящные, и самый вкус; напротив, христианство и изящное восстановляет, и вкус врачует. Как, в познании, худое направление рассудка извращает разум, худое направление воли извращает совесть,— так здесь худое направление вкуса извращает духовные чувства.

вв) О низших, чувственно-животных чувствах

К чувствам, стоящим на низшей степени, относятся скорые волнения или поражения сердца (affectus[178]), погашающие самодеятельность рассудка и воли и сопровождающиеся особенными изменениями в теле. Большею частию сии волнения, происходя в низшей части, суть следствия нечаянного встревожения эгоистического животолюбия, при обстоятельствах ему благоприятных или неблагоприятных. Потому иногда их все относят к животно-чувственной части человека. Их разделяют по разрушительным действиям их на высшие силы человека. Так, одни погашают ясность сознания, как то: удивление, изумление, увлечение внимания, испуг; другие подрывают волю, как то: страх, гнев, ретивость; третьи, наконец, терзают самое сердце, которое то радуется и веселится, то скучает, скорбит, досадует и завидует, то надеется и отчаявается, то стыдится и раскаявается или даже попусту мятется мнительностию. Можно судить по одним именам их, какие это злодеи для человека; тем больше такими их должно признать, судя по действиям. Они возвышаются на счет собственно человеческих свойств – сознания и самодеятельности, а следствием своим всегда почти имеют неестественное состояние тела. Это – болезненные потрясения всего человеческого существа. Уже это одно должно наводить на мысль, что им хорошее место только в человеке-грешнике. Болезни должно отнести туда, где есть источник болезней. И действительно, тогда как в грешнике высшие духовные чувства заглушены, а душевные извращены, низшие свирепствуют в нем во всей своей силе. Этому способствуют потеря власти над собою, предание себя общему влечению обстоятельств, неуправление ни внешним своим, ни внутренним,– составляющие постоянное свойство грешного человека. Кроме того, расстроенное состояние рассудка и воли, без того слабых, подвергает их легко власти сих нечаянных поражений и волнений. Наконец, владычество буйного воображения, мятущего внимание, возмущающего желания, легко волнует и сердце. Грешник как бы неизбежно в непрестанных тревогах. Нет в нем силы, которая бы защитила его от их злого влияния. То страх, то радость, то тоска, то стыд, то огорчение, то зависть или другое что непрерывно мятут и уязвляют душу его. Жизнь грешника есть путь по колючим тернам, несмотря на внешнюю светлую обстановку. Напрасно придумывают некоторые механические средства против страстей или толкуют о средине безопасной. Нет спасения от них, без исцеления всего духа человеческого, ибо они суть свидетельства и следствия расстройства нашего существа. Возврати целость существу, и прекратятся злые страсти.

В христианстве истинном возвращается сия целость действием благодати Божией, которая, пришедши, погашает и страсти. Христианин, идущий путем своим как следует, достигает наконец сладостного покоя и мира невозмущаемого, твердого, который не колеблется бурею страстей. Есть и здесь печаль, но не та; есть и радость, но иного рода; есть и гнев, и страх, и стыд, и другие движения, похожие по имени на страсти, но существо их совсем другое, другой их источник; они даже происходят от другой силы, ибо отражаются в сердце от духа, а не от животной части. Напрасно говорится так: не должно искоренять страсти, а должно только умерять их. Это то же, что говорить: не надо сердца поражать ядовитою стрелою насквозь, а только на поверхности. Нет: ревностный любитель нравственной чистоты, с помощью Божией благодати, борется с сими исчадиями зла, подавляет их и наконец совсем успевает погашать. Это свидетельствуют правила подвизавшихся и изображение состояния совершенных, какое можно находить у святых. Так и должно, ибо в самоотвержении истнивается[179] самость и полагается намерение истнить и животность. Следовательно, опоры страстей подрываются в самом начале. Как же после устоят самые страсти? Говорят: если так, то в душе останется холодная безжизненность, дикая пустыня. Так – в душе какого-нибудь стоика, но не христианина облагодатствованного. Таким можно сказать: заглуши только страсти христианским путем, а что там будет, сам узнаешь; но знай, что это не будет пустыня.

Таким образом, и в чувствующих силах истинный христианин и человек-грешник совершенно противоположны. У того высшие чувства во всей силе; чувства душевные служат продолжением их или приложением к быту действительному; низшие погашаются. У последнего, напротив, последние в силе, высшие погашены, средние извращены.

То же, следовательно,– во всех силах внутреннего нашего мира. Где у одного голова, там у другого ноги. Один весь в Боге и живет духом, с умерщвлением низшей части и подчинением себе средней; другой – вне Бога, в чувственно-животном мире, живет фантазиею, мятется желаниями, поражается страстями, с погашением духа и низвращением душевной деятельности.

4) Отношение к телу

Резче всего, очевиднее и нагляднее отличие истинного христианина от человека, преданного греху, выражается в том, как поступают они с телом своим. Возьмите житие какого угодно святого, и найдете, что начало его обращения к Богу или первые действия богоугождения означаются умучением, истомлением и истощанием плоти. Человек же, живущий во грехе, пространно питает и греет плоть свою и не может принять смелости отказать ей в чем-нибудь или ее чем-нибудь озлобить. Таков общий вид отношения к телу у того и другого. В полной картине оно таково.

Тело есть ближайшее орудие души и единственный способ обнаружения ее вовне в настоящем мире. Это первоначальное его назначение. Посему самым устройством оно совершенно приспособлено к силам души. При всем том, однако ж, тело все же есть нечто внешнее для души, нечто такое, что она должна отделять от себя и, почитая своим, не сливать с собою.

Когда человек пал, душа расслабела, потеряла власть над собою, ниспала в плоть и слилась с нею, слилась до того, что как бы и сознавать себя стала не иначе как в плоти и чрез плоть. Когда произошло такое слияние сознания с плотию, неминуемым следствием сего было сознание своими и всех потребностей тела, или всех инстинктуальных влечений, возникающих в животной жизни, а вместе, забвение потребностей духа, ибо плоть и плотское осязаемее. Лишь только потребности тела сочтены своими, надлежало их удовлетворять с заботою, не заботясь о духе. Частое удовлетворение рождало склонность плотскую и погашало соответственное по противоположности совершенство духа. Так как инстинктуальных влечений у нас столько, сколько есть отправлений в теле, а этих последних можно считать, главным образом, пять, именно: отправление органов чувств, движения, слова, питания и половых; то по сим последним можно расположить и самые склонности, образующиеся в душе от неразумного удовлетворения их требований. Так:

— органы чувств дают инстинкт или потребность употребления их. Удовлетворение сей потребности рождает следующие склонности: жажду впечатлений, глазерство, услаждение чувств, рассеянность. Эти склонности, окрепши, уничтожают в духе внимание и самособранность;

— из органов движения развивается потребность движения, а из нее потом — наклонность к независимой деятельности, желание внешней свободы, своеволие, разгульность. Ими отнимается свобода у духа;

— у органов слова есть потребность, чтоб их приводили в движение, или раздражали. Отсюда — болтливость, смехотворство, празднословие, шутки. Они налагают молчание на внутреннее слово духа – *молитву*;

— из инстинкта питания развиваются сластолюбие, нега, обжорство, леность, праздность. Это отнимает всякое движение духовной деятельности;

— вследствие недолжного удовлетворения половых отправлений происходят желание нравиться, щегольство, волокитство и самые страсти бесчестия. Они отнимают свойственные духу чистоту и *бесстрастие*.

Все это тотчас найдет и сознает в себе всякий беспристрастный наблюдатель за собою, тем больше – человек, обративший на себя взоры под действием Божией благодати. Он ясно видит и чувствует, что обложен, как узами, плотскими страстями и склонностями, которые не дают свободы его духу действовать соответственно своей природе, а проникая ближе, находим, что они от плоти, и именно – от неразумного удовлетворения ее потребностей. Решившись исправиться во всем и, следовательно, возвратить свойственную духу свободу, он и хотел бы ограничить сии потребности благоразумною мерою их удовлетворения, например умеренною пищею, сном и прочим; но образовавшиеся склонности до того сроднились или в такую чувствительную пришли связь с органами своими, что легкое движение сих органов приводит в силу склонность и злодействует духу; например, от легкого движения чувств – расхищение мыслей и потеря самособранности, от употребления пищи вдоволь – холодность духа и вялость и прочее. Посему с первого раза он полагает для себя законом – связать органы тела, чтоб не возбуждались ими образовавшиеся чрез них склонности, и дух имел свободу восстановлять свойственные себе совершенства. Так налагаются узы:

– на органы чувств чрез уединение, чтоб утвердить и сохранить внимание и самособранность, в коей сила духа;

– на движение – чрез регулярный труд и послушание, чтоб восстановить в духе свободу;

– на органы слова – молчанием, чтоб воскресить внутреннее слово, или возношение ума к Богу,– в молитве;

– на органы питания – постом, неспанием, долулеганием, чтоб сохранить живость в духе;

– на органы половые – целомудрием и безбрачием, чтоб водворить в себе бесстрастие.

Вот основание, почему святые Божии все без исключения проходили жестокое житие! Без сего нельзя очистить духа, нельзя восстановить его и явить во всей свойственной ему силе. Это необходимый путь к его свободе. Только по мере истомления плоти он высвобождается из нее. Посему, кто льстит себя надеждою достигать совершенства в духе без сурового обхождения с телом, тот походит на того, кто бы хотел носить воду решетом, или ловить ветер руками, или писать слова на воде. Это – напрасный и неразумный труд, в коем стяжаемое в одну минуту расточается в другую. У святых Божиих тело действительно становилось орудием для высших целей. Они чрез трение тела оттирали онемелый дух. Замечательно в сем отношении, что они тело, или животную жизнь, считали как бы лицом сторонним, почему, отходя ко сну, говорили: поди отсель... это значит, что тело у них отделялось от их личности и сорастворение сознания с ним прекращалось.

Как очевидна теперь необходимость тесного, скорбного и крестного пути ко спасению! Мы встречаем ее на всех степенях своей жизни. Тело должно стеснить телесными подвигами: иначе – бесполезны все труды. Следующую за ним внутри деятельность воображения, пожеланий и страстей,– эту мятущуюся беспорядочную деятельность, должно подавить внутреннею напряженною бдительностью. Стоящую выше сего деятельность душевных сил должно исправить душевными трудами: чтением и рассуждением, добрыми делами и богослужением. Наконец, восстановить или воспитать дух надо богомыслием, молитвою, приобщением Таинств. Все это трудные, потовые занятия! Следовательно, неотъемлемый характер жизни истинно-христианской есть трудничество, подвижничество, потовое и напряженное делание.

Этим заключается обозрение начал христианской жизни и деятельности. Теперь очевидно, что естественные начала нравственной жизни, обессиленные и ослабленные в падении, восстановляются Божественною благодатию в Царстве Господа нашего Иисуса Христа. В сем благодатном действии человек разделяется на себя, или в человеке отделяется свет от тьмы. С продолжением времени тьма слабеет, свет возрастает и возвышается, а по мере своего усиления прогоняет тьму, коей область может сократиться в едва заметный объем. Человек приходит *в меру возраста исполнения Христова* (Еф.4, 13).

Сие убо глаголю и послушествую о Господе, ктому не ходити вам, якоже и прочии языцы ходят в суете ума их,— помрачени смыслом, суще отчуждени от жизни Божия, за невежество сущее в них, за окаменение сердец их. Иже в нечаяние вложшеся предаша себе студодеянию в делание всякия нечистоты в лихоимании. Вы же не тако познаете Христа: аще слышасте Его, и о Нем научистеся, яко есть истина о Иисусе: отложити вам, по первому житию, ветхаго человека, тлеющаго в похотех прелестных: обновлятися же духом ума вашего, и облещися в новаго человека, созданнаго по Богу в правде и преподобии истины (ср.: Еф. 4, 17–24).

Конец.

ПРИМЄЧАНИЯ

1 – Святитель Тихон, епископ Воронежский, Задонский чудотворец (1783) – русский богослов и церковный писатель.

2 – Сие «Увещание» было прибито по церквам во всей епархии (см.: Святитель Тихон Задонский. Сочинения. СПб., 1825. Т. 1. С. 103–105).

3 – Scrupulosa – лат. Scrupulosus – крайне тщательный, до мелочей точный.

4 – Належит – здесь: предстоит.

5 – Воспящатися – здесь: обращаться вспять, отвлекаться.

6 – Разваряти – здесь: растапливать, расплавлять.

7 – Статья сия приложена в конце: см. Прибавление А.

8 – Выну – всегда, непрестанно.

9 – Предлежащий – настоящий, предстоящий.

10 – Святитель Иоанн Златоуст (407) – Отец Церкви.

11 – См.: Святитель Тихон Задонский. Плоть и дух, или Собрание некоторых нравоучений из Святого Писания и толкователя оного, святого Златоустого, с рассуждениями в пользу духовную // Сочинения. Т. 2. С. 171.

12 – Краткие поучения о главнейших спасительных догматах веры. 6 февраля. О плодах молитвы. Святаго Макария.

13 – Преподобный Макарий Великий, Египетский (390–391) – учитель Церкви.

14 – См.: Краткие поучения... 4 февраля. О совершенной молитве и плодах ея. Святаго Макария; 26 ноября.

Како приуготовляти себе к добродетельной жизни. Святаго Макария.

15 – Преподобный Макарий Египетский. Слово 6, о любви, 30.

16 – Там же, 2.

17 – См.: Преподобный Макарий Египетский. Слово 7, о свободе ума, 8.

18 – См.: Преподобный Макарий Египетский. Беседа 10, 1, 4.

19 – Титло – здесь: знак, образ, свойство.

20 – Влаятися – волноваться, носиться.

21 – Вящшая закона – важнейшее в законе.

22 – Оцеждати – процеживать.

23 – Превратити – извратить, разрушить.

24 – Окачествовати – здесь: привнести качество, проявить, подчинить.

25 – Глазерство – здесь: праздное любопытство.

26 – Инде – здесь: где-либо.

27 – Священномученик Дионисий Ареопагит (96) – Отец Церкви.

28 – См. в конце Прибавления А).

29 – Приятелище – хранилище.

30 – Мученик Иустин Философ (166) – учитель Церкви.

31 – Стоики – приверженцы стоицизма (IV до Р. Х.– II по Р. Х.) – философского течения эпохи Античности.

32 – Кокош – курица, наседка.

33 – Мановение – здесь: распоряжение, устроение, знак.

34 – Святитель Тихон Задонский. О истинном христианстве // Сочинения. Т. 4. С. 290.

35 – Блаженный Диадох Фотикийский (ок. 474) – византийский богослов.

36 – См.: Блаженный Диадох Фотикийский. Словеса постническая 89 // Славянское Добротолюбие. Ч. 4.

37 – Преподобный Макарий Египетский. Беседа 40, 1.

38 – Преподобный Исаак Сирин (VI) – учитель Церкви.

39 – Преподобный Исаак Сирин. Слова подвижнические. 83.

40 – См.: Преподобный Исаак Сирин. Слова подвижнические. 26–28.

41 – Преподобный Иоанн Лествичник (649) – учитель Церкви.

42 – Святитель Феодор Едесский (IX) – учитель Церкви. (см.: Святитель Феодор Едесский. Сто весьма душеполезных глав // Христианское чтение. 1825. Ч. 17. С. 123–177; Слово умозрительное // Славянское Добротолюбие. Ч. 4).

43 – Ex promptu – лат. expromptus – находящийся в готовности; здесь: экспромтом, без подготовки.

44 – Приискренний – близкий, тесный, родственный.

45 – Приметатися – здесь: приютиться, пребывать.

46 – Болезненный – здесь: ревностный, полный любви.

47 – Е – его.

48 – Святитель Феофан Затворник. Слово на освящение храма в женском Сухотинском Богородицком монастыре // Христианское чтение. 1859. Октябрь. С. 305–311.

49 – См.: Православное исповедание Кафолической и Апостольской Церкви Восточной. Ч. 3, вопр. 3.

50 – Пожершийся – принесший Себя в жертву.

51 – Неотерплены – здесь: с нетерпением.

52 – Квиетисты (молинисты) – приверженцы особого направления в Католической церкви (к. XVII – н. XVIII). Квакеры – приверженцы одного из течений в протестантизме.

53 – Здати – здесь: действовать, созидать, строить.

54 – См.: Преподобный Иоанн Лествичник. Лествица. 26, 1.

55 – См.: Преподобный Иоанн Лествичник. Лествица. 26, 16.

56 – Сеятва – время сеяния.

57 – См.: Преподобный Иоанн Лествичник. Лествица. 26, 17.

58 – См.: Преподобный Иоанн Лествичник. Лествица. 26, 18.

59 – См.: Преподобный Макарий Египетский. Беседа 8, 4.

60 – Преподобный Ефрем Сирин (373–379) – учитель Церкви.

61 – Преподобный Иоанн Лествичник. Лествица. 29, 8.

62 – См.: Святитель Тихон Задонский. О истинном христианстве // Сочинения. Т. 9. С. 119–135.

63 – Поблажательный – здесь: потворствующий, попустительствующий, снисходительный.

64 – См.: Православное исповедание... Ч. 3, вопр. 16.

65 – Презорство – презрение, пренебрежение, непослушание.

66 – Прибрати – здесь: подобрать, выбирать, приискивать.

67 – Неглижёрство – здесь: пренебрежение.

68 – См.: Филофей Синайский. Сорок глав о трезвении // Христианское чтение. 1827. Ч. 27. С. 163–165. Филофей Синайский (IX–X) – византийский богослов.

69 – Вспадати – здесь: приходить, закрадываться.

70 – Приражение – нападение.

71 – Отреваемый – отторгаемый, отвергаемый.

72 – См.: Православное исповедание... Ч. 3, вопр. 18–42.

73 – Святитель Иоанн Златоуст. Беседы на Второе Послание к Коринфянам. 7, 7.

74 – Капище – языческий жертвенник.

75 – См.: Православное исповедание... Ч. 3, вопр. 18–40.

76 – Связа – узы.

77 – Седалище – здесь: основание.

78 – См.: Святитель Тихон Задонский. О истинном христианстве // Сочинения. Т. 5. С. 40–85.

79 – Это предмет спорный, хотя весь только о словах. Тем, кои не хотят различать духа и души... (далее см. полный текст).

80 – Котва – якорь.

81 – Филофей Синайский. Сорок глав о трезвении. С. 132–133.

82 – Не знать – неизвестно, неведомо.

83 – Качествующий – проявляющийся, властвующий.

84 – Святитель Василий Великий (379) – Отец Церкви.

85 – Святитель Василий Великий. Беседа о том, что Бог не есть виновник зла // Христианское чтение. 1824. Ч. 13. С. 261–262, 264.

86 – См.: Преподобный Макарий Египетский. Послание.

87 – Святитель Иоанн Златоуст. Беседы на Второе Послание к Коринфянам. 13, 3.

88 – Святитель Григорий Богослов (389) – Отец Церкви.

89 – См.: Святитель Григорий Богослов. Слово 38 // Творения. М., 1844. Ч. 3. С. 243; ещё: Он же. Слово 17 // Творения. Ч. 2. С. 96.

90 – Святитель Феодор Едесский. Умозрительное слово // Христианское чтение. 1823. Ч. 17. С. 190.

91 – Преподобный Макарий Египетский. Беседа 46, 6, 3.

92 – Преподобный Макарий Египетский. Послание.

93 – См.: Святитель Димитрий Ростовский. Врачевство духовное… С. 130–131. (святитель Димитрий Ростовский (1709) – русский богослов и церковный писатель.).

94 – Святитель Иоанн Златоуст. Беседа на слова: «и видехом славу Его…» (Ин. 1, 14) // Христианское чтение. 1835. Ч. 2. С. 33.

95 – Преподобный Макарий Египетский. Беседа 46, 5.

96 – Святитель Тихон Задонский. О истинном христианстве // Сочинения. Т. 9. С. 160.

97 – Преподобный Макарий Египетский. Беседа 46, 5.

98 – См.: Краткие поучения… 6 ноября. Яко добродетель человеку есть врожденна. Маргарит.

99 – Ин – иной, другой.

100 – Святитель Василий Великий. Нравственные правила // Христианское чтение. 1823. Ч. 10. С. 5.

101 — См.: Блаженный Диадох Фотикийский. Подвижническое слово // Христианское чтение. 1827. Ч. 28. С. 70.

102 — См.: Послание Патриархов Восточно-Кафолической Церкви о православной вере. Чл. 14.

103 — Возникнути — здесь: освободиться.

104 — Святитель Тихон Задонский. О истинном христианстве // Сочинения. Т. 7. С. 12, 14–15, 18–19.

105 — Преподобный Иоанн Дамаскин (ок. 780) — Отец Церкви.

106 — Святитель Тихон Задонский. О истинном христианстве // Сочинения. Т. 7. С. 26–27.

107 — Там же. С. 25.

108 — Там же. С. 33, 35.

109 — Святитель Тихон Задонский. О истинном христианстве // Сочинения. Т. 7. С. 38–39.

110 — См.: Святитель Иоанн Златоуст. Беседы на Послание к Римлянам. 11, 1.

111 — Все, что здесь усвояется Святому Крещению, действуется и в Таинстве Покаяния над приступающими ко Господу от грехов по Крещении.

112 — Образ действия благодати предваряющей и пребывающей… (далее см. полный текст).

113 — Ведение — знание.

114 — Платон (428/427–348/347 до Р. Х.) — древнегреческий философ.

115 — Эпикур (341–270 до Р. Х.) — древнегреческий философ.

116 — Ориген (253/254) — христианский богослов и философ.

117 — Поблажливый — снисходительный.

118 — Преподобный Макарий Египетский. Слово 5, о возвышении ума, 18.

119 — Преподобный Макарий Египетский. Слово 6, о любви, 5.

120 — Преподобный Макарий Египетский. Слово 7, о свободе ума, 27.

121 — Преподобный Макарий Египетский. Слово 7, о свободе ума, 29.

122 – Преподобный Макарий Египетский. Слово 7, о свободе ума, 12.

123 – Там же, 22.

124 – Преподобный Макарий Египетский. Слово 5, о возвышении ума, 13.

125 – Там же, 15.

126 – Преподобный Макарий Египетский. Слово 6, о любви, 17.

127 – Там же, 22.

128 – Преподобный Макарий Египетский. Слово 6, о любви, 23.

129 – Там же, 6.

130 – Преподобный Макарий Египетский. Слово 7, о свободе ума, 21.

131 – Там же, 22.

132 – Преподобный Макарий Египетский. Слово 7, о свободе ума, 23.

133 – Там же, 24.

134 – Там же, 26.

135 – Преподобный Макарий Египетский. Слово 6, о любви, 13.

136 – См.: Блаженный Иероним. Исследование, полезное всякому христианину // Христианское чтение. 1821. Ч. 2. С. 123–131.

137 – Наведение – рассуждение.

138 – Аподиктический – убедительный, доказательный.

139 – Схоластики – приверженцы западного средневекового богословия-начетничества.

140 – Софисты – приверженцы софистики (V–IV до Р. Х.) – философского течения эпохи Античности.

141 – Застояти – здесь: защитить.

142 – См.: Преподобный Исаак Сирин. Слова подвижнические. 26–28.

143 – Преподобный Максим Исповедник (602) – учитель Церкви.

144 – Преподобный Максим Исповедник. О богословии и воплощении Сына Божия // Христианское чтение. 1835. Ч. 1. С. 15.

145 – Блаженный Августин Иппонийский (430) – учитель Церкви.

146 – Обображение – здесь: отображение, воображение.

147 – Мястися – приходить в смятение.

148 – Подыск – здесь: подкоп, обвинение, обличение.

149 – Заклеп – затвор, заключение.

150 – Фарисеи, саддукеи – приверженцы общественно-религиозных течений в Иудее (II до Р. Х.– II по Р. Х.).

151 – Брать рост – заниматься ростовщичеством.

152 – Аристотель (384–322 до Р. Х.) – древнегреческий философ.

153 – См.: Преподобный Макарий Египетский. Слово 1, о хранении сердца, 1.

154 – Святитель Феодор Едесский. Главы детельныя 91–92 // Славянское Добротолюбие. Ч. 4.

155 – Преподобный Максим Исповедник. О любви.

156 – См.: Святитель Феодор Едесский. Главы детельныя 61–62.

157 – См.: Преподобный Григорий Синаит. Главы зело полезныя 91 // Славянское Добротолюбие. Ч. 1.

158 – Интересан – своекорыстный человек.

159 – Антропоморфизм – наделение человеческими свойствами явлений и объектов природы.

160 – Святитель Феодор Едесский. Сто весьма душеполезных глав. С. 127–128, 128–152.

161 – Преподобный Нил Постник, Синайский (V) – учитель Церкви.

162 – См.: Преподобный Нил Постник. О различных порочных помыслах // Христианское чтение. 1827. Ч. 27. С. 43–48, 77–80.

163 – См.: Православное исповедание... Ч. 3, вопр. 23 и далее.

164 – См.: Преподобный Иоанн Лествичник. Лествица. 8; 13; 15; 22 и другие.

165 – См.: Преподобный Григорий Синаит. Весьма полезные главы о разных духовных предметах // Христианское чтение. 1824. Ч. 16. С. 143–144.

166 – Петр Дамаскин. Изъявление страстей // Славянское Добротолюбие. Ч. 3.

167 – Озретися – здесь: оглянуться, увидеть себя со стороны.

168 – Святитель Григорий Богослов. Слово 27 // Творения. Ч. 3. С. 8.

169 – Речь идет об исихазме – этико-аскетическом и мистическом учении в Византии (IV–XIV).

170 – См.: Преподобный Макарий Египетский. Слово 1, о хранении сердца, 12–13; Слово 7, о свободе ума, 18.

171 – См.: Преподобный Макарий Египетский. Слово 5, о возвышении ума, 3, 14.

172 – См.: Преподобный Исаак Сирин. Слова подвижнические. 26–28.

173 – См.: Древний Патерик, изложенный по главам. 10, 3.

174 – Обаяние – здесь: чары, власть.

175 – Инуды – в ином месте.

176 – См.: Преподобный Исаак Сирин. Слова подвижнические. 26–28.

177 – Ex officio – лат. ex officio – по должности, по обязанности.

178 – Affectus – лат. affectus – душевное волнение, страсть.

179 – Истниватися – здесь: сокрушаться в прах.

Православная библиотека – Orthodox Logos

- *Добротолюбие (Том I • Том II • Том III • Том IV • Том V)*
- *Откровенные рассказы странника духовному своему отцу*
- *Семь слов о жизни во Христе* – праведный Николай (Кавасила)
- *О молитве* – святитель Игнатий (Брянчанинов)
- *Об умной или внутренней молитве* – преподобный Паисий (Величковский)
- *В помощь кающимся* – святитель Игнатий (Брянчанинов)
- *О прелести* – святитель Игнатий (Брянчанинов)
- *Приношение современному монашеству* – святитель Игнатий (Брянчанинов)
- *Слово о человеке* – святитель Игнатий (Брянчанинов)
- *Слово о чувственном и о духовном видении духов* – святитель Игнатий (Брянчанинов)
- *Слово о смерти* – святитель Игнатий (Брянчанинов)
- Прибавление к "Слову о смерти"
- *Христианство по учению преподобного Макария Египетского* – преподобный Иустин (Попович), Челийский
- *Философские пропасти* – преподобный Иустин Челийский (Попович)
- *Священное Предание: Источник Православной веры* – митрополит Каллист (Уэр)
- *Толкование на Евангелие от Матфея* – святой Феофилакт Болгарский, архиепископ Охридский
- *Толкование на Евангелие от Марка* – святой Феофилакт Болгарский, архиепископ Охридский
- *Толкование на Евангелие от Луки* – святой Феофилакт Болгарский, архиепископ Охридский
- *Толкование на Евангелие от Иоанна* – святой Феофилакт Болгарский, архиепископ Охридский
- *Таинство любви* – Павел Евдокимов

- *Мысли о добре и зле* – святитель Николай Сербский (Велимирович)
- *Миссионерские письма* – святитель Николай Сербский (Велимирович)
- *Живой колос* – праведный Иоанн Кронштадтский (Сергиев)
- *Дидахе. Учение Господа, переданное народам через 12 апостолов*
- *Домострой* – протопоп Сильвестр
- *Лествица или Скрижали духовные* – преподобный Иоанн Лествичник
- *Слова подвижнические* – преподобный Исаак Сирин Ниневийский
- *Пастырь* – Апостол Ерм
- *Послания* – священномученик Игнатий Богоносец
- *Миссионерские письма* – святитель Николай Сербский (Велимирович)
- *Точное изложение православной веры* – преподобный Иоанн Дамаскин
- *Беседы на псалмы* – святитель Василий Великий
- *О цели христианской жизни* – преподобный Серафим Саровский (Мошнин)
- *Аскетические опыты (Том I • Том II)* – святитель Игнатий (Брянчанинов)
- *Воплощенное домостроительство. Опыт христианской психологии* – святитель Феофан Затворник
- *Путь ко спасению. Краткий очерк аскетики* – святитель Феофан Затворник
- *Мысли на каждый день года по церковным чтениям из Слова Божия* – святитель Феофан Затворник
- *Письма к мирским особам* – преподобный Макарий Оптинский (Иванов)
- *Смысл жизни* – Семён Людвигович Франк
- *Философия свободы* – Николай Александрович Бердяев
- *Философия свободного духа* – Николай Александрович Бердяев

- *Песня церкви - Праведники наших дней* – Артём Перлик
- *Сказки* – Артём перлик
- *Патристика* – Артём Перлик
- *Ты нужен мне* – Артём Перлик
- *Следом за овцами - Отблески внутреннего царства* – Монахиня Патрикия

www.orthodoxlogos.com

www.ingramcontent.com/pod-product-compliance
Lightning Source LLC
Chambersburg PA
CBHW020519080526
44583CB00013B/658